D0947679

Tiempo de México

PEDRO INFANTE,
EL ÍDOLO INMORTAL

Primero vivo

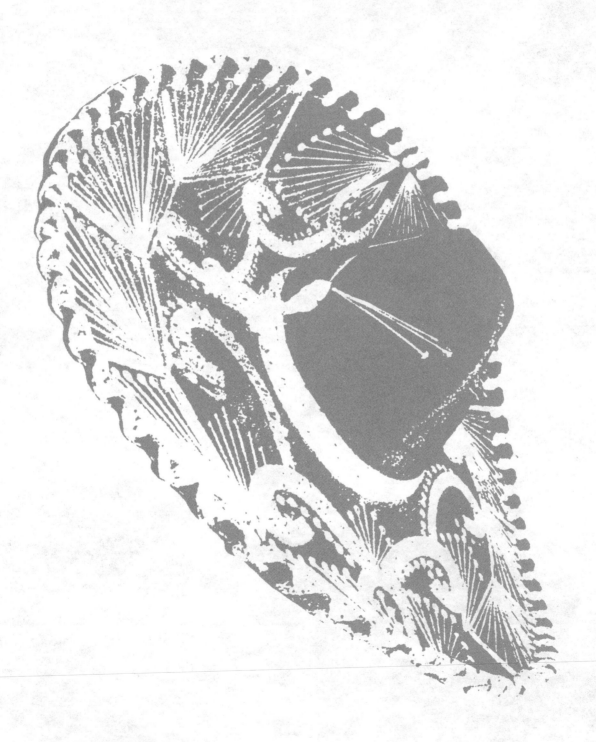

José Ernesto
Infante Quintanilla

PEDRO INFANTE,
EL ÍDOLO INMORTAL

OCEANO

EDITOR: Rogelio Carvajal Dávila

PEDRO INFANTE, EL ÍDOLO INMORTAL

© José Ernesto Infante Quintanilla

ÉSTA ES UNA EDICIÓN CUYO CONTENIDO SE PUBLICA DANDO CUMPLIMIENTO
AL EJERCICIO DE LOS DERECHOS PATRIMONIALES DE AUTOR Y DE PROPIEDAD
INDUSTRIAL QUE PERTENECEN A LA SUCESIÓN DEL SEÑOR
PEDRO INFANTE CRUZ, Y PARA ELLO SE OTORGÓ PLENA AUTORIZACIÓN
AL SEÑOR JOSÉ ERNESTO INFANTE QUINTANILLA. ATENTAMENTE,
MARÍA GUADALUPE INFANTE TORRENTERA

D. R. © 2006, EDITORIAL OCEANO DE MÉXICO, S.A. de C.V.
    Eugenio Sue 59, Colonia Chapultepec Polanco
    Miguel Hidalgo, Código Postal 11560, México, D.F.
    ☎ 5279 9000   📠 5279 9006
    ✉ info@oceano.com.mx

PRIMERA EDICIÓN

ISBN 970-777-085-6

Quedan rigurosamente prohibidas, sin la autorización
escrita del editor, bajo las sanciones establecidas en las leyes,
la reproducción parcial o total de esta obra por cualquier medio
o procedimiento, comprendidos la reprografía y el tratamiento
informático, y la distribución de ejemplares de ella mediante
alquiler o préstamo público.

IMPRESO EN MÉXICO / PRINTED IN MEXICO

A mi amada esposa
y
a mis amados hijos,
Rosy, Irasema y Ernesto,
por lo valioso de nuestra
propia historia

A mi madre,
con amor eterno

A la memoria de mi padre,
José Delfino Infante Cruz
(Pepe Infante)

Con toda mi admiración al gran pueblo de México,
que mantiene viva la presencia de Pedro Infante

ÍNDICE

PRESENTACIÓN

A casi medio siglo de su muerte, Pedro Infante no ha dejado de ser una de las leyendas que más atrapan la imaginación popular de nuestro país. Durante todo este tiempo, fueron superándose, con muchas reticencias, los prejuicios de la gente bien de los cincuenta, época en que la burguesía mexicana lo veía como un ídolo de muchedumbres; una devoción sólo para las clases populares, asiduos radioescuchas de aquella famosísima "Charrita del Cuadrante". En suma, un "pe-la-do", un "corriente" que jamás resistiría la comparación con Clark Gable, Gary Cooper o Cary Grant, ídolos del cine de Hollywood que se encontraban en la cima de su popularidad en aquel momento.

Sin embargo, el tiempo hizo su lento trabajo de apaciguamiento de esas oleadas de antipatía, y ahora no es raro que, incluso en esos exclusivos ambientes, se acepte, finalmente, que era un buen actor, atractivo, viril, con una simpatía irresistible y poseedor de una voz excepcional. También sus cintas han sido revaloradas por los críticos, quienes las consideran un ciclo de estudio obligado dentro de la historia del cine nacional.

Y es que, de veras, no es fácil sustraerse a la vitalidad de Infante, quien, de muchas maneras, a través de todas sus películas y discos, forma parte, incluso, de algunas de nuestras costumbres familiares. ¿Qué cumpleaños estaría completo sin "Las mañanitas", interpretada por él? *En la fresca y perfumada mañanita de tu santo...*

Hoy, en México, casi nadie podría afirmar, seriamente, que no ha visto, aunque sea un ratito, algunas de sus películas o que, por lo menos, no ha caído en la tentación de tararear alguna de sus canciones —más de cuatrocientas para escoger.

Por otra parte, en el mundo intelectual se debate si Pedro Infante es un compendio de mexicanidad o si él mismo es el que ha moldeado mucho de la idiosincrasia del mexicano actual. Décadas y décadas de cine por televisión en las que, una y otra vez, hemos permanecido arrobados ante su forma de ser, son reforzamientos que no pueden tomarse a la ligera, pues indudablemente han dejado huella. Quizá por eso muchos hombres tienen como ideal ser igualitos a él: expansivos, alegres, seguros de sí mismos, y en este afán intentan hacer suya la letra de "El mil amores". Ahora que entre las mujeres ¿quién no ha soñado con una serenata en la que

una voz parecida a la de él nos cante "No me platiques", "Te quiero así", sin olvidar, claro, "Cien años"?

Sin duda, decir *Pedro Infante* es hablar de alguien muy cercano con quien sería posible cualquier grado de parentesco: hermano, primo, tío, compadre, esposo, o el que se nos ocurra. Una imagen familiar que no conoce el olvido porque abundan las anécdotas que lo mantienen presente, y que son atesoradas con gran afecto en la memoria colectiva.

Su sobrino, José Ernesto Infante Quintanilla, asegura que su sencillez y su don de gentes eran auténticos, y en recuerdo de esto nos ofrece esta emotiva semblanza *Pedro Infante. El ídolo inmortal* para que todos podamos descubrir a un Pedro Infante a... ¡toda ley!, el mismo que a pesar de tantos años "vive en la conciencia popular con carácter de celebridad".

GUADALUPE LOAEZA

PREFACIO

Con este trabajo deseo poner al alcance del lector algunos de los aspectos más relevantes de un mexicano, quizá el más destacado de los últimos cincuenta años, que se mantiene dentro del gusto popular como uno de los personajes más queridos de nuestro país. Pedro Infante fue "una fuerza de la naturaleza", un hombre de simpatía arrolladora muy cercano al pueblo, que encontró en él, a través de sus interpretaciones musicales y cinematográficas, una forma de validar sus propias tradiciones.

Desde la presentación del libro *Pedro Infante: El máximo ídolo de México, vida, obra, muerte y leyenda*, en la ciudad de Monterrey, el 24 de julio de 1992, y unos días después en la ciudad de México y en Mérida, Yucatán, comenzó un movimiento creciente dentro del ámbito cultural mexicano: reconocer a Pedro Infante como la máxima figura de la industria fílmica y musical de nuestro país.

Desde un principio aquella obra tuvo una excelente acogida, y, apartir de entonces, el tema ha corrido con tan buena fortuna que para corresponder a gran cantidad de sugerencias este material se ha renovado para profundizar en la historia del ídolo. Con ello esperamos satisfacer, hasta donde ha sido posible, las solicitudes de los lectores. Así, además de actualizar la información, se han incorporado testimonios familiares, recuerdos de amigos y registros de los medios, incluyendo lo medular de algunas pláticas y conferencias en las que he participado, tanto en foros de nuestro país como en Estados Unidos, específicamente en Milwaukee. En este sentido, no se debe pasar por alto que el acervo bibliográfico sobre la vida del artista ha crecido de manera significativa en los últimos quince años y, desde luego, nos ha servido para enriquecer algunos aspectos de esta nueva versión.

El libro está estructurado en siete capítulos; el primero, "Yo soy quien soy", es una presentación general que explica la importancia de su obra e intenta describir, en forma somera, su relevancia como fenómeno social, cuya presencia aún perdura. El segundo, "Orgullo ranchero", describe brevemente su nacimiento y algunos pasajes destacados de su infancia y juventud en Sinaloa; sus primeros trabajos en Rosario, Guamúchil y Culiacán. Aparecen también sus inicios en la música, su participación en algunas orquestas de su estado natal y sus primeros triunfos en la radio sinaloense.

Antecedentes de lo que sería una creciente actividad musical, en la que su sólida preparación terminará por abrirle las puertas del espectáculo a los pocos meses de su llegada a la capital del país.

Los capítulos tercero, "El muchacho alegre", y cuarto, "Doscientas horas de vuelo", abordan su ascenso y consolidación como cantante y actor, mismos que ya se perfilaban desde sus primeras películas y grabaciones. Se incluyen, además, diversas anécdotas que ilustran su intensa vida personal.

En el capítulo quinto, "Que me toquen 'Las Golondrinas'", se analiza la impresionante conmoción social que ocasionó su muerte, las características del fatal accidente aéreo, así como el surgimiento del mito que, aun en el nuevo milenio, sigue manteniéndose como una referencia imprescindible en el gusto de los mexicanos.

En el capítulo sexto, "Tú sólo tú", se hace una reflexión acerca de la personalidad de Pedro dentro del contexto cultural de nuestro país y se rescata, dentro de una vasta literatura de análisis, lo escrito por distinguidos intelectuales que coinciden al reconocer su valía. Asimismo se mencionan algunos otros datos sobre su vida, que confirman su enorme presencia durante toda la segunda mitad del siglo XX e inicios del XXI. Finalmente se destaca un reconocimiento a la amistad con Ismael Rodríguez.

En el último capítulo, "Vida de artista", se incluye una amplia relación de su obra fílmica y discográfica, e información relevante sobre su obra. Y concluimos con algunas cartas dirigidas a sus hijos, Lupita y Pedro, nunca antes publicadas, que reflejan su gran amor y dedicación a ellos, el respeto profundo a Lupita Torrentera Bablot, y su cariño y amistad por la familia.

Gracias, Pedro, por darnos tanta alegría y ser un ejemplo de sencillez, pues incluso para las nuevas generaciones te has convertido en una presencia familiar en la que reconocen a uno de los representantes más auténticos de sus raíces.

AGRADECIMIENTOS

Agradezco a los periódicos *Reforma*, *El Norte* de Monterrey, *El Universal*, *La Prensa*, *Excélsior*, por darme acceso a su importante acervo documental y fotográfico. A mis amigos Chucho Gallegos y Armando Zenteno; este último por su apoyo y su cariño fraterno al ídolo. Igualmente a los periodistas Ricardo Perete Gutiérrez, Sally de Perete, Silverio Cacique y Claudia Carrillo, por sus frecuentes artículos; y a todos los medios de información de la capital que, en vísperas de sus aniversarios luctuosos y días después, suelen dedicar amplios espacios a Pedro en los que se maneja un gran cúmulo de valiosa información.

En el desarrollo de mi investigación, y antes de su fallecimiento, sostuve infinidad de pláticas directas con mi padre, José Delfino Infante Cruz, con quien analicé los nuevos datos disponibles y realicé una revisión exhaustiva del material de esta obra.

Por supuesto, antes de su partida, conversé ampliamente con mi tío Ángel Infante Cruz, quien me aclaró algunas dudas sobre los temas relacionados con su infancia, adolescencia, vida artística y el fatal día en que fue por los restos de su hermano. En este sentido, agradezco mucho a mi tía Carmela Infante Cruz, quien, en su momento, me relató incontables vivencias familiares que tuve la oportunidad de grabar.

Quiero destacar la investigación realizada por mis hermanas Belinda Infante Quintanilla y Gabriela Mejía Quintanilla, en la ciudad de Monterrey y algunas otras partes del país, con el afán de recabar información veraz, estableciendo contacto, por ejemplo, con

EL AUTOR (*AL CENTRO*) CON LUPITA INFANTE Y MARGA LÓPEZ EN EL ANIVERSARIO LUCTUOSO DE 2003.

algunos distinguidos regiomontanos como don Plinio Espinoza, importante personaje dentro de la historia de las comunicaciones. También en la Sultana del Norte destacan las remembranzas de los clubes de fans, uno encabezado por la señora Dora Elisa Salazar Silva y, otro, por Alfredo Haros. Sin olvidar el programa que se transmite de 6:00 a 10:00, por la frecuencia 600 de A.M., La Regiomontana, conducido por Eduardo Becerra González. Asimismo, agradezco a mi querido amigo el tenor Roy Guerra su apoyo en la investigación en dicha ciudad y en su querido Tamaulipas, estado que Pedro visitaba con frecuencia.

Quiero agradecer a los investigadores David de Llano García, José Luis Paz Galán, Bárbara Bellido Carranza, Mirna Laura Morales Bello, Gloria Martínez Zamudio, María Soledad Molina Madrigal y Facundo Ortiz Palafox, por sus muchísimos viajes a la Cineteca Nacional, a la Biblioteca Nacional y a la Hemeroteca de la Secretaría de Hacienda y Crédito Público y de El Colegio de México, así como por haber efectuado diversas entrevistas a conductores, periodistas y miembros del Club de Admiradores de Pedro Infante.

Igualmente quiero reconocer la generosidad de mis primos Lupita y Pedro Infante Torrentera por facilitarme material inédito y contarme algunas de sus hermosas vivencias con su padre, así como a mi querida tía, Lupita Torrentera Bablot, a quien agradezco sus agradables confidencias sobre su relación personal y su idilio con Pedro; sin olvidar a mi primo René Infante y a su esposa Alma, y con especial aprecio a mis primos Irma, Sonia, Ángel, Toño, Luis, Walter, Cecilia, Carlos Bertrand Infante y Raúl López Infante.

Mi más profundo agradecimiento al gobierno de Nuevo León, que alguna vez nos facilitó la Biblioteca Central del Estado en la ciudad de Monterrey, para llevar a cabo algunas pláticas sobre este texto; a los comentaristas Andrés Bermea Pérez Ávila, Roberto Escamilla Molina, a la inolvidable Tucita, María Eugenia Llamas, a mi primo Pedro Infante Torrentera, así como a mi padre Pepe Infante, que en esa ocasión nos acompañó. Mi gratitud al arquitecto Héctor Benavides por sus entrevistas en su programa de noticias del canal 12 de Monterrey.

Recuerdo con afecto a mis amigos Gonzalo Castellot, Fernando Tovar y de Teresa, a la destacada escritora Guadalupe Loaeza Tovar, al inolvidable Pedro de Urdimalas, a Pepe Infante y Julio Alemán, quienes han participado en algunas pláticas sobre nuestro personaje.

Agradezco también al gobierno del estado de Yucatán, en particular al Instituto de Cultura que nos brindó las instalaciones de la Casa de la Cultura del Mayab de la ciudad de Mérida, para realizar un emotivo evento, el 14 de agosto de 1992.

El 10 de enero de 1993 se celebró una agradable jornada en el Centro Cultural Navarrete, gracias al apoyo del Instituto de Antropología e Historia del Estado de Colima y al canal 5 de esa ciudad. Mi reconocimiento a Gonzalo Castellot por su invaluable participación.

Agradezco a la Asociación de Profesionistas de Nuevo León radicados en el Distrito Federal, al gobierno del estado de Nuevo León, así como al Centro Neolonés en la Capital y al Instituto de Economistas Neoloneses en el Distrito Federal, su apoyo para realizar una charla en la ciudad de México, el 27 de enero de 1993, y muy en particular a mi amigo Agustín Basave Benítez. Mi reconocimiento a Silvia Pinal y a don Eulalio González, Piporro. En ese evento estuvo mi padre, Pepe Infante, como invitado de honor.

Nuestro profundo agradecimiento al gobierno del estado de Tamaulipas, pues a través del Consejo Estatal para la Cultura y las Artes del estado, el 19 de marzo de 1993, nos facilitó el Auditorio del Centro Cultural Tamaulipas para realizar, entre otras actividades, una plática sobre el ídolo, en la que destacaron los comentarios de Arturo Costilla Alva. Al tenor Roy Guerra, gracias de nuevo, por su participación.

Hubo muchas otras presentaciones y pláticas sobre este trabajo, al grado de rebasar todas nuestras expectativas. Recuerdo el Festival Cultural Universitario de Guanajuato, en abril de 1993 y la Feria Internacional del Libro en Guadalajara, en septiembre de 1993. En este sentido quiero destacar y agradecer a los organizadores de La Fiesta Mexicana, que cada año se lleva a cabo en la ciudad de Milwaukee, en los Estados Unidos, quienes realizan un festival donde siempre se recuerda al ídolo.

No quisiera dejar de mencionar mi gratitud a Editorial Oceano y a su profesional equipo de trabajo, particularmente a Guadalupe Ordaz y, en especial, a José Luis Campos, por sus atinadas sugerencias y observaciones; pero, sobre todo, por darme la oportunidad de publicar la vida de Pedro Infante Cruz, un personaje querido y admirado por muchos mexicanos.

Por último, pero no en último lugar, agradezco en todo lo que vale la colaboración de Erika Berenice Flores Medellín y Ángeles Carranza Hernández; y en Mérida, Yucatán, a Lourdes Lorena Puerto Zapata quien tuvo a su cargo la paciente labor de capturar la información y revisar, y, por supuesto, a José Luis Alejandre Osornio y Raúl Jiménez Fernández, quienes me ayudaron a revisar la estructura de este libro. Aunque la responsabilidad total de esta obra es del autor.

1. YO SOY QUIEN SOY

Pedro Infante fue la expresión cumplida de un sueño rural que encumbró a una personalidad irrepetible. Aun hoy, la vitalidad y alegría que transmite a través de sus personajes cinematográficos y los inigualables matices de su voz, han hecho que la mayoría del público encuentre en él virtudes y afectos que hacen llevaderas las dificultades cotidianas y, por momentos, ha fortalecido la esperanza de muchos para triunfar y salir adelante.

Su trágica muerte, ocurrida el 15 de abril de 1957, marcó el fin de una época entrañable en la historia de la cultura popular. Sin embargo, dio inicio la leyenda de una de las grandes figuras artísticas de México. Porque su vigencia y popularidad persiste entre los grandes públicos de América Latina. Incluso en España, país que no alcanzó a conocer, su nombre está unido al recuerdo de dos grandes divas: Carmen Sevilla y Sarita Montiel, y a otros grandes actores de la época. La televisión española, por su parte, ha transmitido sus filmes y, al referirse a Pedro, han reconocido en él a un representante auténtico del arte y folclor nacionales.

ANTE LOS MEDIOS

Desde la época de oro del cine mexicano, la figura de Pedro Infante ha ocupado importantes espacios en la prensa, radio y televisión. Y al iniciar el nuevo milenio, notables intelectuales lo incluyen en la lista de los diez mexicanos más significativos y, sin duda, como el de mayor popularidad del siglo XX.

En abril de 1993, al celebrarse el 36º aniversario luctuoso del artista, Ricardo Rocha dedicó la totalidad de su programa "*En Vivo*" a la memoria de Pedro invitando a diversas personalidades para recordar algunos aspectos de su trayectoria. En esa transmisión destacó una ingeniosa entrevista virtual realizada por el propio Ricardo, así como una mesa redonda formada por artistas, directores de cine e intelectuales, que disertaron sobre la sólida vigencia de Pedro en los medios, así como sus innegables aportaciones a la cultura popular.

Al ser entrevistado por Ricardo Rocha, Sealtiel Alatriste y Adela Micha, el que esto escribe tuvo la oportunidad de conversar

sobre este trabajo. Don Ismael Rodríguez, presente en esa ocasión, y una de las personas más importantes en la vida artística y personal de nuestro personaje, tuvo la gentileza de hacerme algunas atinadas observaciones y sugerencias.

En 1994, en el famoso Boulevard de las Estrellas en Hollywood, Cal., se develó una placa y resultó un acontecimiento histórico, pues además de ser un reconocimiento a un actor que nunca trabajó en la Meca del Cine, fue evidente el afecto que el público mexicano-estadunidense le tiene. Esto ha dado lugar a que en diversas ciudades de la Unión Americana se organicen con frecuencia tumultuosos homenajes a su memoria, y se conmemoren sus aniversarios luctuosos.

En agosto de 1999 fui a dar algunas conferencias, invitado por la comunidad hispana estadunidense de la ciudad de Milwaukee, Wis., lugar donde, cada año, se realiza la Fiesta Mexicana más grande de los Estados Unidos, la cual congrega, durante varios días, a unas 300 mil personas. En aquella ocasión, dentro de sus múltiples programas, se organizó un homenaje dedicado al ídolo, con audiencias a reventar. Guardo el recuerdo conmovedor de una niña, de quizá 10 años, que me preguntó "¿Por qué siendo tan popular, Pedro no hace presentaciones personales en Milwaukee?" Le contesté que muy pronto.

Aquí es importante recordar que, entre 1944 y 1956, sus giras a los Estados Unidos fueron impresionantes. Sus presentaciones en el teatro Million Dollars de Los Angeles, siempre con llenos completos, fueron tan exitosas que algunos productores estaduni-

RICARDO ROCHA, EL AUTOR Y SEALTIEL ALATRISTE, ABRIL DE 1993.

EL AUTOR EN EL CAMBALACHE DANDO UNA ENTREVISTA PARA LA TELEVISIÓN ARGENTINA.

denses y nacionales iniciaron importantes proyectos fílmicos para reunir a Pedro con las grandes figuras de Hollywood, entre las que se mencionaba a John Wayne, John Derek, Kirk Douglas, Marlon Brando, así como Joan Crawford y Marilyn Monroe. En su momento, esta posibilidad estuvo realmente cerca, pues su indiscutible desempeño profesional se refleja en las 61 películas que filmó, 55 de ellas en papel estelar, y en el reconocimiento póstumo, en marzo de 1958, por el cual obtuvo el Oso de plata de Berlín, como el mejor actor del mundo, presea otorgada por su actuación en *Tizoc*, y que recibieron, en su nombre, Ismael Rodríguez y Antonio Matouk.

En época más reciente, en junio de 2001, la periodista Paula Campodónico, acompañada por el equipo técnico del canal 4 de la televisión argentina[1], visitó México y efectuó una investigación de varias semanas, entrevistando a familiares, directores de cine, gente de radiodifusoras y disqueras, junto con algunas otras personas vinculadas con Pedro, para realizar un programa especial acerca de su trayectoria artística.

HOMENAJE A PEDRO EN EL STAND DE HARLEY-DAVISON EN LA CIUDAD DE MILWAUKEE, 1999.

Incluso el mundo académico ha reconocido su trascendencia en la vida del país. El Colegio de México, por ejemplo, en su *Historia general de México*, consigna lo siguiente en la página 1526: "Fecha histórica: 25 de marzo de 1948, se estrena en el Cine Colonial de la ciudad de México *Nosotros los pobres* [...] este cine lacrimógeno,

24

MAYO DE 1955, LLENO
ABSOLUTO EN LA PLAZA DE
TOROS MÉXICO.

divertido, visceral y sangrante [...] se convirtió en una tremenda
fuerza social [...]"

LOS HOMENAJES

Al iniciar el siglo XXI, los homenajes por su aniversario luctuoso,
en la capital de la república, particularmente en el Panteón Jardín,
siguen creciendo año con año, en número de visitantes; se encade-
nan las televisoras y la radio para narrar al público los pormenores
del evento; asimismo, en la Delegación Cuajimalpa, los festivales
en su memoria son un desfile de artistas y cantantes consagrados.
En abril del 2003, la capital del país se vio inundada de carteles que anunciaban un ciclo cinematográfico excepcional: "Pedro
Infante, vuelve". Organizado por Conaculta, en ese evento se pro-

yectaron seis de sus películas más memorables: *Nosotros los pobres*, *Ustedes los ricos*, *Pepe el Toro*, *Los tres huastecos*, *Dos tipos de cuidado* y *La mujer que yo perdí*, remasterizadas digitalmente. Y las nuevas generaciones las pudieron disfrutar en la pantalla del Auditorio Nacional. Nuevamente se impusieron récords de asistencia, y el público se entretuvo, además, con algunas imágenes y escenas inéditas.

También en el 2003, se llevaron a cabo importantes homenajes, entre los que destacan el organizado por Dora Elia Salazar, presidenta de un importante club de admiradores, en Villa Guadalupe, Nuevo León, en el que se realizó un concurso para descubrir la voz más cercana a la de Pedro. Asimismo, La Regiomontana, estación del norte del país, llevó a cabo en la Macro Plaza en la ciudad de Monterrey, un festival animado por el popular locutor Eduardo Becerra González. Por su parte, la Universidad Autónoma de Nuevo León, dispuso su Aula Magna para celebrar un recital en recuerdo del ídolo, organizado por el señor Alfredo Haros, con lleno completo.

En diciembre del mismo año, y de nuevo en el Aula Magna de la Universidad, se presentó exitosamente *El cancionero de Pedro*, una cuidadosa recopilación de todas sus grabaciones —en Peerles y la RCA Victor— y de los temas de sus películas. Trabajo realizado por Carlos González de León.

MONUMENTO A SU MEMORIA, EN MÉRIDA.

Nuevamente, en abril de 2004 y 2005, en Monterrey y Ciudad Guadalupe, N. L., sobresalieron los homenajes organizados por

AMALIA AGUILAR, ELSA AGUIRRE, IRMA INFANTE, DIANA NEGRETE (HIJA DE JORGE), LUPITA INFANTE Y EL AUTOR.
HOMENAJE EN CUAJIMALPA, 2004.

SU POPULARIDAD SE CONSOLIDÓ EN LA RADIO.

los presidentes de los clubes de admiradores, con el apoyo de las autoridades municipales, sobre todo los eventos realizados en el teatro Sara García y en el Centro de Convenciones Buenos Aires, de Ciudad Guadalupe y en el auditorio de la CTM. En abril de 2005, en la ciudad de Mérida, independientemente del festejo tradicional a su persona, se realizó una concurrida carrera atlética (10 km) en diferentes categorías. Lo anterior son hechos que se repiten constantemente en distintas ciudades del país y del extranjero.

Pionero de las campañas altruistas

Dentro de la historia de la televisión mexicana, el primer maratón televisivo, celebrado el 23 de octubre de 1954, fue un acontecimiento sin precedentes. En él se solicitó ayuda económica al público para las obras de mantenimiento de la Basílica, y el acontecimiento marcó un hito en la historia de la televisión. Pedro fue el conductor y protagonista del evento, en el cual se mantuvo por 28 horas ininterrumpidas conduciendo, cantando y presentando a los compañeros del medio que lo apoyaron para cumplir con su objetivo. Al recaudarse un monto mayor a la meta propuesta, el hecho sentó las bases de lo que con el tiempo vendría a consolidad la labor altruista de lo que en la actualidad conocemos como Teletón.

También cabe señalar que las cadenas televisoras se han encargado de hacer una programación continua de sus películas. Desde su primera cinta estelar, *La feria de las flores* (1942), hasta la última, *Escuela de rateros* (1956). Incluso es sabido que a través de Galavisión, Univisión y de otras cadenas, la transmisión llega a muchos países del mundo.

Discos y radio

En lo que concierne a su discografía es importante señalar que Pedro Infante, antes de arribar a la capital, ya se perfilaba como un destacado músico y cantante en su natal Sinaloa. Desafortunadamente, de su paso por la Orquesta Estrella y sus presentaciones en la XEBL de Culiacán, no quedó grabación alguna, aunque sí testimonios documentales y fotográficos de esta importante etapa de su vida artística.

Al llegar a la capital, en 1939, a pesar de sus 22 años de edad, ya era un músico talentoso, con experiencia y grandes deseos de triunfo. Es así como se explica que durante 1940-1941 y parte de 1942 fuera director de orquesta y crooner de prestigiados centros nocturnos como el Waikikí, el Salón

FUE CROONER DE PRESTIGIADOS CENTROS NOCTURNOS.

Maya y el Tap-Room —los dos últimos del Hotel Reforma—, y sus firmes inicios en la radio, en la XEB.

Aunque ya había cierto contacto con los discos y se habían realizado algunas grabaciones para películas, el conocer a don Guillermo Kornhauser, director de Discos Peerles, en 1943, constituyó un paso definitivo en su vida profesional, pues el 29 de octubre de ese año graba en esa disquera sus primeras canciones: "El durazno", "Ventanita de oro", "El azotón" y "El soldado raso"; días después, el 5 de noviembre, graba los valses: "Mañana" y "Rosalía".

A principios de 1944, se transmite por la radio "Mañana", la primera canción dirigida a todos los radioescuchas del país. De ahí en adelante, durante catorce años, grabó 333 canciones en el estudio de Peerles y más de 80 pistas para películas, que después se incluyeron en discos. Grabó canciones de más de 170 compositores tanto mexicanos como extranjeros. La canción "Viva mi desgracia", grabada en 1945, fue la primera de éxito nacional y de importante trascendencia internacional.

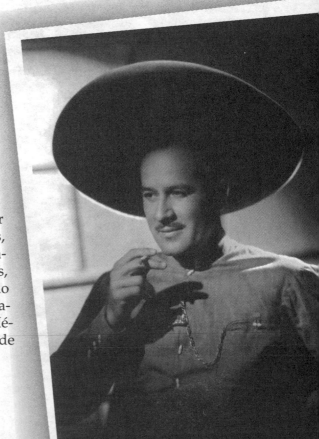

Entre los compositores que más grabó, destacan José Alfredo Jiménez, su compadre querido, Cuco Sánchez, Agustín Lara, Ernesto Cortázar, los Cuates Castilla, Pedro de Urdimalas, Chucho Monge, Gilberto Parra, Felipe "Charro" Gil, Rubén Méndez, Rubén Fuentes, Alberto Cervantes, Claudio Estrada, Consuelito Velázquez y Luis Pérez Meza, entre otros.

Es importante precisar que, sobre todo en sus inicios, su arreglista y maestro fundamental fue, sin lugar a dudas, don Manuel Esperón, orgullo nacional y personaje consagrado en la historia musical de México, quien le musicalizó más de cincuenta temas.

ARRIBA: BREVE SESIÓN DE DESCANSO DURANTE EL PRIMER MARATÓN TELEVISIVO EN MÉXICO, OCTUBRE DE 1954.

DERECHA: FOTO ARTÍSTICA (1949), TOMADA POR EL FOTÓGRAFO DE LAS ESTRELLAS, HERRERA.

El primero de diciembre de 1956 acudió, por última vez, a los estudios de grabación para terminar las cuatro últimas piezas que integrarían su último LP: "La cama de piedra", "Corazón apasionado", "Pa' que sientas lo que siento" y "Ni el dinero ni nada".

Aunque grabó obra de diversos autores yucatecos, antes de morir estaba preparando un fino trabajo más completo de música y temas de Guty Cárdenas, que solía interpretar en sus presentaciones pero que no había tenido la oportunidad de grabar. No le alcanzó el tiempo, pero nos imaginamos lo grandiosa que hubiera sido esta producción, pues aún se recuerdan sus conciertos en el Teatro Peón Contreras del Alba, ciudad de Mérida.

Tan sólo en 1950 grabó 55 canciones, que aún hoy son éxitos. En ese año destaca la grabación de las tradicionales "Mañanitas", melodía que se escucha día con día en los hogares mexicanos; con toda seguridad la canción más vendida en la historia del disco en México.

A la fecha, y como resultado de la tecnología de punta, este acervo discográfico ha aumentado su calidad, ya que existen nuevos discos compactos remasterizados, con muy buena instrumentación y sonido digital. Como ejemplo de ello están los interesantes trabajos de Rubén Fuentes, que junto con la disquera, liberaron una excelente producción de boleros a fines del año 2001, que nuevamente rompió récords de ventas. Lo mismo ocurrió con la excelente producción de Manuel Mijares, "Querido amigo", liberada en 1997, además de las grabaciones de la Banda del Recodo, la Banda Macho, la Rondalla Venezolana, la Rondalla de Saltillo y, sobre todo, los de Imágenes.

En la radiodifusión nacional, independientemente de las transmisiones dedicadas a Pedro y la música de catálogo, en la ciudad de México existe un programa, en la actualidad conducido por Arturo Cortez, que hasta la fecha cuenta con un alto rating, y es considerado el de mayor permanencia en el mundo, pues ha pasado al aire ininterrumpidamente durante medio siglo, de 8:00

EL EJERCICIO FUE PARTE DE SU VIDA.

a 9:00 y de 22:00 a 23:00 hrs., lo que significa un poco más 19,000 programas continuos por la frecuencia 14.10 A.M.

INOLVIDABLE PRESENCIA POPULAR

A casi medio siglo de su ausencia sigue siendo uno de los personajes más queridos y populares de México, recordado con cariño y admiración por el pueblo, que no lo olvida y sigue atento a cualquier noticia que se refiera a él; su permanencia es explicable por su indiscutible carisma y la enorme entrega en sus interpretaciones. Su alegría, romanticismo y peculiar estilo de vida, han sido elementos de identificación para muchos sectores del público.

No parece lejano el lunes santo más recordado por el pueblo de México, uno de los días más tristes de nuestra historia reciente. El país se vistió de luto por la pérdida de su artista más querido. Sin embargo, sigue vivo su recuerdo en el corazón del pueblo, al que le cantó y dedicó siempre lo mejor de él, y con quien se identificó plenamente, pues aun estando en la cima del triunfo, fue un personaje sencillo y humilde.

Esa afinidad y cariño hacia su pueblo, lo encumbraron más allá que a cualquier otro personaje artístico de nuestro país. Ese romance con el pueblo de México alcanzó ya 60 años, y se reafirma permaneciendo viva su presencia, incluso entre los jóvenes que nacieron muchos años después de su fatal partida y que han sucumbido a su irresistible personalidad.

PEDRO RODEADO DE ADMIRADORES A SU LLEGADA A TELEVICENTRO, 1956, PARA RECIBIR UNA PRESEA DESPUÉS DE HABER GANADO EL ARIEL.

En efecto, su trato sencillo, su voz inigualable y sus grandes cualidades como ser humano serán el tema de las páginas que siguen, pues este trabajo intenta ser un modesto homenaje a su memoria, un agradable arcón de recuerdos para quienes lo conocieron como hombre y como artista, y un importante acervo de anécdotas y referencias para que las nuevas generaciones ahonden en la vida de este mexicano que no tiene parangón.

Corazón apasionado
(Cuco Sánchez)

Corazón apasionado,
ya no sufras, no seas tonto,
manda al diablo tu dolor;
tú que siempre fuiste grande
y entre todos preferido
ve nomás lo que eres hoy.
Corazón, corazón apasionado,
si te sientes desgraciado
canta, canta tu dolor;
deja que se lleve el viento
tu penar, tu sentimiento
y en la copa de otros labios
vuelve a embriagarte de amor.
Si te ven llorar solito
te dirán que eres cobarde
que mereces compasión,
prefiero darte un balazo
corazón y así acabamos
pero lástima no doy.
Corazón, corazón apasionado,
si te sientes desgraciado
canta, canta tu dolor;
deja que se lleve el viento
tu penar, tu sentimiento
y en la copa de otros labios
vuelve a embriagarte de amor.

DON MANUEL ESPERÓN
ACOMPAÑANDO AL AUTOR EN
SU ONOMÁSTICO.
JUNTO A ELLOS ESTÁN PEDRO
VARGAS JR. Y ROY GUERRA.

ser cierto y
Civil que es a mi car...
cuentra asentada una Acta de...

mgg—

ACTA DE MATRIMONIO

En la Ciudad de Mexico.— Distrito Federal, a las 12 horas.— treinta y
del dia 19 de junio de mil novecientos los
nueve.— comparecen ante mi Vicente Cardenas.— Juez del
Registro Civil, para contraer matrimonio bajo el régimen de SOCIEDAD CONYUGAL.—
señores PEDRO INFANTE CRUZ Y MARIA LUISA LEON ROSAS.— 14 del
actual.— de acuerdo con la solicitud y documentos que presentaron con fecha
los cuales tienen los siguientes datos:

DEL CONTRAYENTE	DE LA CONTRAYENTE
de veintitres años	de veintidos años.—
Edad:	labores de hogar.—
Ocupación: empleado particular	110.— soltera.—
Domicilio: Calle de Abraham Gonzalez	de Culiacan Sinaloa.—
Estado Civil: soltero de Mazatlan Sinaloa.—	mexicana.—
Origen: mexicano	
Nacionalidad:	

PADRES DEL CONTRAYENTE

	Refugio
Nombres: Delfino Infante	labores de hogar.—
Ocupación: filarmonico	de El Rosario Sinaloa
Origen: de Acaponeta Nayarit.—	de Culiacan Sinaloa.—
Domicilio: ambos residen en	

PADRES DE LA CONTRAYENTE

	Rosario
Nombres: Agustin Leon	labores de hogar
Ocupación: Finado	de Culiacan Si
Origen: — —	reside en el l
Domicilio: — —	

TESTIGOS DE ESTE ACTO

Alfonso Rodriguez Cabrera.— Josefina
de treinta y tres años.— de veinticin
casada.—
empleado particular.— labores de h
Calle de abraham Gonzalez

Nombres:	
Edad:	
Estado Civil:	
Ocupación: ninmo	
Domicilio:	
Parentesco: Luis Quintero ninguno

de cincuenta y
viudo
Tenochtitlan 145.—

CONFRONTADA CON LAS ACTAS DEL REGIS... CERTIFICADAS DE ACTAS DEL REGIS...

PARA CUR...
Artículo 890 y 935 de la Ley del...
del Departamento de Distrito Federal.

TARIFA:
15% Adic.
TOTAL.
$ 25.—

ACTA DE MATRIMONIO DE PEDRO INFANTE CRUZ Y MARÍA LUISA LEÓN ROSAS, JUNIO DE 1939.

2. ORGULLO RANCHERO

En Mazatlán, Sinaloa, en la calle Constitución número 88, existe una casa que es una de las referencias más entrañables para los lugareños. Y es que precisamente en ese domicilio, después de nueve años de matrimonio, don Delfino Infante García y doña María del Refugio Cruz Aranda, fueron los felices padres de quien, con el tiempo, habría de ser la gran figura del espectáculo en México. Como constancia de este hecho, existe una placa conmemorativa que señala: "Homenaje de sus paisanos mazatlecos al ídolo Pedro Infante Cruz, que nació el 18 de noviembre de 1917".[1]

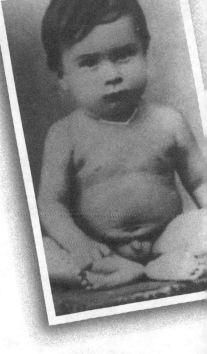

Quince días después del nacimiento, la familia Infante Cruz cambió su domicilio a la calle de Camichín número 508, ahora calle Carvajal, a tan sólo media cuadra del anterior, por lo que al registrar al recién nacido, en el acta se asentó este domicilio.

En la actualidad esa casa es habitada por la familia Arteaga Cervantes, propietaria de lo que ahora es un sitio de interés para los visitantes y motivo de orgullo para los mazatlecos.[2] Aunque no es el único lugar donde se recuerda a Pedro, también en el malecón, por la zona de Olas Altas, se encuentra una estatua suya donde aparece como oficial de tránsito, en motocicleta, justo como en la cinta *A toda máquina*. Este monumento fue inaugurado en abril del 2004.

DE AQUÍ PARA ALLÁ

Aunque la familia Infante Cruz permaneció por algún tiempo en Mazatlán, a principios de 1919 don Delfino obtuvo una oportunidad de trabajo con mejores condiciones y, junto con su familia, fijó su residencia en Guasave, lugar donde dio clases particulares de música y tocó en la orquesta de la ciudad. Más tarde, durante los primeros meses de 1920, se trasladaron a Rosario, Sinaloa. Esto aconteció cuando Pedro era un niño de unos tres años.

Pedro fue el tercero de quince hermanos, de los cuales sobrevivieron nueve. El orden de nacimiento es el siguiente: María del Rosario (†), Ángel (†), Pedro (†), María Carmela (†), María Concepción, José Delfino (†), María Consuelo, María del Refugio (†), María del Socorro.

PEDRO A LOS 10 MESES DE NACIDO, 1918.

Resulta interesante advertir que todas sus hermanas tienen el nombre de María, lo cual nos confirma que la familia Infante Cruz era muy apegada a las tradiciones religiosas de la época.[3]

Fue un periodo difícil, pero contaron con el apoyo de sus abuelos paternos y maternos, originarios, por cierto de Rosario. Los padres de don Delfino fueron Eleno Infante y Sinforiana García, y los de doña Refugio, Domingo Cruz y Catalina Aranda.

Su abuelito Domingo se dedicaba a hacer velas, así como trabajos de carpintería, y en sus ratos de ocio departía con las muchachas de la localidad, alegre afición que terminó por darle una reconocida fama de enamorado. Las hermanas de don Domingo, por su parte, fundarían con el tiempo las conocidas familias Manjarrez, Cristerna e Ilazaliturri.[4]

La inestabilidad política de la época y el aumento de la familia provocaron carencias; pero los Infante se las arreglaban; don Delfino cubría el sustento diario con sus ingresos como maestro de música y como integrante de alguna orquesta o banda musical. Doña Refugio también contribuía al gasto familiar haciendo labores de costura, oficio en el que tenía un gran prestigio, por lo mismo la gente de la localidad solicitaba sus servicios, para arreglar o hacer alguna prenda de vestir. De hecho, mucha de la ropa que utilizó su hijo Pedro, ya sea en su vida diaria o en los escenarios, fue confeccionada por ella.[5]

PEDRO AL LADO DE SU MADRE, 1922 (INÉDITA). LA FAMILIA INFANTE-CRUZ, SINALOA, 1922.

Recuerdos de Guamúchil y Rosario

La movilidad de la familia Infante Cruz fue constante, debido a ello se les conocía por muchos de aquellos rincones de Sinaloa.[6] En 1926 la familia se estableció en Guamúchil, Pedro contaba entonces con 8 años de edad, y en ese lugar, en la escuela municipal, terminó sus estudios primarios de tercero y cuarto grado.[7] Antes, había ido a la escuela en Rosario, donde por cierto, fue su propio hermano Ángel quien lo inscribió en la escuela Benito Juárez, de la que era director, en aquella época, el profesor Julio Hernández. Y según se recuerda sus maestras de primero y segundo grado fueron Agripina Ramírez y Angelina Otañez, respectivamente.[8]

Como ocurre en toda familia tradicional de la provincia mexicana, Pedro, a finales de los veinte, era ya uno de los mayores, razón por la cual, en determinados momentos, tenía que hacerse cargo de sus hermanos más pequeños, una tarea que cumplía con agrado, pero que le hacía pasar grandes apuros cuando en la cartelera del único cine de Guamúchil se anunciaba alguna nueva película, sobre todo si era de vaqueros y más aún si se trataba de una cinta de Tom Mix, su héroe favorito, su ídolo. Asistir a la función se convertía entonces en un verdadero desafío contrarreloj, porque sabía que cualquiera de sus padres le saldrían con la misma objeción de siempre:

—Tú de aquí no me sales hasta que se duerman tus hermanos.

Ante el paso inexorable de los minutos, su angustia iba en aumento. Arropaba a los pequeños, buscaba muñecos, los amenazaba, pedía silencio, los mimaba, pero no terminaban por caer en el sueño profundo, tan necesario para llegar a tiempo a la función. Siempre ocurría que varios seguían inquietos y dando lata. Forzado por estas circunstancias, en ocasiones desesperadas hacía un muñeco de un medio metro, con cualquier cosa que tuviera a

Arriba: Lupita Infante Torrentera frente a la casa donde nació su padre, en Mazatlán.

Izquierda: Don Delfino Infante, padre del artista.

35

la mano, lo enredaba en trapos y lo amarraba con una cuerda por fuera de la ventana del cuarto. Entonces, con las luces apagadas y voz tenebrosa, les advertía a los más obstinados:

–Si no se duermen, va a llegar la Buba y se los va a llevar. Ya anda por allá afuera buscando chamacos berrinchudos que no se quieren dormir.

–¿Y a ti por qué no te lleva... a ver? —lo interrogaba alguien en la oscuridad.

–Sí, a ver... a ver... —le insistía otro.

–¡Porque soy más grande que ustedes y a mí me respeta!

En ese momento, disimuladamente jalaba un poco la cuerda para dejar entrever el esperpento a través de los cristales y les advertía:

–La única manera de salvarse de sus garras es cerrando los ojos fuerte y no abriéndolos hasta mañana cuando amanezca.

Todo este escenario y actuación especial tenían el único propósito de poder salir corriendo hasta el cine y no perderse las aventuras del legendario Tom Mix. Cándidas travesuras que tal vez anunciaban al artista en ciernes.

Aun siendo un muchacho inquieto, también era responsable, y a los 9 años buscó sus primeros ingresos para contribuir a los gastos familiares. Sobre esto es necesario precisar que Pedro, desde muy pequeño, tuvo una mística filantrópica que puede resumirse en tres palabras "don para ayudar", razón por la cual prodigaba generosamente sus atenciones a sus padres y hermanos, o a quien pudiera brindar un servicio o una ayuda económica.

El amor a su sangre, a su gente, lo dejó plasmado no sólo en el apoyo que siempre representó para su familia, sino también en quienes recibieron innumerables beneficios de su parte, gracias a esa cualidad altruista que siempre lo caracterizó y seguramente aún aprecian y valoran la actitud de aquel benefactor desinteresado que estuvo presente en los momentos difíciles. Rasgos de bondad que en la actualidad ya no se dan con frecuencia.

Su primer trabajo fue de ayudante y "hacía de todo", con la familia de don Eduardo Angulo, cuya casa se encontraba frente a la estación de ferrocarril, relación que terminó en una gran amistad con él y con sus hijos. Precisamente Carlos Angulo aparece con Pedro en una fotografía escolar de tercer año de primaria.

Más tarde fue empleado de un importante negocio de productos agrícolas, denominado Casa Melchor, situado también cerca de la estación, en Guamúchil.[9]

En realidad nació en Mazatlán, aunque siempre pregonó haber nacido en Guamúchil.

Tom Mix, su ídolo.

Ya casi en la adolescencia, a principios de la década de los treinta, trabajó en la carpintería de don Jerónimo Bustillos, lugar donde consolidó los conocimientos de este oficio, en el cual lo había iniciado su abuelo materno, Domingo Cruz; actividad que nunca dejó de practicar y de la que siempre se sintió orgulloso, pues solía afirmar: "Me encanta aprender el oficio de Jesucristo".

Don Jerónimo fue para él como un segundo padre, que tampoco tuvo reparo alguno para enseñarle además los secretos de la ebanistería, en los que Pedro resultó tan hábil que él mismo se construyó su primera guitarra. Quizá como una forma de agradecimiento persuadió a Jesús (Chuy), hijo de don Jerónimo, para que también se hiciera una y lo animó a incorporarse a la actividad musical. Más adelante y como fruto de esa inolvidable amistad se hicieron compadres; incluso en muchas de sus presentaciones, Pedro acreditaba a Chuy Bustillos como el autor de la canción "Carta a Eufemia", aunque en el registro oficial de la disquera Peerles, el crédito es para Rubén Fuentes y Rubén Méndez.

Antes de seguir, me gustaría compartir con el amable lector la siguiente anécdota personal: en julio de 1994, en Ciudad Obregón, Sonora, hubo un agradable rencuentro con la familia Bustillos, en un torneo nacional de beisbol infantil; participaban el biznieto de don Jerónimo y mi hijo Ernesto, la reunión fue muy grata para todos; mi hijo defendía en esa ocasión los colores de la Liga Maya del Distrito Federal y el biznieto de aquel maestro ebanista participaba representando a Culiacán.

CON FÉLIX QUINTANA, EN CULIACÁN, 1938.

LA PALOMILLA

Pedro, desde su adolescencia, fue un buen conocedor de la música, logrando dominar en poco tiempo instrumentos de cuerda, de viento y percusión. El legado de su padre fue fundamental en esto, pues recordemos que don Delfino Infante era un experimentado músico profesional.

El barrio y los amigos también lo influyeron. En esos años, un personaje pintoresco de Guamúchil, cantor, anunciante, peleador callejero, de esos que entusiasman a los jóvenes, Félix Quintana, fue quien le enseñó las primeras canciones en guitarra. En esa época

corría con suerte "El Alazán y el Rocío", o "la de los caballos", como le decía él.

El Güero Román, famoso entre la palomilla de Guamúchil, también lo alentó a estudiar y practicar guitarra. Otro amigo leal y simpático, el Güero Venustiano Gaxiola, quien era propietario de una guarachería, enseñó a Pedro el oficio de peluquero y una vez que éste dominó el asunto, se dedicó a cortar el cabello en su casa, obteniendo con esto un ingreso complementario para el gasto familiar y personal.[10]

Otro amigo que merece ser recordado es Agustín Sánchez Camacho, quien vivía en el Rancho Majom, dentro del municipio de Guamúchil; ahí fue donde Pedro, todavía niño, jineteaba y trataba de dominar becerros. Popular entre los chamacos se divertía con todo tipo de juegos, en particular con el beisbol, que sigue siendo el deporte favorito de aquella

> ## Sus películas tienen el récord de mayor número de repeticiones por TV.

región. Igualmente debemos mencionar a otros personajes de Rosario, como Carlos Hubbard, Fausto Miller, Rafael Carreón, Rogelio Mayoral y los Millán.

En sus inicios era tal su deseo de perfeccionar sus conocimiento sobre música, que buscaba quien lo ayudara a estudiar y practicar, así consolidó su amistad con don Carlos R. Hubbard, quien le dio clases de guitarra mucho más serios, por lo que era frecuente verlo en Rosario, en la calle 22 de Diciembre, en el domicilio de su amigo, el mismo que con el tiempo llegaría a ser director de la estación radiodifusora XEHW.[11]

ENTRE HERMANOS

Ángel Infante nació el primero de octubre de 1914, en Acaponeta, Nayarit. Desde siempre constituyó un importante apoyo para Pedro, incluso en su posterior arribo a la ciudad de México, pues Ángel llegó primero, incorporándose a la Secretaría de Comunicaciones y Obras Públicas de aquel entonces, para trabajar en el tendido de carreteras como las de México-Puebla, México-Toluca y México-Pachuca.[12]

Una vez iniciados los éxitos, Pedro invitó a su hermano Ángel, en agosto de 1948, a trabajar con él en la película *Los tres huastecos*, donde lo dobló en el papel del sacerdote. A partir de entonces, don Ángel ingresó al ambiente artístico como prometedor actor y cantante. Filmó varias películas en papel estelar y otras compartiendo cartelera con su hermano, como en: *Por ellas aunque mal paguen*, *Los gavilanes*, *Martín Corona* y *ATM*.

Ángel Infante falleció el 15 de diciembre de 1987, a los 73 años, y de su matrimonio con Consuelo López tuvo seis hijos: Luis, Rubén, Ramiro, Sonia, Ángel y Antonio Infante López, todos de-

PÁGINA OPUESTA:
SU CONSOLIDACIÓN MUSICAL ES EVIDENTE EN SUS INTERPRETACIONES. AQUÍ LO VEMOS ENSAYANDO CON SU HERMANO ÁNGEL.

INICIÓ SU TRAYECTORIA
ARTÍSTICA COMO EJECUTANTE
DE VARIOS INSTRUMENTOS,
ENTRE ELLOS EL VIOLÍN.

dicados a sus respectivas profesiones. Toño y Sonia con una destacada trayectoria en el cine y la televisión mexicana.

José Delfino Infante Cruz, mi padre, nació el 7 de octubre de 1924. Fue un hombre entregado por entero al deporte, se dedicó al atletismo, fue ciclista, fisicoculturista y, sobre todo, ejemplo de muchos que al igual que él deseaban forjarse dentro de una vida sana. En los cuarenta fue socio fundador del club deportivo Pedal y Fibra, en Mazatlán, asociación que aún perdura en aquellas hermosas tierras sinaloenses.

Pepe representó para su hermano Pedro no sólo un compañero en las grandes tareas sino un apoyo constante en los asuntos personales, logísticos, incluso en los que se involucraba su propia seguridad, pues no era fácil trasladar al ídolo a los lugares donde hacía sus presentaciones, considerando que ambos disfrutaban al convivir con su público.

Las presentaciones de Pedro Infante, sobre todo en la Plaza de Toros México, fueron históricas en este tipo de eventos en la ciudad de México, con entradas que rebasaron las 50 mil personas, así como en las inolvidables actuaciones de Pedro y Jorge Negrete, en el Teatro Lírico, que literalmente paralizaban el Centro Histórico de la capital, después de las cuales tenían que sacarlo en hombros, pues era arrollador el deseo del público de estar cerca de su artista favorito. Era entonces cuando Pepe, en todo momento, estaba al pendiente de su hermano.

Gracias a su gran parecido físico, lo dobló en algunas escenas de alto riesgo, en particular después del accidente de mayo de 1949. Además, fue quien representó a Pedro Infante en la película sobre su vida, rodada en 1961, como homenaje póstumo, *La vida de Pedro Infante*. Como consecuencia, esta cinta impulsó su vida artística, en la que mantuvo una actividad constante y decorosa.

Asimismo, fue parte esencial de todos los homenajes luctuosos a Pedro, verificados en el Panteón Jardín. Finalmente, el 10 de enero de 1998, falleció cumpliendo su deseo de estar al lado de los suyos.

Un hecho poco conocido es que en 1959 grabó un tema en discos Orfeón, como homenaje a su hermano, el cual fue compuesto por Teodoro Pinzón: "Pedro en las alturas".

MÚSICO PROFESIONAL

A principios de los treinta, cuando Pedro apenas era un adolescente, aunque ya con sólidos conocimientos musicales, fue invitado por su padre a integrarse a la orquesta La Rabia, donde tocó dis-

tintos instrumentos, en especial la guitarra y la batería. Don Delfino era el director y con este grupo solía amenizar algunos lugares en Guamúchil. Los fines de semana se trasladaban a Rosario, donde también padre e hijo realizaban agradables jornadas en la orquesta Borrego, que gozaba de gran popularidad por los hermosos rumbos de Sinaloa.

Apenas iniciaba 1934, cuando, nuevamente, la familia Infante Cruz decidió cambiar de domicilio. Esta vez a Guasave; don Delfino había conseguido la dirección musical de la orquesta de Luis Ibarra, un buen amigo y, además, compadre, que era el administrador del grupo y saxofonista de esa agrupación. Pedro se dedicó a tocar entonces tanto la batería como el violín. Esta versatilidad, obligada por los requerimientos del conjunto, acrecentó su entusiasmo por la música y los escenarios; no obstante, continuaba ejerciendo el oficio de peluquero y la carpintería para complementar sus ingresos.

Ese mismo año, cuando Pedro contaba con apenas 17 años, iniciaron para él las penas y las dichas del amor. Historias en apariencia sencillas, pero llenas de detalles novelescos.

En aquel entonces, Pedro era un joven pulcro, esbelto, con galanura varonil, que gustaba de andar bien vestido para agradar al público femenino, con el que tenía ya cierto cartel. En algún momento las circunstancias le fueron propicias e inició una relación formal con la señorita Guadalupe Márquez, bella joven de tez clara, cabello ondulado y ojos negros, a quien la apostura y plática agradable de Pedro habían terminado por conquistar. Al parecer todo marchaba sin mayor complicación, pero salió a escena un inesperado rival. Un tal Rodríguez, quien también quiso galantear a la muchacha. El tipo era muy violento y, durante un baile en el pueblo, no dudó en hacerse presente junto con cinco pistoleros para resolver aquel asunto de manera brutal. Apartó a Pedro de Lupita Márquez, lo amenazó de muerte frente a todos y, entre gritos y empujones, se robó a la dama. Se sabe que después de algunos meses Lupita y Rodríguez terminaron casándose.

A pesar de la triste experiencia, la vida siguió su curso y más tarde, en la cercana

Pedro en las alturas
(Teodoro Pinzón)

Hace tiempo que tú te marchaste.
Hace tiempo te fuiste de aquí.
Desde entonces, hermano querido,
Te extrañamos, lloramos por ti.

Hoy que cumples otro año de muerto
Tu recuerdo volvió a revivir.
Hoy en nombre de México entero
Oye bien lo que voy a decir.

Ni las brisas heladas del norte
Ni los vientos calientes del sur
Han logrado llevarse del mundo
Las canciones que cantabas tú.

Nunca, nunca se irán de tu tierra.
Es la huella que dejaste tú
Y por siempre quedaron grabadas
En la historia y en el cielo azul.

Luego que te viste allá en las
        alturas
Rodeado de nubes como te gustaba
Lanzaste un grito como tú
        gritabas
Y heriste los aires con esta
        cantada
"No vale nada la vida, la vida
        no vale nada".

Ay, ay, ay
Como está lejos tu patria
Ya nunca podrás cantarle
Ni llevarle serenata.

Ay, ay, ay
Ahora sí estás muy contento
Porque estás cantando a Dios
Y con mi madre adorada.

Guamúchil, Pedro inició un romance con la señorita Guadalupe López, el cual tuvo su origen en un avasallador amor a primera vista. Con el tiempo aquellas tiernas miradas tuvieron como fruto el nacimiento de Guadalupe Infante López, su primera hija. Así que, desde muy joven, tuvo que asumir la responsabilidad de sostener una familia y, al mismo tiempo, disfrutar de la dicha de ser padre.

DIRECTOR DE ORQUESTA

En 1937 fue contratado como director por el mejor grupo musical de Sinaloa. Se trataba de la orquesta Estrella. Pedro puso como condición que también contrataran a su padre como ejecutante en el contrabajo. La petición fue atendida y la familia Infante Cruz se mudó, esta vez a Culiacán, a una casita en la calle de Juan Carrasco esquina con Dos de Abril.[13] En esta ciudad coincidieron con su hermana Rosario, la mayor, quien a raíz de su matrimonio con el fotógrafo Guillermo López Castro, residía en el lugar. Ella fue una mujer bellísima, reina de festivales en diversas ocasiones, tanto en

EN EL TAP ROOM DEL HOTEL REFORMA AL FRENTE DE LA ORQUESTA ROOF-GARDEN.

Mazatlán como en Rosario. Hubbard recuerda: "la vimos representando a la patria en un aniversario de la Sociedad Mutualista Hidalgo".[14] De ese matrimonio, muy querido en el entorno familiar, nacieron Guillermo, Yolanda, Fausto y Raúl López Infante.

La actividad constante hizo que su prestigio como músico aumentara por buena parte de Sinaloa, por ello Guillermo López Castro buscó a un íntimo amigo, Ismael Medina, propietario de la farmacia La Económica, y le propuso que patrocinara el debut de su cuñado en la estación de radio WEBL, "La Voz de Sinaloa" en la ciudad de Culiacán, en la que tenía un programa diario, donde promocionaba su negocio.

Precisamente a través de la radio de Culiacán, María Luisa León Rosas escuchó por primera vez a Pedro, pero no fue sino hasta el 30 de mayo de 1937 cuando finalmente se conocieron, en una fiesta en la que como parte de la orquesta Estrella él interpretó varias canciones. Fue un día trascendente para ambos, ya que desde esa fecha surgió una atracción que no tardaría en convertirse en un noviazgo que culminaría en matrimonio.

LA RADIO DE CULIACÁN
LE DIO SUS PRIMERAS
OPORTUNIDADES.

María Luisa era 5 años mayor, y era evidente la madurez de ella en la toma de decisiones, sobre todo en lo relacionado con la carrera artística de Pedro, pues estaba convencida de que si se aplicaba más al estudio formal y al trabajo conquistaría la capital. Ella siempre representó un importante apoyo, y mantuvieron una firme relación, muy sui géneris si se quiere, pero cordial y respetuosa, incluso en el distanciamiento que vendría después. No obstante, con ella compartió la parte difícil y complicada de todo inicio artístico y juntos empezaron a recibir los frutos del triunfo.[15]

ARRIBO A LA CAPITAL Y MATRIMONIO

Durante la etapa en que buscaba consolidarse como músico en Culiacán, escuchó finalmente los consejos de algunas amistades, maestros de música e incluso de María Luisa, y decidió aventurarse a intentar hacer una carrera como cantante en la capital, y aumentar también su preparación musical. Así, en mayo de 1939, ambos se trasladan a la ciudad de México, instalándose, por algunos días,

PEDRO CON MARÍA LUISA
LEÓN ROSAS, 1939.

en la calle de Ayuntamiento número 41, en pleno Centro de la ciudad. Muy cerca de la XEW y de la XEB.

Su arribo a la capital ocurre, precisamente, a punto de iniciar la década de los cuarenta, cuando el crecimiento urbano empezaba a hacer sentir su dinamismo. Recordemos que en 1940 la población del D.F. era apenas de 1,750,000 habitantes.[16]

El fluir vehicular no era el monstruo apenas imaginable que hoy padece la capital, el medio ambiente era saludable y la ciudad era segura. Sin duda la bohemia imperante en los cafés del Centro de la ciudad, así como el hermoso entorno, constituyeron las condiciones ideales para que una persona como Pedro desarrollara sus cualidades artísticas. Y siempre, desde el primer instante, se sintieron gratamente acogidos por la antigua Ciudad de los Palacios, que tanto celebrara el Barón von Humboldt, o por "la región más transparente del aire", según don Alfonso Reyes. Una ciudad en la que aún no se perdía la dimensión humana y resultaba agradable un lento paseo por la Alameda, por la avenida Reforma, Juárez, el Bosque de Chapultepec, Xochimilco, el Bosque de Tlalpan, el Desierto de los Leones o Coyoacán.

Casi un mes después de haber llegado a la capital, el 19 de junio de 1939, formalizan su relación mediante el matrimonio civil y, como dato curioso, en el acta respectiva se asienta que María Luisa es un año menor que él. Poco después, el primero de julio de ese mismo año, se casan por la iglesia, en la Catedral Metropolitana.[17] En esos momentos ya habían cambiado su domicilio a la calle de Abraham González número 110.

Es innegable que el ambiente de la gran capital produjo en él un verdadero azoramiento inicial que más tarde reflejaría con

mucha autenticidad en sus películas. Esa ambivalencia de provinciano-capitalino, compartida por muchos, fue quizá el elemento esencial de su indiscutible carisma.

Los primeros meses en el Distrito Federal fueron difíciles y de seguro hubo momentos en que tuvo el deseo de regresar a su tierra, pero la entereza de María Luisa, y la determinación de él mismo, fueron elementos clave para conseguir el anhelado triunfo.

En la esquina de Buen Tono y Ayuntamiento aún existe el café La Florencia en el que eran asiduos comensales, donde la comida corrida incluía: sopa, arroz, guisado y postre, por el módico precio de 50 centavos. Eran los años del famoso modelo del desarrollo estabilizador y la palabra inflación aún no era familiar en nuestro lenguaje. Como expresa Carlos Fuentes en su novela *La silla del águila*: "Y recuerda que con lo de comer no se juega. ¿Te acuerdas de la vieja canción de Pedro Infante, 'Mira Bartola, ahí te dejo esos dos pesos, pagas la renta, el teléfono y la luz'?, qué nostalgia de nuestros tiempos preinflacionarios".[18]

La B grande

Después de enfrentar las dificultades que acarrea el adaptarse a un ritmo de vida diferente y haber pasado por momentos de fatiga e incluso de abatimiento, a inicios de 1940 Pedro conoce al ingeniero Luis Ugalde, responsable de sonido en la XEB, quien le ayuda a conseguir una presentación en un programa de esa emisora.

Dos leyendas del ambiente artístico nacional: Joaquín Pardavé y Pedro Infante en la mítica B grande de México.

En la basílica de Guadalupe, México, D.F., en marzo de 1942, con su primer auto. Aparecen en la foto su hermano José Delfino, María Luisa, su madre, su hermana Carmela y dos sobrinas.

El director artístico era don Julio Morán, quien fijó una fecha para hacer la audición. En esa oportunidad Pedro interpretó "Consentida" de Núñez de Borbón. Su enorme nerviosismo le jugó una mala pasada y no resultó lo que hubiera deseado; no obstante, el director encontró aspectos interesantes en la calidez de su voz, en su presencia y en su imagen entusiasta. Don Julio Morán estimó que estaba frente a un buen prospecto[19], por lo que, después de una semana, tuvo otra oportunidad interpretando, ahora sí de manera irreprochable, "Nocturnal" de José Sabre Marroquín y José Mújica, acompañado al piano por Guillermo Álvarez.

Su debut en la XEB ocurrió al día siguiente de la prueba. De ahí surgió el compromiso de cantar tres veces por semana. Algunos lo intuyeron de inmediato: era el principio de la leyenda. Sus programas se transmitían desde el Estudio José Iturbe, donde cantaba acompañado al piano de Ernesto Belloc; después pasó al Estudio Juventino Rosas, un recinto con mayor capacidad que daba al cantante la oportunidad de entrar en contacto directo con el público, y desde entonces, hasta nuestros días, por más de medio siglo, y con elevado rating, aún se sigue escuchando a Pedro por la B grande de México.

Antes de probar suerte en esta emisora, lo hizo en la Catedral de la radio en México, la XEW. En esa oportunidad Amado C. Guzmán, director musical de la estación, lo escuchó cantar "Guajirita" de Bernardo San Cristóbal, y sin prodigarle gran atención, e incluso sin dejarlo terminar, le comentó que mejor se regresara a su estado natal. Desmotivado, pero no vencido, se aferró con más tenacidad a sus propósitos. Años después regresaría a la W en plan triunfal y rompiendo récord de audiencia.

En ese mismo año participa en un concurso de aficionados en el teatro Colonial, ubicado en la calle de Izazaga, a escasos metros del Eje Central, y a unos pasos del Hotel Virreyes. En ese evento, el premio al primer lugar consistía en un traje de charro. Después de interpretar "Vereda tropical", con pleno dominio de sus facultades, el galardón fue para él. Y se lo entregaron nada menos que Jesús Martínez, Palillo, y los Kíkaros.

Las felicitaciones del evento incluyeron un elogioso comentario por parte del gran comediante, quien le pronosticó un largo camino de éxitos dentro de la música. Acertada previsión de aquel gran personaje que hizo de la política fuente inagotable de ironías y risas.

También en 1939, Pedro realizó sus primeras participaciones fílmicas. La primera fue en *En un burro tres baturros*. Más tarde en un cortometraje, *Puedes irte de mí*, donde aparece conduciendo una orquesta, bajo la dirección de Luis Manríquez[20] y música de Agustín Lara. La cinta fue rodada en Los Cocoteros, un prestigiado centro nocturno de aquel entonces, ubicado en la avenida Oaxaca, a poca distancia del actual Metro Insurgentes. Cabe mencionar, como anécdota interesante, que en ese cortometraje trabajó como extra un entrañable amigo de Pedro: Luis Aguilar, más tarde figura indiscutible del cine nacional.

Después siguió otro cortometraje más: *El organillero*, también con música de Agustín Lara y dirigido por José Benavides.

LA ÉPOCA DEL MÍTICO WAIKIKÍ

En 1941, de nuevo el ingeniero Ugalde, con quien sostuvo una sincera y sólida amistad, lo ayuda y consigue que su contrato con la XEB se prorrogue por un año más. Asimismo, el cronista deportivo Julio Sotelo, quien también era representante artístico, lo introdujo a la vida nocturna capitalina. Esto le valió ser contratado como crooner en el Waikikí, uno de los lugares de moda, el cual se encontraba en la avenida Reforma número 13. Este famoso centro nocturno[21] se caracterizaba por ser el más alegre y bohemio, donde cada noche se disfrutaba de una agradable velada. En todo caso, desde 1935, año de su inauguración, hasta 1965, en el que fue cerrado, representó una de las páginas más importantes de la historia de la vida nocturna capitalina.

Este importante cabaret era uno de los lugares más conocidos, tenido por los noctámbulos como el mejor desveladero de entonces; otros, también de gran prestigio, eran el Salón Maya y el Tap Room del Hotel Reforma.

El Waikikí reunía variedades extraídas de los teatros Follies, Lírico y Margo, orquestas afroantillanas, como las de Arturo Núñez, Son Clave de Oro, Acerina, Mos-

ERA LA ÉPOCA DE ORO DE LA RADIO.

covita, y la del lugar, la Orquesta Waikikí. En el escenario actuaban el ballet de Chelo La Rue; el bongocero Tabaquito, competidor del compositor y cantante cubano Chocolate; las cantantes Esmeralda, Ana María González Catalán; artistas del momento como Fernando Fernández, Kiko Mendine, Alfredo Pineda, el Negrito Chavalier; bailarinas extranjeras, cubanas, colombianas y, por supuesto, muchas bellas coristas mexicanas, donde incluso, tiempo después, bailaría Lupita Torrentera.

En este ambiente noctámbulo comenzó a consolidarse la vida artística del ídolo, actividad que le proporcionó infinidad de experiencias las cuales, sumadas a las de su natal Sinaloa, empezaban a dar por resultado una presencia más conocida. Sus éxitos en este centro nocturno eran continuos. Además, sus presentaciones iban reuniendo a una clientela habitual, que gustaba de su forma de interpretar los boleros, y a la que no le importaba hacer fila para entrar. Era gente de la mejor sociedad, el comercio y la política, también concurrían artistas, intelectuales, bohemios y trasnochadores que planeaban tomar sólo un trago y terminaban su noche de ronda en los famosos caldos de Indianilla, para quitarse los humos del alcohol, algunas decepciones y, sobre todo, para esperar al amanecer con algo caliente en el cuerpo.

El programa "La Hora de Pedro Infante" en la frecuencia 1410 A.M., en el D.F., es el de mayor permanencia continua en México, con más de medio siglo de transmisiones ininterrumpidas.

Después del Waikikí, Enrique Serna Martínez,[22] entonces presidente del Consejo Nacional de la Industria de la Radiodifusión, lo contrató para trabajar en Tampico, en la estación XES. En esa oportunidad inició lo que podría considerarse su primera gira, en la que siguieron los éxitos, y, de paso, tuvo oportunidad de darse gusto con la variedad gastronómica tamaulipeca, sobre todo en Tampico y Pueblo Viejo, aunque la gira también comprendió Ciudad Mante, Reynosa, Matamoros, Nuevo Laredo y Ciudad Victoria. En esta última acudió como invitado a la recién inaugurada XEBJ.

A su regreso al Distrito Federal, la XEB le mejoró sustancialmente el sueldo debido a los altos índices de audiencia que tenían sus presentaciones. En esa época, de nuevo cambia de domicilio, ahora a la calle de Ernesto Pugibet número 74, lugar en que entabló una gran amistad con la familia Montoya Jarkin, que vivía al lado. Un sólido afecto que llevó a Pedro y a María Luisa a ser padrinos de comunión del pequeño Adolfo Montoya. La relación fue tan sólida que no era raro verlos tanto en eventos familiares como en los estudios de filmación, o presentaciones personales. Incluso, al morir Pedro, María Luisa León puso en manos de su ahijado Adolfo múltiples asuntos personales que requerían de asesoría legal, pues por entonces el joven Montoya era ya pasante de derecho.

El mismo Adolfo Montoya nos relató una anécdota de aquella época: en frecuentes ocasiones jugaban beisbol, donde sobre-

salía el brazo de Pedro, quien poseía un slider natural. Y no era raro que a estos encuentros acudieran beisbolistas profesionales. Los más asiduos eran sus amigos José Luis Chile Gómez y José María Chema Castro. Por su parte, Vinicio García aún recuerda las estupendas comidas que tenían lugar después de un buen juego. El ídolo compartía con ellos buenos ratos y, además, se mantenía en forma. Aquí cabe señalar que su hermano, Ángel Infante, estuvo a punto de ser contratado como catcher por algunos equipos profesionales de la liga del Pacífico.

EN EL HOTEL REFORMA

Pero volvamos a los cuarenta; por esos tiempos, su amigo y paisano Alfonso Rodríguez, mesero del Hotel Reforma, al tanto del éxito de Pedro en el Waikikí, lo invita en dos ocasiones a lujosas cenas en el Salón Maya (más tarde Salón Ciros) de ese elegante hotel, con objeto de que Pedro fuese escuchado por los dueños del lugar, y

LOS PRIMEROS GUIONES CINEMATOGRÁFICOS.

buscar la posibilidad de algún contrato. En la primera ocasión no ocurrió nada; sin embargo, en la segunda, cuando casualmente se encontraba entre los comensales Rico Pani, importante accionista del hotel, intervino Alfonso Rodríguez y le solicitó al anunciador, Ignacio Corral, que invitara a su amigo al escenario. Pedro interpretó "El amor de mi bohío", y, tras escucharlo, el señor Pani no tardó en ofrecerle un atractivo contrato con un sueldo, que sumado al de la radiodifusora y otras actuaciones, le permitía vivir holgadamente.[23]

Ya con un sitio seguro en el Hotel Reforma, vuelve a entablar pláticas con los productores Eduardo Quevedo y Luis Manríquez, quienes lo contratan para filmar *La feria de las flores*, *Jesusita en Chihuahua* y *La razón de la culpa*.

El 24 de junio de 1942, comenzó el rodaje de *La feria de las flores*, cinta en la que tuvo un papel coestelar, alternando con Antonio Badú, María Luisa Zea y Fernando Fernández, compañeros que lo apadrinaron, y con quienes llevaba una sincera amistad. Todos recordamos que desde sus primeras apariciones en la pantalla, a pesar de su inevitable novatez, proyectó naturalidad, presencia y una simpatía innata; esto dio origen a más contratos y agotadoras jornadas de trabajo que incluían radio, discos, teatro de revista y cine, tareas que enfrentó con disciplina y responsabilidad.[24]

Poco después, en el mismo Hotel Reforma, trabajó en el centro nocturno Tap Room, donde dirigió y canto con la prestigiada orquesta Roof-Garden. Su tema musical en esas ocasiones era la canción "Stardust",[25] la cual en aquellos tiempos, en medio de la segunda guerra mundial, era un éxito de Frank Sinatra, quien ya era una figura mundial.

A fines de 1942, nuevamente cambia su domicilio a un departamento en la avenida Reforma, muy cerca del Hotel Reforma, del Waikikí y, en general, del Centro Histórico, el mejor punto de reunión del México de entonces, y cerca de sus centros principales de trabajo.

Pedro se consolidaba en esos momentos como un talentoso crooner. Sus interpretaciones eran seguidas por un público cada vez mayor, pues de muchas maneras representaba los anhelos e inquietudes de la nueva sociedad, en medio de un modelo de desarrollo prometedor y estable.

3. EL MUCHACHO ALEGRE

Se puede afirmar que la consolidación artística de Pedro Infante ocurrió en 1943. En esa época México avanzaba en su industrialización bajo la dirección de Manuel Ávila Camacho, proyecto que continuaría el alemanismo, dentro del cual el D.F. iniciaba un vertiginoso crecimiento urbano.

Después de cuatro intensos años en la ciudad de México, ése fue el momento en que Pedro empezó a recoger los frutos de su ánimo tenaz; se multiplicaron las giras y su nombre era plenamente conocido en las principales ciudades del país. Uno de los acontecimientos más trascendentes para su carrera fue conocer, en ese año, a don Guillermo Kornhauser, director de Discos Peerles, quien enterado de sus triunfos, tanto en el interior de la república como en los centros nocturnos de moda de la capital, le ofreció un contrato de exclusividad; tiempo después, el 29 de octubre de 1943, graba para esa firma su primer disco, donde incluye los temas "El durazno" y "Soldado raso". Sobre esto es importante mencionar que, en ocasiones, se ha sostenido que la primera canción grabada por él en Peerles fue el vals "Mañana". Lo que en realidad ocurrió fue que esa grabación se realizó tan sólo seis días después que los temas mencionados, el 5 de noviembre del mismo año, hecho que ha dado pie a la confusión. Sin embargo, ésa no era su primera experiencia discográfica, pues poco antes había grabado los boleros, "Guajirita" y "Te estoy queriendo" para la RCA, disquera con la que no llegó a un acuerdo satisfactorio.[1]

El haber conocido a don Guillermo Kornhauser también trajo consigo un cambio muy importante para su imagen como cantante, ya que además de boleros, se le sugiere abordar canciones rancheras, pues su voz, su presencia y su conocimiento por experiencia propia del México rural de aquellos años, indudablemente enriquecían el género, pues sus interpretaciones cargadas de autenticidad evocaban el terruño a la gente de provincia.

La canción "El durazno" se incluyó en la película *Mexicanos al grito de guerra*; un tema imprescindible en las posteriores presentaciones de su hermano Pepe, una vez fallecido el ídolo. Por su parte, "Soldado raso" fue una canción muy a tono con la época, donde la segunda guerra mundial era la principal preocupación del mundo. Pedro cantaba a las tropas nacionales; a todos

CON PARTE DE LA
PRODUCCIÓN Y EL ELENCO DE
¡VIVA MI DESGRACIA!, 1943.

aquellos que veían con gran incertidumbre su posible traslado al frente.

En este marco de arrebato bélico y nacionalismo acendrado, *Mexicanos al grito de guerra* resultó "un alimento movilizador, un alerta de tiempos de guerra".[2] La cinta recuerda la heroica batalla del 5 de mayo y la expulsión del ejército francés del territorio nacional. Asimismo, se narra cómo se compuso la música y letra de nuestro himno, exaltando nuestros símbolos patrios e identidad nacional.

La producción cinematográfica pasaba por una de sus mejores épocas, muestra de ello es que también en 1943 filma *Arriba las mujeres, Cuando habla el corazón, El Ametralladora* (continuación de la película *Ay Jalisco no te rajes,* filmada por Jorge Negrete), en la cual se narra la vida de un pistolero, el Remington, personaje de la vida real, película dirigida por el jalisciense Aurelio Robles Castillo,[3] en la cual los productores quisieron hacer de Pedro una copia de Jorge Negrete.

Más tarde filma la ya mencionada *Mexicanos al grito de guerra* y *Viva mi desgracia,* en esta última cinta comparte estelares con una de las actrices más hermosas del cine nacional, María Antonieta Pons, quien protagonizó a la distinguida Carolina y Pedro al ranchero Ramón Pineda. La canción tema de la película tuvo un arreglo espectacular de Manuel Esperón, quien utilizó a cincuenta músicos y un coro de treinta personas. El tema fue grabado hasta 1945 y constituyó su primer récord de ventas. Una tonada imprescindible en sus presentaciones en la capital y en el interior de la

república. Con esta cinta establece su primer encuentro con los hermanos Rodríguez, particularmente con Roberto.

DE GIRA POR EL NORTE

A inicios de 1944, con motivo de la celebración del tercer aniversario de la XEMR, don Enrique Serna lo contrata para actuar en Monterrey, ciudad que visitaría con mucha frecuencia, en jornadas de trabajo que disfrutaba mucho, sobre todo por el estilo de vida de la región. La mística de trabajo de los regiomontanos encajaba perfectamente con su personalidad. En esas ocasiones acostumbraba hospedarse en el Hotel Génova (ahora 5ª Avenida), o bien en el Hotel Monterrey; le gustaba, además, caminar por la Calzada Madero y por toda la zona que circunda lo que es ahora la Macro Plaza.[4]

Su primera presentación fue el 19 de enero de 1944, en el Cinema Palacio, acompañado por Mercedes Caraza. El éxito fue arrollador, con un lleno absoluto en cada una de sus actuaciones. Casualmente también estaba en cartelera *El Ametralladora*, cinta que se exhibía en el cine Rodríguez (después Real Rodríguez). Y, en esa ocasión, su innegable don de gentes le permitió hacer grandes amigos como Eulalio González, el Piporro, y Plinio Espinoza, uno de los locutores más reconocidos en Monterrey, quien no deja de asistir a los magnos homenajes que aún se organizan en esa ciudad, en los que, por lo general, clausura el evento recordando interesantes anécdotas de su relación con Pedro y María Luisa León. Aquí cabe recordar que la radio mexicana tuvo su origen precisamente en la Ciudad de Monterrey, N.L., el 9 de octubre de 1921, cuando la estación del ingeniero Constantino de Tárnava inició actividades regulares con una programación basada en difundir música y publicidad de establecimientos de la ciudad.[5]

En ese año Pedro abandona el departamento que tenía en la avenida Reforma y renta una finca en la calle de Xola número 805, en la Colonia del Valle; un amplio predio en el que actualmente se encuentra una clínica del IMSS. En lo relativo a la música, las siguientes canciones pertenecen a esa época: "Mi changuita", "Noche plateada" y "Mi patria es primero", de las cuales la segunda corrió con gran fortuna, tema compuesto por Manuel Esperón y Ernesto Cortázar. Y en cuanto a cine sólo protagonizó *Escándalo de estrellas*, donde fue dirigido por primera vez por Ismael Rodríguez.

Es imposible no mencionar que, en sus primeros años como intérprete, fueron fundamentales las recomendaciones y las técnicas de vocalización que le indicaba el maestro Manuel Esperón. Éstas fueron las que, a la larga, terminarían por configurar los agradables matices de su voz.

Es el artista mexicano que tiene más películas y documentales acerca de su vida.

Viva mi desgracia
(Francisco Cárdenas)

Viva mi desgracia, pues,
ya que no me quieres tú;
porque estoy ya decepcionado yo
de todas las mujeres.

Cuando yo te conocí
tuve una esperanza en ti,
fue tan sólo una ilusión de amor
y luego te perdí.

En la vida un desengaño
no se olvidará, ni ya nunca más
se podrá curar el daño
que nos hizo con su mal.

Viva mi desgracia pues,
ya que no me quieres tú,
porque estoy ya decepcionado yo
de todas las mujeres.

Cuando yo te conocí
tuve una esperanza en ti,
fue tan sólo una ilusión de amor
y luego te perdí.

No puedo decir que tengo corazón,
a ti te lo di con santa
     devoción.
Tus palabras fueron falsas,
yo mi vida te entregué.

PÁGINA OPUESTA:
PRIMER PELÍCULA
CARICATURIZADA. *JUEVES DE
EXCÉLSIOR*, 1943.

GÉNESIS DEL ÉXITO CINEMATOGRÁFICO

En 1945, Pedro adquiere la que sería su primera propiedad, en la calle de Rébsamen número 728, en la Colonia del Valle. Estos cambios de residencia eran resultado de su creciente éxito y el consecuente incremento de su fortuna personal. En la actualidad esa casa es habitada por familiares de la señora María Luisa León.

Durante ese año realiza una gira por California y Arizona, lo que lo lleva a arraigarse en el gusto y cariño de la comunidad de origen hispano, que ya comenzaba a identificarse con él. Estuvo por siete meses en los escenarios estadunidenses; es entonces cuando aparece su primer representante, Carlos Amador, junto con quien celebró buenos contratos, tanto en los Estados Unidos como en México.

Precisamente en esa época, volar pasó de ser riesgosa afición a una irrenunciable actividad cotidiana. Como lo relataría más tarde Ismael Rodríguez, al recordar la tajante afirmación de Pedro: "'Mira, en la vida me gusta actuar y cantar, pero hay algo que prefiero sobre todo: volar. Si quieres rómpeme el contrato, rómpelo, porque no voy a dejar de hacerlo', y me mandó a volar".[6]

En el año de referencia sus prácticas de pilotaje las realizaba con su maestro Julián Villarreal. Aunque también la charrería ocupó mucho de su tiempo, pues había veces que los guiones le imponían desplegar habilidades ecuestres. En este caso sus amigos Manuel y Emilio Lara fueron quienes lo instruyeron para que llegara a ser un buen jinete.[7] Como ejemplo de esto están algunas escenas de la película *La oveja negra*, donde hacía complicadas suertes con la famosa yegua Kancia, propiedad de don Manuel Ávila Camacho.

Obviamente la dedicación a su carrera absorbía mucho de su tiempo, no obstante, también se daba espacio para seguir practicando sus conocimientos sobre carpintería y ebanistería, así como para ejercitarse físicamente. ¿Qué impulso, o quizá nostalgia, hacían que Pedro practicara el oficio de carpintero?; ¿el recuerdo de su abuelo don

DUCCIONES RODRIGUEZ HERMAN

a PEDRO INFANTE y MARIA ANTONIETA PONS en la más Estruendosa Carcajada Musical

IVA MI DESGRACIA

Película dedicada a los cuates vaciladores de México

iene a razones,
sus corazones.

Descubre el alcalde el lio.
¿qué sucederá, Dios mío?

A Carola echa un sermón,
para que deje a Ramón.

Y le dicta carta
finiquitando con

n vil cosa,
s de "ANIMOSA".

Trepa al balcón de su amada,
y la sorprende acostada.

Furioso la recrimina
y a besarlo la conmina.

Ella grita en
y es por el al

y a la gata
que fué una rata".

Y, en el fondo del armario
tiene oculto al temerario.

Los del "Infortunio", esperan
a Ramón y desesperan.

Y, con decisión
es van todos a "L

FOLLIES

CASINO DE ATRACCIONES
HOY JUEVES 30.
DOS EXTRAORDINARIAS
FUNCIONES:
ODA, a las 7.30 — NOCHE, a las 10.30.
165o. PROGRAMA
ESTRELLAS DEL TEATRO, CINE Y
RADIO DE TODO EL MUNDO
Exito del desconcertante PACHUCO

TIN-TAN
Y SU CARNAL
MARCELO

nuevos Humorismos, Nuevas Alegrías,
un Raudal de Carcajadas
a figura máxima del cine folklórico de
México

PEDRO INFANTE
EL AMO Y SEÑOR DE LAS
SIMPATIAS
strella de las extraordinarias películas
en filmación:
OY CHARRO DE RANCHO GRANDE
y LA BARCA DE ORO
exclusivas de FILMEX
l más fiel representante del norte de
la República con sus famosos
CHARROS DE RANCHO GRANDE
EL MARIACHI VARGAS
nuevos mitines liderpolitideportivescos
con

PALILLO
EL COMICO
DE
MULTITUDES

ARNIE HARTMAN
MARAVILLA MUSICAL NORTE-
AMERICANA
MANOLIN Y SCHILINSKY
LOS NUEVOS EXCENTRICOS DE
MEXICO
ELVIRA PAGAN
¡Sensacional estrella brasileña!
HILDA SOUR
Bellísima estrella chilena
MARIA ESTHER CASAS
ancionera estrella de Radio Belgrano,
de Buenos Aires
LAURITO URANGA
Virtuoso del violín
RICCI
Notable malabarista
BEATRIZ Y ROBERTO
Orfebres del baile español
A FLACA, JOSE SOTOMAYOR, AR-
TURO CASTRO, EL BALLET de
RAFAEL RODRIGUEZ
Orquesta dirigida por:
ARMANDO ROSALES e HIDALGO
HOYOS

PRECIOS DE HOY, MAÑANA Y
SIEMPRE:
UNETA $5.00. ANFITEATRO $2.00
GALERIA $1.00
partado de boletos por el teléfono:
26-61-34.
YA SE VENDEN BOLETOS PARA
TODOS LOS DIAS.

Sábado Próximo Debut de:
LUPITA TORRENTERA
La Muñequita que Baila.

¡SE VA!
PEDRO INFANTE

Y desde hoy repartirá Fotografías con su Autógrafo

FOLLIES

Casino de Atracciones
HOY SABADO 1o.: Dos Extraordinarias Funciones.
MODA, a las 7.30. NOCHE, a las 10.30.
166o. PROGRAMA
UN SUPREMO Y ARREBATADOR ESPECTACULO
50 Estrellas de Teatro, Cine y Radio de todo el Mundo
Una orgía de carcajadas con el fantástico Pachuco

TIN-TAN

Y su Carnal

MARCELO

ULTIMO SABADO DEL AMO DE LAS SIMPATIAS

PEDRO INFANTE

Estrella de las extraordinarias películas en filmación: "SOY CHARRO DE RANCHO GRANDE" y "LA BARCA DE ORO", exclusivas de la FILMEX, con el famoso

MARIACHI VARGAS

Exito clamoroso de

PALILLO

El cómico de las multitudes

MANOLIN Y SCHILINSKY

Los Nuevos Excéntricos de México

ARNIE HARTMAN

Maravilla Musical Norteamericana

BRILLANTE DEBUT DE

LUPITA TORRENTERA

La Muñequita que Baila

Sin faltar, naturalmente

ELVIRA PAGAN

Sensación Brasileña

HILDA SOUR

Notable Estrella Chilena

LAURITO URANGA

Virtuoso del Violín

MARIA ESTHER CASAS

Intérprete de la Canción Argentina

RICCI

FOLLIES

(Casino de Atracciones)
HOY
Moda, 7.30. Noche, 10.15
La Gran Cía. de Atracciones Mundiales presenta su 166o. Programa en:
Un Supremo y Arrebatador Espectáculo.

TIN-TAN
Y Marcelo
ULTIMO SABADO
Del Amo de las Simpatías
PEDRO INFANTE
Y el Mariachi Vargas.
Nuevos Humorismos de:
PALILLO
DEBUT DE:
LUPITA TORRENTERA
Exito Delirante de:
MANOLIN Y SCHILINSKY
Elvira Pagán, Hilda Sour, María Esther Casas, Hartman, Laurito Uranga, Ricci, La Flaca, Castro y Sotomayor.

PRECIOS DE ENTRADA
MODA O NOCHE:
Luneta ....
Anfiteatro
Galería .
Apartado

★ PEDRO INFANTE,

★ LUPITA TORRENTERA

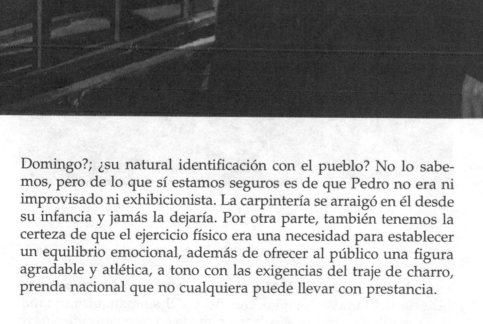

Domingo?; ¿su natural identificación con el pueblo? No lo sabemos, pero de lo que sí estamos seguros es de que Pedro no era ni improvisado ni exhibicionista. La carpintería se arraigó en él desde su infancia y jamás la dejaría. Por otra parte, también tenemos la certeza de que el ejercicio físico era una necesidad para establecer un equilibrio emocional, además de ofrecer al público una figura agradable y atlética, a tono con las exigencias del traje de charro, prenda nacional que no cualquiera puede llevar con prestancia.

FUERON TRES

En 1945 surge un trío que habría de dar al cine mexicano sus más legítimos representantes populares, integrado por Pedro Infante, Blanca Estela Pavón e Ismael Rodríguez. Independientemente de lo anterior, la sola mancuerna Infante-Rodríguez resultó muy beneficiosa para ambos y de enorme trascendencia para la cultura popular mexicana. Bajo la dirección de Ismael Rodríguez, Pedro se convirtió en un actor de popularidad inusitada, y el melodrama

NO DESEARÁS LA MUJER DE TU HIJO (1949) HIZO DE DON CRUZ TREVIÑO MARTÍNEZ DE LA GARZA (FERNANDO SOLER) Y SU HIJO SILVANO (PEDRO INFANTE) DOS PARADIGMAS CINEMATOGRÁFICOS.

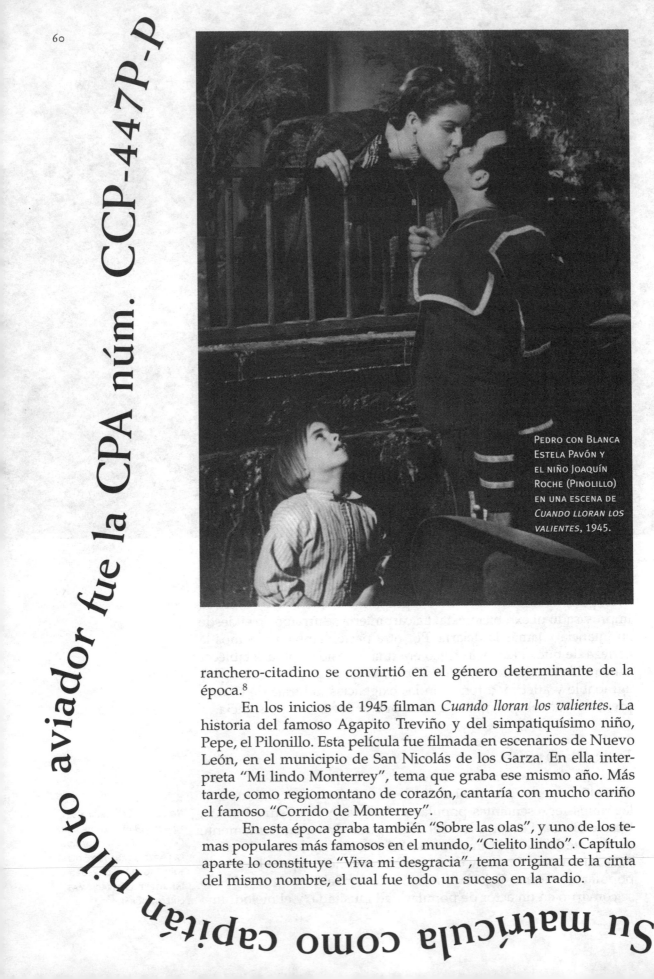

PEDRO CON BLANCA
ESTELA PAVÓN Y
EL NIÑO JOAQUÍN
ROCHE (PINOLILLO)
EN UNA ESCENA DE
CUANDO LLORAN LOS
VALIENTES, 1945.

ranchero-citadino se convirtió en el género determinante de la época.[8]

En los inicios de 1945 filman *Cuando lloran los valientes*. La historia del famoso Agapito Treviño y del simpatiquísimo niño, Pepe, el Pilonillo. Esta película fue filmada en escenarios de Nuevo León, en el municipio de San Nicolás de los Garza. En ella interpreta "Mi lindo Monterrey", tema que graba ese mismo año. Más tarde, como regiomontano de corazón, cantaría con mucho cariño el famoso "Corrido de Monterrey".

En esta época graba también "Sobre las olas", y uno de los temas populares más famosos en el mundo, "Cielito lindo". Capítulo aparte lo constituye "Viva mi desgracia", tema original de la cinta del mismo nombre, el cual fue todo un suceso en la radio.

En noviembre de 1945, contratado por el empresario Luis Jorge Palomeque, realiza importantes presentaciones en la plaza de toros de la ciudad de Mérida e inicia su acendrado cariño por esta hermosa ciudad de Yucatán. Precisamente el 20 de noviembre abrió plaza, cabalgando un brioso corcel, con los matadores Félix Briones, Carlos Vera Cañitas y Carlos Arruza. Es de imaginarse la combinación de aquel espectáculo musical junto con la fiesta brava y la charrería.

RECUERDOS DE *LOS TRES GARCÍA*

En 1946 filma *Si me han de matar mañana*, compartiendo estelares con Sofía Álvarez, Nelly Montiel y René Cardona; y dos cintas ya clásicas dentro del género: *Los tres García* y *Vuelven los García*, compartiendo estelares con Víctor Manuel Mendoza (su querido compadre), Abel Salazar, Marga López y la abuelita del cine nacional, doña Sara García. A raíz de su interpretación de la canción "Mi cariñito", de su tocayo Pedro Urdimales y arreglo musical de Manuel Esperón, el tema se vuelve emblemático y desde entonces es utilizado, tradicionalmente, en las serenatas a las madres mexicanas.

En *Los tres García* "se encuentra el vigor y la gracia, la naturalidad que el cine mexicano no volverá a tener".[9] Además, refleja idiosincrasias nacionales que constituyen interesantes cuadros de época. En esta cinta "Ismael Rodríguez hace tres tipos psicológicos de cada uno de los García. Uno es catrín, próspero, elegante, negociante y usurero, Luis Manuel García (Víctor Manuel Mendoza); José Luis García (Abel Salazar) es orgulloso, soberbio, se conforma con ganar poco por su cuenta, antes de regalar su trabajo a los demás; Luis Antonio García (Pedro Infante) es el tenorio del pueblo, alegremente mujeriego, tramposo, malhablado, borracho y sentimental; colecciona aretes de sus conquistas amorosas, como botín de la victoria y está reñido con el trabajo". De acuerdo con Jorge Ayala Blanco "es el más agradable y escandaloso de los primos". Aquí "Rodríguez avizora la técnica ideal: que

Mi cariñito
(Pedro de Urdimalas – Manuel Esperón)

Cariño que Dios me ha dado
    para quererlo,
cariño que a mí me quiere sin
    interés.

El cielo me dio un cariño sin
    merecerlo,
mirando ¡ay! esos ojitos
    sabrán quién es.

Con ella no existe pena que
    desespere,
cariño que a mí me quiere con
    dulce amor.

Para ella no existe pena que
    no consuele,
mirándole su carita yo miro a
    Dios.

Ay qué dichoso soy
cuando la escucho hablar,
con cuanto amor le doy
este cantar.

Ay qué dichoso soy
con ella soy feliz,
viva su vida, mi cariñito
que tengo aquí.

Infante improvise porque es una fuerza de la naturaleza".

Muchos años después, en los diversos homenajes a Pedro, era común que Marga López enfrentara los cuestionamientos del público que no le perdonaba el que, en la última escena, en su papel de Lupita, hubiera escogido a José Luis García (Abel Salazar).

"Su abuela doña Sara lo recrimina porque no sabe otra cosa más que empinar el codo y andar con viejas. Pedro Infante, favorito de la abuela, es el personaje más altamente positivo de *Los Tres García*, representa la simpatía y la despreocupación irresistible del héroe epónimo de la comedia ranchera."[10] En esta cinta son clásicas las secuencias de tristeza y desolación ante la pérdida de la abuela y, sin duda, siguen conmoviendo a su público.

En el transcurso del año realiza presentaciones en el interior de la república y graba varios temas: "Mi tragedia", "Vieja chismosa", "Qué te cuesta", "Fiesta mexicana" y "Orgullo ranchero".

EL AMOR SIENDO HUMANO TIENE ALGO DE DIVINO...

En 1947 es contratado, por corta temporada, para presentarse en el teatro Follies, el mismo que con el tiempo se convertiría en el Salón Tropicana, en el lado sur de la Plaza Garibaldi, donde también actuaba la guapa bailarina y actriz Lupita Torrentera Bablot, quien ya había participado en la cinta *Historia de un gran amor*, que estelarizaran Jorge Negrete y Gloria Marín, en 1942; Lupita interpretó a Gloria y Narciso Busquets a Jorge, un par de niños enamorados. Un par de años después, en 1944, trabajó al lado del gran comediante Manuel Medel, en la cinta *La vida inútil de Pito Pérez*. Para Pedro, ella sería el segundo amor de su vida. Evidentemente su situación sentimental empezaba a complicarse. Sumado a lo anterior, el 14 de febrero de 1947 nace Dora Luz, hija de su hermana Carmela, quien además de tener la responsabilidad de sus otros hijos: Rosario, María Asunción, Rafael Antonio y Alfredo, pasaba por momentos difíciles. Ante esto, Pedro acude a brindarle apoyo, recomendándole irse a vivir un tiempo con doña Cuca, su mamá. Y de paso le pide que le permita hacerse cargo de su sobrina recién nacida. Solicitud a la que su hermana Carmela accede. María Luisa León, quien guardaba excelentes relaciones con la familia Infante Cruz vio con gusto esta posibilidad. Ella, a pesar de varios tratamientos no pudo tener familia. Finalmente, Dora Luz es registrada como hija de ambos, poniéndole por nombre definitivo, Dora Luisa, lo

MARÍA LUISA LEÓN CON DORA LUISA.

que para María Luisa León representó una mayor cercanía con la familia Infante Cruz.

Cuando contaba con un año de edad, Dora Luisa apareció en la película *Angelitos negros*, en una escena donde es cargada por Piedad Cazañas, quien, con el tiempo, también le daría a Pedro otro hijo: Cruz Infante. Tanto Dora Luisa como Cruz culminaron sus vidas de manera trágica, en lamentables accidentes automovilísticos, uno en 1974, y el otro, trece años después, en 1987. Cruz, de gran parecido físico con su papá, empezaba a descollar en el medio artístico como actor y cantante.

Como se mencionó líneas arriba, Pedro también mantuvo un sólido romance con Lupita Torrentera Bablot. De esta relación hubo tres hijos: Graciela Margarita, quien nació el 26 de septiembre de 1947, falleciendo en enero del siguiente año, tragedia que significó para ambos un duro golpe. No obstante, vinieron después Pedrito, y su consentida Lupita; hijos a los que amó hasta el fin de sus días.[11]

Durante enero y febrero, dirigido por Joaquín Pardavé, filma dos películas, *La barca de oro* y *Soy charro de Rancho Grande,* acompañado por dos estrellas del cine nacional: Sofía Álvarez y René Cardona. En la primera, Sofía Álvarez da vida a Chabela Vargas, una machorra que a punta de pistola conquista a un amigo de la infancia: Lorenzo (interpretado por Pedro). Y en la segunda, Pedro es Paco Aldama, un charro que viaja a la gran capital a competir y vencer a charros de toda la república y regresa a su pueblo apenas a tiempo para recuperar a su novia (Sofía Álvarez), que estaba a punto de casarse con el dueño de la hacienda (René Cardona).

Alas para volar

A mediados de 1947, después de una exitosa gira por el sur de Texas, regresa de visita a Culiacán, donde todos sus paisanos querían saludarlo y mostrarle su admiración. Con ese propósito, sus amigos, sobre todo Carlos Rodríguez, le organizan algunos

ARRIBA:
LUPITA TORRENTERA BABLOT CON PEDRO INFANTE JR.
ABAJO:
PEPE, PEDRO Y ÁNGEL INFANTE, EN UN AEROPUERTO.

PEDRO Y NELLY MONTIEL EN
LA BARCA DE ORO, 1947.

festejos. En esas reuniones vuelve a cantar y tocar la batería con la orquesta Estrella, que era el grupo "popoff" de Culiacán, con el que había trabajado en el casino La Mutualista y en el Centro Humaya.

Cabe subrayar que en ese tipo de celebraciones lo que le interesaba era la convivencia con sus familiares, con sus amigos y compañeros. Es decir, el ambiente de cordialidad. En este sentido y contra lo que pudiera imaginarse Pedro no tomaba, se la podía pasar con una copa de vino o un whisky toda la velada; no obstante, en sus actuaciones podía hacer unas excelentes y muy celebradas representaciones de borracho; su experiencia provenía de haber vivido, desde su adolescencia, dentro de la bohemia de los músicos, en largas jornadas nocturnas, donde la copa era el santo y seña de la fraternidad. Amante de las bromas y con dotes naturales de imitador, frecuentemente guaseaba con sus compañeros cuando alguno de ellos se excedía en los tragos.

Ese mismo año cumple uno de sus mayores anhelos: tener su propia avioneta, en la que, después de una rápida capacitación y certificación, empieza a trasladarse para cumplir sus compromisos artísticos en diferentes lugares de la república.

A principios de octubre de 1947, inicia el rodaje de la película más vista por el público mexicano, *Nosotros los pobres*. Todo un suceso que termina de consagrar tanto al cantante como al actor. Al finalizar el año trabaja con su queridísima compañera Marga López

El primero de diciembre de 1950 acude a su última sesión de grabación en Peerles.

en *Cartas marcadas*. Conoce a Antonio Matouk y Selem Tame, hombres de empresa con quienes más adelante tendría importantes relaciones de negocios. Matouk en la producción de películas y Tame en asuntos inmobiliarios y en la venta de automóviles nacionales e importados. En el aspecto musical realiza algunas grabaciones, "Maldita sea mi suerte", "Mi consentida" y "Mi cariñito",[12] tema del que ya hemos hablado.

A fines de 1947, ya como piloto, se traslada a Guasave para cumplir con un compromiso. En esa ocasión iba en compañía de los músicos, amigos y paisanos Fausto Miller, Enrique Carrión, Enrique Alonso y Félix Quintana, que formaban el Cuarteto Metropolitano.[13] Después de su actuación, Pedro decide regresar de inmediato, sin esperar siquiera a que amaneciera, y le pide a varias personas, entre ellas a su querido amigo Ignacio Bojórquez, que con sus vehículos iluminen el camino, para intentar despegar. Sin embargo, el esfuerzo resulto insuficiente y la poca visibilidad ocasionó que se saliera de la improvisada pista de terracería. El avión dio algunas volteretas, desmantelándose casi por completo, pero por fortuna todos salieron casi ilesos. Pedro con sólo una herida en la barba, sin consecuencias graves, quedándole como recuerdo una pequeña cicatriz en el lado izquierdo del mentón. Sin embargo, volar se había convertido ya en parte esencial de su estilo de vida.

LA SAGA DE PEPE EL TORO

En 1948 adquiere una casa ubicada en la calle de Sierra Vista número 169, esquina con Pernambuco, en la colonia Lindavista, con el fin de traer a sus padres a residir en el D.F. En opinión de Carlos

PEDRO INFANTE Y BLANCA ESTELA PAVÓN.

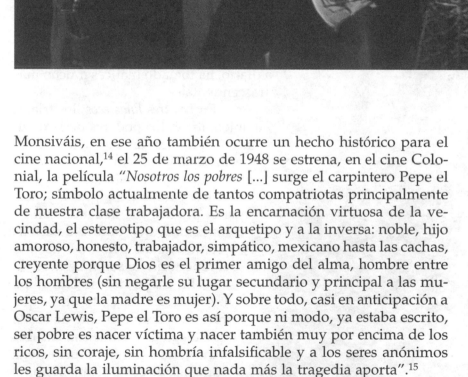

Monsiváis, en ese año también ocurre un hecho histórico para el cine nacional,[14] el 25 de marzo de 1948 se estrena, en el cine Colonial, la película *"Nosotros los pobres* [...] surge el carpintero Pepe el Toro; símbolo actualmente de tantos compatriotas principalmente de nuestra clase trabajadora. Es la encarnación virtuosa de la vecindad, el estereotipo que es el arquetipo y a la inversa: noble, hijo amoroso, honesto, trabajador, simpático, mexicano hasta las cachas, creyente porque Dios es el primer amigo del alma, hombre entre los hombres (sin negarle su lugar secundario y principal a las mujeres, ya que la madre es mujer). Y sobre todo, casi en anticipación a Oscar Lewis, Pepe el Toro es así porque ni modo, ya estaba escrito, ser pobre es nacer víctima y nacer también muy por encima de los ricos, sin coraje, sin hombría infalsificable y a los seres anónimos les guarda la iluminación que nada más la tragedia aporta".[15]

Guadalupe Loaeza en su libro *Hombres ¿maravillosos?* escribe lo siguiente: "la Chorreada, interpretada por Blanca Estela Pavón, había tenido mucha, mucha suerte de haber conseguido un marido como Pepe el Toro. Un marido tan solidario, tan valiente, tan querendón, que nunca se rajaba, que siempre era vital y que por añadidura le llevaba su serenata y le cantaba 'Amorcito corazón', ¡cuántas mujeres posmodernas de estos tiempos no darían cualquier cosa por tener un marido así!"[16]

A través de los años el éxito de esta cinta ha roto todos los récords de exhibición. En este trabajo fílmico Pedro Infante y Blanca Estela destacaron los elementos esenciales del melodrama, pero,

EL ÉXITO DE LA SERIE *NOSOTROS LOS POBRES, USTEDES LOS RICOS* Y *PEPE EL TORO* AÚN PERDURA.

ante todo, la trama se encarga de mostrar la solidaridad existente entre de la clase trabajadora del México de los cuarenta.[17] La idea central de esta película y su secuela, *Ustedes los ricos*, es revelar los sufrimientos de los pobres, a los que, sin importar sus grandes carencias, les resulta fácil ser solidarios y se divierten de manera mucho más auténtica que los juniors y riquillos. Un mensaje ideológico discutible pero sumamente entretenido.

En febrero de 1948 filma *Los tres huastecos*, donde Pedro tiene la posibilidad "de expresar todas sus cualidades de actor al interpretar magistralmente a tres arquetipos, los Triates Andrade, desarrollándose en esta película las características de todos los papeles que le tocó hacer. Son personajes éticos incapaces de cometer una injusticia o una arbitrariedad, ya que inspiran sobre todo confianza y simpatía, son amorosos, sinceros, sin ser monógamos; son amables sin ser complacientes y son alegres sin ser relajientos. *Los tres huastecos* revelan todo este comportamiento psicosocial"[18] con el que tanto se identifica la gente de nuestros días, particularmente con la conducta de los niños y su contacto con la naturaleza; las inigualables escenas de la Tusita transmiten una idea incipiente de respeto al medio ambiente, que con el tiempo, y lo vemos a diario, ha tomado matices mucho más trascendentales.

ESCENA REAL EN LECUMBERRI: SALUDANDO A LOS RECLUSOS DURANTE LA FILMACIÓN DE *NOSOTROS LOS POBRES*, 1947.

"En *Los tres huastecos*, los triates emblematizan los poderes de la república (un militar, un cura y un macho presidenciable), el humor robusto se impone, porque las situaciones y muchísimos actores tiene gracia y porque el público los defiende con su complicidad, que podría describirse como una adopción del habla y del repertorio de sentimientos."[19]

En mayo de ese año filma *Angelitos negros*, cinta en la que interpreta a un cantante de moda que luego de casarse con la rubia Ana Luisa (Emilia Guiú) tiene una hija de color (Titina Romay) a la que su madre desprecia profundamente y da origen a un dramático conflicto familiar. En julio filma *Ustedes los ricos*. Según cuenta Ismael Rodríguez, al rodar una escena donde Pedro peleaba en la azotea de un edificio de considerable altura, sede, en esos años, de la Comisión Federal de Electricidad, en

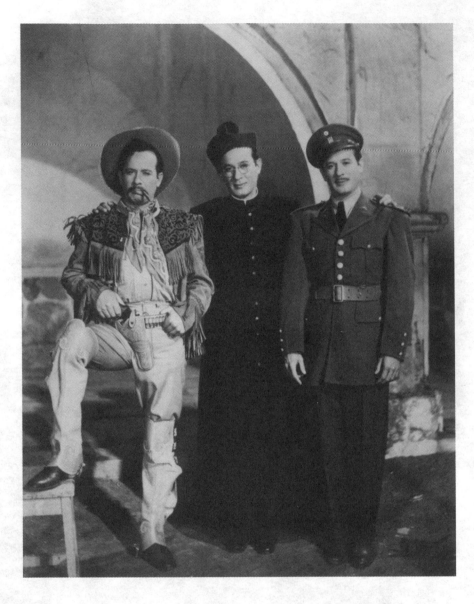

LOS PERSONAJES
INTERPRETADOS POR PEDRO
EN *LOS TRES HUASTECOS*,
1948.

la calle de Juárez, a unos pasos de la Alameda, "para molestarme
se colgaba de la orilla del edificio:

    –¡Ismael!
    –¡No, Pedro!
    –Ahorita me suelto.
    –¡No, hombre, qué bárbaro eres!"[20]

A su vez el público radioescucha de todo el país cantaba,
junto con él, los temas "Cartas marcadas", "La barca de oro" y
"El vacilón". La primera de estas canciones es el tema favorito del
Subcomandante Marcos, quien, además, en una entrevista hecha
en el 2002 por Julio Scherer, a la pregunta de éste acerca de si tenía
un ídolo en particular, aquél respondió: "Pedro Infante".

Tras la serie de *Nosotros los pobres* y *Ustedes los ricos*, Pedro
Infante vuelve a la radio, en la recién inaugurada estación XEX, la
cual tenía sus estudios en las calles de Córdoba número 48, colonia

Roma, convirtiéndose entonces en el artista de mayor éxito en el país.[21]

El triunfo de ambas cintas no tiene paralelo en la historia del cine mexicano, su impacto social hizo que batieran récord de permanencia en las salas de cine, y ya para esos momentos la pareja romántica más querida en México era Blanca Estela Pavón y Pedro Infante. En la actualidad estas películas se han convertido en clásicos familiares, pues son transmitidas con frecuencia por televisión. Uno podría preguntarse cuáles son las causas del éxito de estas cintas: ¿acaso la identificación del pueblo con Pepe el Toro?; ¿el reflejo fiel de nuestra sociedad, precisamente de pobres y ricos?; ¿los valores universales plasmados en ambas cintas?, cualquier respuesta es controversial, lo que es innegable es que ambas cintas permanecen entre las preferidas por el público.

Al preguntar a Ismael Rodríguez sobre alguna escena que hubiera conmovido a sus compañeros de filmación, o incluso a él mismo, comentó: "Recuerdo la escena de *Ustedes los ricos* en la cual tiene a su niño, el Torito, calcinado, en sus brazos; le parece escuchar la cancioncita con la que lo arrullaba y lo ve hacer travesuras y se ríe, se ríe mientras se acuerda de él y la risa va creciendo, creciendo 'ja, ja, ja', y llorando entre carcajadas dolorosas, ahogándolo. Palabra que dolía el corazón, pero no podía cortar las escenas, me dije: 'Tengo dos cámaras, a ver qué pasa', y él seguía hasta que me di cuenta que sufría de verdad muchísimo. Y yo también, igual que todos; así es que pedí el corte. Lo que hizo Pedro fue correr atrás de los paneles y se puso a llorar y llorar. Todo el mundo deseaba verlo y pedía que lo trajeran. Al rato él mismo salió: 'Estuvo bien ¿verdad?', y los muchachos soltaron un enorme aplauso".[22]

Este dramatismo extremo reflejaba, de muchas maneras, los escenarios de un México en vías de desarrollo y fueron éstos el antecedente más inmediato de las telenovelas. Existe, además, la opinión de que "Esta clásica trilogía de Ismael Rodríguez, *Nosotros los pobres*, *Ustedes los ricos* y *Pepe el Toro* (1947-1952), ofrece un claro ejemplo. En ella uno encuentra la angustia de la buena esposa que sospecha que Pepe le está siendo infiel, el injusto encarcelamiento de Pepe y su venganza contra el archivillano, el doloroso descubrimiento por parte de una huérfana (Chachita) de la verdadera identidad de su madre [...] Como tema subyacente, se ve también la abnegada dignidad y la fuerza comunitaria de los pobres que sufren las veleidades de los ricos".[23]

Emilio Girón Fernández de Jáuregui, nombre real del niño que interpretó al famoso Torito, fue entrevistado por la revista *TVyNovelas*,[24] en mayo de 2003. En esa ocasión narró la forma en que pudo formar parte del elenco de *Ustedes los ricos*: contaba apenas con un año y tres meses de edad; sin embargo, tuvo que pasar por una audición antes de ser seleccionado, convirtiéndose, con esa única participación, en uno de los niños actores más famosos en la historia fílmica nacional. La entrevista también despejó otras incógnitas:

–¿Volvió a ver a Pedro después de la película?

–Nunca tuve la oportunidad de reunirme con él. Cuando tenía 44 años, me mandó llamar, pero le dije que mi corazón aún tenía para rato, que aún tenía mucho trabajo —comentó en tono de broma al hablar sobre un infarto que tuvo precisamente a esa edad—; el Torito me acompaña día con día con mis cuatro bypass y me acompañará hasta la muerte, pero es muy gratificante que la gente recuerde al personaje y que después de más de cincuenta años siga vigente —concluye Girón Fernández.

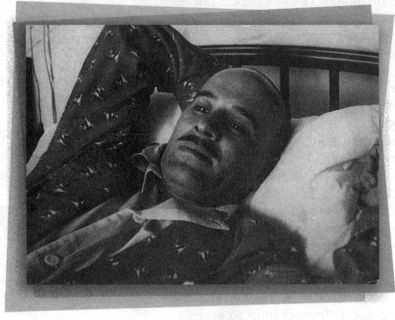

PEDRO YA CONVALECIENTE Y EN RECUPERACIÓN.

LLEGADA A LA CIMA

Poco después de haber regresado de una exitosa gira por Venezuela, misma que tuvo que suspender por disturbios políticos en aquel país, el 4 de marzo de 1949 ocurre el lamentable deceso de la madre de María Luisa, en su domicilio de la calle Rébsamen. Literalmente muere en brazos de Pedro, quien no escatima esfuerzos para mostrar su solidaridad con toda la familia León Rosas con la cual siempre mantuvo un sólido vínculo afectivo.[25]

Poco después, el 17 de marzo, inicia la filmación de la película *El seminarista*; en ese filme interpretó "Ramito de azahar", tema sobre el que declaró alguna vez que "le calaba muy hondo porque era la canción favorita de doña Cuca". Al respecto, es de sobra conocido que para Pedro, como para muchos mexicanos, la cercanía emocional con la figura materna era primordial.

En abril de ese año se presenta, junto con Blanca Estela, en la plaza de toros de Monterrey; en la que impuso un récord de asistencia pues ningún evento anterior había congregado a tanto público. Fue necesario que incluso saliera a cantar fuera del recinto, para complacer a quienes no pudieron entrar. Como detalle curioso se cuenta que en esta presentación había una falla eléctrica, por lo cual uno de los micrófonos daba fuertes descargas. Pedro amarró un pañuelo alrededor para aminorar los toques eléctricos y así continuó cantando, hasta finalizar el espectáculo.

El 22 de mayo, en un vuelo proveniente de Acapulco hacia la ciudad de México, Pedro, en compañía de Lupita Torrentera, sufre otro accidente aéreo al intentar un aterrizaje forzoso en Zitácuaro, Michoacán. Las causas del siniestro, según las detalló él a la prensa, fueron que se rompió la brújula y aunque usó el radio, no consiguió ubicar la dirección correcta; se acabó el combustible cerca de Zitácuaro, y aun cuando tuvo la intención de aterrizar

en la carretera, esto no fue posible y lo hizo en un campo de cultivo. El bimotor dio una voltereta y, por fortuna, el haberse quedado sin combustible evitó que el tanque explotara con el impacto. Pedro presentó diversos traumatismos y una herida desde la parte media de la frente hasta la parte superior de la oreja izquierda. Aun así, logró salir de los restos de la aeronave y auxilió a Lupita, quien había perdido el conocimiento. Él, como pudo, cubrió su cabeza para detener la hemorragia. De manera sorprendente caminó unos dos kilómetros, pidiendo auxilio a las primeras personas y autoridades que encontró. En el poblado cercano le hicieron una curación provisional y le aplicaron antitoxina tetánica. Horas después, llegaron sus cuñados Agustín y Chuy León, quienes de inmediato trasladaron a los accidentados a la ciudad de México, llevándolos a la Clínica Central, ubicada en Avenida Insurgentes esquina con Medellín. Pedro fue instalado en el cuarto 606 y Lupita en el 703. El estado de Pedro era grave; presentaba una fractura craneal, y el hecho de haberse esforzado para llegar al pueblo lo debilitó considerablemente. Presentaba un cuadro difícil y de extrema gravedad.[26]

Esa noche, su madre y sus hermanos Ángel y José estuvieron a su lado; al día siguiente, Pedro fue intervenido quirúrgicamente por el doctor José Gaxiola y el neurocirujano Manuel Velasco Suárez, asistidos por los doctores Izaguirre y Ahued. La operación resultó un éxito a pesar de que se temían secuelas de parálisis o ceguera. Contribuyó a esto la experiencia profesional de los médicos así como la recia constitución física de Pedro. La noticia llegó a los medios, y los pasillos e incluso la calle siempre se encontraban llenos de compañeros, amistades, familiares y, sobre todo, de admiradores. Sorprendentemente tres semanas después ya estaba en su casa de Rébsamen, aún convaleciente pero ya fuera de peligro.[27] Ante este delicado accidente es de destacar la ya incipiente idolatría que germinaba en el público mexicano. De hecho, empezaba a convertirse en su máximo ídolo, en un momento en el que México se incorporaba al desarrollo económico de América Latina y del mundo. El crecimiento urbano era acelerado, la tranquilidad social reinaba en el país y la economía cruzaba por una época de gran estabilidad.

Aún delicado de salud inicia la filmación de las películas *La oveja negra* y *No desearás la mujer de tu hijo*, al lado de Fernando Soler, quien inmortalizó al personaje de don Cruz Treviño Martínez de la Garza. Este destacado actor fue un amigo y maestro por quien Pedro tuvo una gran estimación y respeto profesional. En *La oveja negra* "se representan personajes que a su vez están representando dos papeles de un padre y de un hijo ideales; dos individuos simbólicamente ligados que persiguen una paternidad y

"Te estoy queriendo", de Ricardo el Vate López Méndez, importante poeta y letrista yucateco, fue su primera canción grabada (1942, para RCA VICTOR), con música de Mario Ruiz Suárez.

un culto filial siempre inalcanzables y se subordinan a esos ideales aun en las peores circunstancias, incapaces de osar ponerlos en tela de juicio, chocando a cada momento con las contradicciones de un auténtico sentir".[28]

En estas cintas, según Carlos Monsiváis:

"...se reconoce por vez primera en el cine mexicano, y con crudeza, el abismo generacional y la crisis del autoritarismo familiar. Enunciado así, el enfrentamiento entre padre e hijo parecería muy retórico, pero la maestría de Soler y la actuación excelente de Infante, le prestan vigencia a la derrota del padre jugador, mujeriego, irresponsable, mantenido por su mujer, que no le concede tregua al hijo responsable y bueno, que ya no resiste las infamias de su padre y maltrato a su madre.

"Lo que enturbia la perfección de las dos películas, que son una sola (el melodrama del poder terrible y la parodia adjunta) es Bibianita (Dalia Íñiguez), disuelta en lágrimas y contracciones faciales. Sin la distorsión tremebunda de ella, la interpretación deslumbrante de Fernando Soler y la muy convincente de Infante, le hubiesen concedido a *La oveja negra* la categoría de la cima y demolición simultánea de un género. Pero la intrusión del chantaje sentimental, queda como una feroz intrusión melodramática enmarcada por una ironía devastadora.

"...*En no desearás la mujer de tu hijo*, luego de una más de las humillaciones, padre e hijo entran a la casa y, con violencia, Silvano arrastra a Cruz ante el espejo para someterlo a las vejaciones de la realidad.

PEDRO CON SU SOCIO ANTONIO MATOUK (*DERECHA*), Y SU SECRETARIO JORGE MADRID CAMPOS.

–Usted como mi padre ya es un viejo. No ha querido entender y me va a oír [alza la voz], mírese. Mírese de una vez tal cual es, pa'. Mírese esa panza, mírese esas canas, esas arrugas. Antes se enamoraban de usted, pero dónde está aquel brillo de sus ojos, dónde aquella voz fuerte y enamorada. Mírese. Qué se hicieron sus piernas ágiles, mírelas. Su sonrisa y su mirada eran como un chorro de agua entre voces cristalinas, ahora, no es más que un triste chisguete... —y Pedrito despide a la vieja generación—: No jure contra el tiempo porque es jurar contra Dios..."[29]

Durante 1949 Antonio Matouk se convierte en su socio y representante. Al mismo tiempo deposita su confianza en Jorge Madrid Campos, quien a la postre sería su secretario particular. En compañía de ambos, cumple compromisos en Texas y Nueva York; en esta última, durante una de sus presentaciones en el Madison Square Garden, Ricardo Montalbán invita a María Félix a asistir al espectáculo de Pedro, quien desde el escenario rinde un reconocimiento a la hermosa actriz dedicándole la canción "María Bonita".[30]

La Doña en esos tiempos ya prefiguraba como la gran diva del cine nacional.

Cuatro meses después de su segundo accidente, el 26 de septiembre de 1949, muere Blanca Estela Pavón, su pareja cinematográfica. El avión en el que fallece la actriz era un DC-3 de la Compañía Mexicana de Aviación. Se estrelló en el Pico de Fraile, en la parte sur del Popocatépetl, específicamente en la zona conocida como Los Arenales, entre Atlautla y Ecatzingo. En este accidente murieron veintidós pasajeros y tres tripulantes.[31]

El avión procedía de Tapachula, Chiapas. Era un vuelo regular con escala en Tuxtla Gutiérrez, Ixtepec y Oaxaca, en esta última ciudad lo abordó Blanca Estela. Entre las personas que también perdieron la vida se encontraban su padre, Francisco B. Pavón; el senador Gabriel Ramos Millán, quien fungía como dirigente de la Comisión Nacional del Maíz; el famoso historiador Salvador Toscano, su esposa y sus dos hijos; los periodistas Luis Bouchot, del periódico *El Nacional*, y Francisco Mayo de *El Popular*. Fue un accidente que conmocionó a todas las esferas sociales del país. Pedro lo lamentó profundamente por el gran cariño y respeto que profesaba a Blanca Estela, quien en ese entonces estaba en la cima de su carrera artística.

Jorge Negrete, entonces presidente de la ANDA, fue el encargado de atender lo concerniente a la recepción e inhumación de los restos de la artista y de su padre. Pedro, además de haber ido hasta el lugar del accidente, en compañía de su hermano José, con las brigadas de rescate, brindó el apoyo logístico necesario: recursos, gente y una buena cantidad de caballos para llegar hasta donde fuera posible y supervisar así el traslado de los restos de su querida compañera. Durante el sepelio hizo una guardia permanente y llevó en hombros el ataúd[32] hasta el Panteón Jardín. Pero ¿realmente separó la muerte a esta inolvidable pareja del cine nacional? En lo personal creo que no, sus tumbas están a escasos veinte metros entre sí, y, además, muy cerca de Jorge Negrete.

Al morir Blanca Estela, Pedro solía comentar con Ismael Rodríguez:

Amorcito corazón
(Pedro de Urdimalas – Manuel Esperón)

Amorcito corazón,
yo tengo tentación de un beso,
que se prenda en el calor
de nuestro gran amor, mi amor.

Yo quiero ser, un solo ser,
    un ser contigo.
Te quiero ver, en el querer,
    para soñar.

En la dulce sensación de un
    beso mordelón quisiera,
amorcito corazón, decirte mi
    pasión por ti.

Compañeros en el bien y el
    mal,
ni los años nos podrán pesar,
amorcito corazón serás mi
    amor.

DE TODAS SUS P
MÁS DURÓ EN
ESCUELA DE

–Sé que voy a morir en un accidente de aviación y te prevengo: somos el trío triunfador, primero fue la Chorreada, en avión. Yo me voy a dar en la madre, también en avión, y tú lo mismo.[33]

El vaticinio se cumplió en parte; a don Ismael le esperaba un destino diferente: terminó sus días de manera natural en agosto de 2004.

A fines de 1949, y durante el año siguiente, en la radio se escuchaba "Perdón no pido", "Adiós mis chorreadas", "Tú sólo tú", "Dos arbolitos", este último tema es de la película *La mujer que yo perdí*, y según los especialistas bien podría considerarse como el primer video clip mexicano. Sin embargo, la tonada que surcaba el país a todas horas era "Amorcito corazón", tema de las películas *Nosotros los pobres* y *Ustedes los ricos*, éxito que aún en nuestros días continúa vigente.

Fue el 23 de abril de 1949 cuando el músico Juan Buitrón dirigió al mariachi que acompañó a Pedro en la sesión de grabación.[34] Como nota relevante debo señalar, además, que fue el primer bolero con este tipo de acompañamiento. Nace el bolero ranchero.

El éxito fue impresionante. El disco fue lanzado al mercado el 15 de mayo de 1949 y durante más de un año se mantuvo en el primer lugar de ventas. La gente apenas se percató de que en las películas se había utilizado una orquesta para interpretar "Amorcito corazón", incluso que Blanca Estela Pavón había hecho la segunda voz. A partir de esta grabación, Peerles creó el bolero ranchero, que en la voz de Pedro nos dio inolvidables grabaciones como "Cien años", "Muñeco de cuerda", "Di que no", "Tu vida y mi vida", "Contigo en la distancia", "No me platiques", "Que seas feliz", etcétera. Canciones que a fines de los cincuenta e inicios de

LÍCULAS LA QUE
ARTELERA FUE
AGABUNDOS.

los sesenta fueron la plataforma para que se consagrara otro gran cantante mexicano, el también inolvidable Javier Solís, el Rey del Bolero, amigo fiel y admirador leal de Pedro.

De esta forma, al comienzo de los cincuenta, Infante se consolidaba como el ídolo en torno al cual se tejiera una leyenda aún viva para muchos mexicanos.[35]

Enamorado de la música romántica, llevó a los acetatos infinidad de boleros románticos, que en su voz adquirían una gran calidez. En este género le grabó a compositores como Agustín Lara, Chucho Rodríguez, Ernesto Cortázar, Pedro de Urdimalas, Victoria Eugenia, Consuelo Velázquez, Gilberto Parra, Joaquín Pardavé, Alberto Cervantes, Felipe Bermejo, Bobby Capo, Claudio Estrada, Rubén Fuentes, Tomás Méndez, César Portillo de la Luz, Mario Molina Montes, Rafael Ramírez, José Mojica, Luis Demetrio, Rafael Hernández, Alfredo el Güero Gil, Chucho Martínez Gil, José Antonio Méndez, Wello Rivas, José Antonio Zorrilla (Monis), Ricardo López Méndez y muchos otros. Álvaro Carrillo empezaba a sobresalir y Pedro llegó a interpretar algunas de sus canciones, pero desafortunadamente ninguna de ellas llegó a los estudios de grabación.

En el caso de la música yucateca, le grabó a algunos destacados compositores. Incluso estaba casi listo un trabajo de trova en el que grabaría catorce temas de diversos autores de esa hermosa región; particularmente de Guty Cárdenas (Augusto Cárdenas Pinelo, 1905-1932), a quien estaba estudiando intensamente, por ya existir el proyecto de llevar a la pantalla, a fines de 1957, la vida de este brillante compositor.

DERECHOS
CERTIFICADO
OFICIAL

Estados Unidos Mexicanos
DIRECCION GENERAL DEL REGISTRO CIVIL
MERIDA, YUCATAN. MEX.

Estados Unidos Mexicanos

Yo como Oficial del Estado Civil de este lugar, hago saber a los que la presente vieren, y certifico, que a la foja 102 v, 103 v, v. del libro número 212 de MATRIMONIOS co-rrespondiente al año de 1955 que exis-te en esta Oficina a mi cargo, se encuen-tra un acta del tenor siguiente:

Número 160. Ciento sesenta. Matrimonio de Pedro Infante Cruz con Irma Aguirre Martínez. Derechos $ 20.00 veinte pesos. Recibo No.7776. Asistencia a domicilio $ 40.00 Cuarenta pesos. Huella digitales de los contrayentes. En Mérida de Yucatán, a las diez y ocho horas del día diez de marzo del año de mil novecientos cincuenta y tres, ante mí Joaquín Acevedo Arjona, Director General del Registro Civil del Estado y Oficial del Ramo en esta Capital, constituído en el predio urbano marcado con el número quinientos tres de la calle treinta y cinco de esta Ciudad, comparecieron Pedro Infante Cruz e Irma Agui-rre Martínez, quienes manifestaron ser de nacionalidad mexicana. El primero de treinta y cinco años de edad, artista, divorciado como lo acreditó, natural de Mazatlán, Sinaloa, con habitación en el pre-dio urbano número veinte y seis de la calle sesenta y _ cinco de esta Ciudad, hijo de Delfino Infante y de Refugio Cruz de Infante, vecinos de la Ciudad de México. La segunda, soltera, de diez y nueve años de edad, ocupada en labores domésticas, natural de la mencionada Ciudad de México, con habitación en la casa número cuatrocientos noventa de la calle cuarenta y tres de esta Ciudad, hija de Arturo Aguirre y de Graciela Martínez Dorantes, vecinos de la Ciudad de México. Que tienen la firme voluntad de unirse en matrimonio que celebran bajo el régimen de Separación de bienes y el contrayente de conformidad con el artículo sesenta y dos del Có-digo Civil, exhibe para que sea archivada la relación valorizada de los bienes que posee de su propiedad, dijo no tener deudas a su cargo, la contrayente carece de bienes y de deudas. Dichos contra-

yentes exhiben sus certificados de salud que mandan archivar. Presentes los testigos Ruperto Prado, comerciante, Víctor Manuel Vidal, piloto aviador, casado, y Rita Martínez, soltera, ocupada en labores domésticas, mayores de edad legal y domiciliados el primero en la casa número quinientos veinte y seis de la calle sesenta y seis; el segundo en la casa número cuatrocientos cincuenta y uno de la calle setenta y dos y la última en la casa número cua-trocientos ochenta y seis A. de la calle sesenta y dos A. de esta Ciudad, quienes manifiestan bajo protesta de decir verdad que conocen a los contra-yentes, que no existe impedimento legal alguno y que están en aptitud de ce-lebrar este acto. Llenados todos los requisitos legales y cerciorado de la espontánea voluntad de los contrayentes de unirse en matrimonio en nombre de la Ley y de la Sociedad lo declaré perfeccionado. I de conformidad con el artículo sesenta del Código del Registro Civil, se levantó esta acta que les fué leída y quedaron conformes, firmando para constancia.— Joaquín Ace-vedo Arjona.— Pedro Infante C.— Irma Aguirre Martínez.— Rita Martínez.— R. Prado.— V. Manuel Vidal L.— Graciela Martínez Dorantes.— Rúbricas.—

DIRECCION GENERAL DE
REGISTRO CIVIL
MERIDA, Yuc., Méx

Certifico que esta acta es copia fiel del original que existe en el Archivo de esta Depar-tamento. Y a pedimento de parte interesada _ se expide en la ciudad de Mérida, Yuc, a los _ de Mil Novecientos Ochenta y TRES. El Jefe del Depto. del Registro Civil

Pedro Esteban Carrera Carmona

ACTA DE
MATRIMONIO DE
PEDRO INFANTE
CRUZ E IRMA
DORANTES, MARZO
DE 1953.

4. DOSCIENTAS HORAS DE VUELO

Desde fines de los años cuarentas, Pedro empezó a comprar avionetas que él mismo tripulaba, no sin antes haber cumplido con el entrenamiento necesario para obtener su licencia de piloto (1948); tiempo después, según aumentaron sus horas de vuelo y experiencia, obtuvo la de piloto privado y, más tarde, la de capitán piloto aviador (CPA), como nos comenta don Andrés García Lavín, bajo la tutela de instructores como Alberto Solís Pinelo y don Julián Villarreal, quien era el socio mayoritario de la empresa Transportes Aéreos Mexicanos, S.A. (TAMSA), y que tenía como base y ruta de tráfico comercial el D.F. y la ciudad de Mérida. Precisamente, a inicios de los cincuenta, Pedro se asoció con esa empresa, y su relación con Yucatán se hizo más estrecha. Una región entrañable en la que, por lo demás, realizó gran cantidad de presentaciones.[1] Mucha de su vida privada y empresarial se desarrolló dentro del territorio de la hermosa península, lugar donde sus negocios inmobiliarios lo llevaron a adquirir diversas propiedades.

A principios de los cincuenta Pedro estaba en su mejor momento artístico, triunfando dentro de un ambiente que muchos consideran la época de oro del cine nacional. Por lo mismo, sus ingresos personales correspondían a su importancia en el medio. Además, éstos derivaban de múltiples actividades: cine, presentaciones personales y grabaciones; en cuanto a estas últimas, por ejemplo, cobraba un cantidad determinada por cada disco.

Como lo expresa Emilio García Riera, en el último de sus libros sobre el cine mexicano: "nueve películas hechas en la época de Ismael Rodríguez con Pedro Infante dieron al primero gran prosperidad y al segundo la máxima popularidad de que haya disfrutado un actor mexicano en su país. Y aún cabe un matiz: Cantiflas, pese a su enorme arrastre taquillero, no pudo tener un áurea mítica, conferida al simpático Infante por un gran público popular que lo sentía cercano y propio; Negrete nunca logró algo parecido".[2]

En enero de 1950, sus compromisos lo llevan a Tamaulipas, sitio al que es invitado por la esposa del entonces gobernador Raúl Gárate Leglen, quien le solicita una presentación en beneficio de

Ella
(José Alfredo Jiménez)

Me cansé de rogarle,
me cansé de decirle
que yo sin ella
de pena muero.

Ya no quiso escucharme,
si sus labios se abrieron
fue pa'decirme.
"ya no te quiero".

Yo sentí que mi vida
se perdía en un abismo
profundo y negro
como mi suerte.

Quise hallar el olvido
al estilo Jalisco,
pero aquellos mariachis
y aquel tequila
me hicieron llorar.

Me cansé de rogarle,
con el llanto en los ojos
alcé mi copa
y brindé por ella.

No podía despreciarme,
era el último brindis
de un bohemio
con una reina.

Los mariachis callaron,
de mi mano sin fuerza
cayó mi copa
sin darme cuenta.

Ella quiso quedarse
cuando vio mi tristeza,
pero ya estaba escrito
que aquella noche
perdiera su amor.

los niños de la calle, en la ciudad de Nuevo Laredo. Convencido del propósito altruista, Pedro acepta el compromiso y, una vez acordada la fecha, el evento se lleva a cabo en el cine teatro América, que posteriormente se llamó Electra.

Las localidades se agotaron de inmediato. Cientos de personas que deseaban verlo y escucharlo permanecieron en las afueras, aunque no por ello quedaron defraudadas, pues una vez terminada su actuación en el escenario, salió a encontrarse con sus seguidores, brindándoles un recital al aire libre. Y ahí le amaneció, entre otras cosas, firmando autógrafos y disfrutando la convivencia con el público tamaulipeco.

Su proceder altruista era una actitud que prodigaba por convicción, sobre todo, entre sus seres queridos y amigos cercanos. En este sentido, cabe mencionar que fue un hombre muy religioso, y no era extraño verlo orar en algún templo cercano. Incluso en su famosa casa de la carretera a Toluca hizo construir una capilla; y también en la fachada se podía observar una imagen de la Virgen de Guadalupe en la entrada principal, antes de que el inmueble fuera demolido en 1996.

En ese año filma *Sobre las olas*, cinta en la que interpreta la vida de Juventino Rosas, quizá una de sus películas preferidas. En ella, Pedro se revela como un actor de recursos. Y la escena en la que dirige la Orquesta Sinfónica Nacional que interpreta el famoso vals, en el marco del Palacio Nacional, es francamente inolvidable.

En la entrega de los Arieles de ese año, premiación que solía convocar a todo el mundo artístico, los medios daban por hecho que Pedro obtendría una de las famosas estatuillas, precisamente por su actuación en dicha cinta. Sin embargo, al final, el galardón fue para el también gran actor Carlos López Moctezuma, a quien Pedro, a pesar de su desilusión, felicitó sin reservas. Fue entonces cuando sus amigos y él mismo, quizá como una forma de minimizar lo ocurrido, comenzaron a pedir más rondas de coñac, hasta que el asunto terminó en una buena borrachera. Algo común de presenciar para el personal del centro nocturno El Patio, lugar donde ocurrió el evento, pero algo excepcional en Pedro, de quien ya hemos dicho no era muy afecto al alcohol.

Disfrutaba del triunfo pero no por ello olvidaba su sencillo origen, como lo demuestra lo sucedido el 22 de febrero de 1950, cuando firma como testigo en la ceremonia civil que enlazaría matrimonialmente a los padres de quien esto escribe: don José Delfino Infante Cruz y de mi adorada madre, Olga Trinidad Quintanilla Vargas. En esa ceremonia, al preguntarle el juez a Pedro su ocupación, para asentarlo en la acta, éste contestó "carpintero". Ante esto el funcionario le requirió que si de verdad quería que así se asentara.

—Eso soy: carpintero, y con mucho orgullo.

Meses después filmó *Isla Marías*, donde mostraba al público la vida de los reclusos en ese centro penitenciario. Esta cinta fue dirigida por el mítico cineasta

Izquierda: Sobre las olas fue filmada en 1950. *Derecha:* Rocío Sagón, Pedro Infante y Tito Junco en *Islas Marías*, 1950.

PEDRO EN ESTADO CRÍTICO.

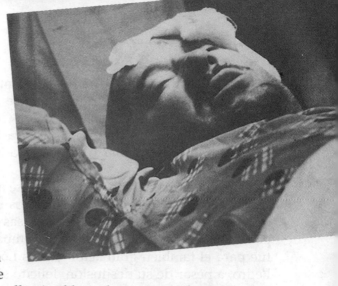

Emilio el Indio Fernández. Pedro, para construir su personaje, alternó con presos auténticos y de esta convivencia derivó un sincero aprecio hacia él, quien aprovechó el momento para llevar un poco de alegría y aliento a quienes tal vez habían perdido la esperanza de obtener su libertad. Pedro llegó a liberarlos espiritualmente a través de sus canciones, mismas que sobrepasaban cualquier barrera. "En esta película se manejan los estereotipos y los modelos de comportamiento de la familia tradicional, pero lo importante de *Islas Marías* es que ya muestra a Pedro Infante en la capacidad absoluta de sus cualidades histriónicas".[3] Esta película mostraba al mundo los escenarios reales de las famosas islas, que en esos tiempos fueron tema de muchas historias.

EL HUMORISMO DE EULALIO GONZÁLEZ, PIPORRO, LO ACOMPAÑÓ EN *AHÍ VIENE MARTÍN CORONA*, 1951.

Pedro dominaba el escenario musical y artístico de la época; sus grabaciones eran un éxito continuo. Entre sus éxitos musicales de esos momentos podemos contar: "Cuatro vidas", "La negra noche", "Oye vale", "Por un amor", "La casita", "Las mañanitas", "Oyes Lupita", "Con un polvo y otro polvo", "El gavilán pollero", "Alevántate", "En tu día", "El Alazán y el Rocío", "Ella", "El lavadero", "El muchacho alegre", "El rebelde", "La que se fue", "Nocturnal", etcétera. En ese año (1950) acudió con más frecuencia a los estudios de grabación. Casi cada seis días se lanzaba una nueva canción, hasta completar un total de cincuenta y seis temas que se convirtieron en grandes éxitos.

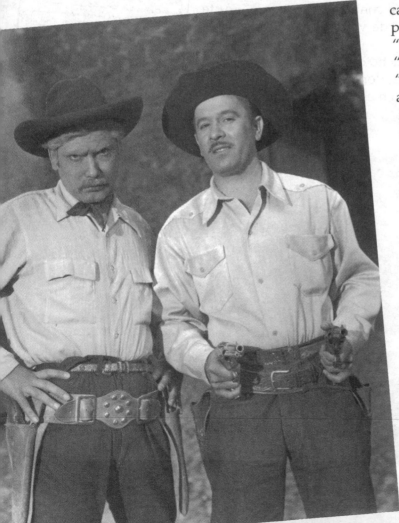

Esa insólita capacidad para convertirse en un icono, que incluso compendiaba el total de aspiraciones de un público que abarcaba los más diversos estratos, hizo que mucho antes de su muerte, Pedro Infante fuera tema de análisis psicosocial. Se ha discutido, entre otras cosas, si representó al macho mexicano. Para Careaga, sí lo era, "pero en términos de comportamiento ético, ya que no engañaba ni golpeaba a las

mujeres". Esto se refleja, por ejemplo, en *El gavilán pollero*, película filmada en octubre de 1950, acompañado de sus amigos Antonio Badú y Lilia Prado, cuyo argumento se centraba en una "expresión de cultura sobre el estereotipo de la amistad del macho mexicano".[4] En esta cinta debutó como director un discípulo de Ismael Rodríguez e íntimo amigo y compañero de Pedro, el regiomontano Rogelio A. González, quien realizó una buena comedia donde se veían las "ambigüedades de la amistad misógina entre los machos del género ranchero, al cabo de delirios alcohólicos, protestas de cariño mutuo y puñetazos más amorosos que agresivos".[5]

El auge de la comedia campirana cuyos argumentos pretendían describir al México de principios del siglo XX, se debió a que era la forma de vida de muchos capitalinos, que provenían de la provincia. Por ello resultó muy simpática la escena de los dos rancheros que llegan a un centro nocturno y bailan el "Mambo núm. 5" con un frenesí que se contagia de inmediato. En mi opinión, la sola interpretación de la canción "Ella", en esta cinta, casi desquitaba el boleto. En conjunto, estas películas reflejaban los valores simples de la época, como cuando Pedro le reclama al padrote que le pega a una de las cabareteras diciéndole: "Eso no es de hombres, ni de mexicanos", y se arma la gresca. Un idealismo quizá sin futuro, pero no por ello menos válido.

En esta cinta es muy notorio el hundimiento que Pedro presenta en el lado izquierdo de la frente, ocasionado por el accidente aéreo ocurrido en Zitácuaro. Una lesión de alto riesgo, con elevada posibilidad de tener consecuencias graves que, de mayo de 1949 a mayo de 1951, estuvo desprotegida hasta que, finalmente, le implantaron la famosa placa de platino. Sin embargo, durante ese par de años, el ritmo de trabajo tanto fílmico como discográfico fue el más elevado de su vida artística.

En *También de dolor se canta* tuvo como coprotagonista a Irma Dorantes. En esta cinta, Pedro realiza algunas imitaciones de Emilio Tuero, Tito Guízar y del propio Pedro Vargas, precisamente con el Tenor Continental. "La negra noche" fue la canción de esa escena, ahora de antología. Debe destacarse que siempre hubo una gran amistad y respeto entre estos tocayos, quienes compartieron varios escenarios, como el teatro Million Dollar de Los Angeles.

En esa cinta también canta "La barca de Guaymas", casi un himno en las hermosas tierras sonorenses. Hay también una intervención única del excepcional comediante Germán Valdés, Tin Tan, quien se dirigía a su amigo Pedro diciéndole "¿Qué pasa mi ídolo?".

Tin Tan y Pedro fueron grandes amigos y admiradores recíprocos del trabajo de cada uno, incluso en algunas temporadas coincidieron en el teatro Follies Bergère. Ambos compartían algunas aficiones. Sobre esto se sabe que, en alguna ocasión, Tin Tan, quien disfrutaba de veras de las delicias del mar, invitó a Pedro a gozar del puerto y bahías de Acapulco, en su yate.

Desde hace más de 60 años sus discos se encuentran fácilmente en los mostradores y vitrinas de ventas.

¿Qué te ha dado esa mujer?
(Gilberto Parra)

Qué te ha dado esa mujer
que te tiene tan engreído,
querido amigo;
querido amigo,
yo no sé lo que me ha dado.

Cada que la veo venir
se agacha y se va de lado,
querido amigo;
querido amigo
más valía mejor morir.

Hace cuatro y cinco días
que no la miro,
que no la miro
sentadita en su ventana.

Si no la miraste hoy
ahí la mirarás mañana,
querido amigo;
más valía mejor morir.

Si el propósito lo hiciera
de dejarla,
tu destino es comprenderla
y olvidarla.

Si no la miraste hoy
ahí la mirarás mañana,
querido amigo;
querido amigo
más valía mejor morir.

En ese mismo año filmó *Las mujeres de mi general*, junto con Lilia Prado y Miguel Manzano. En esta película, Pedro representa a un héroe revolucionario que se transforma en líder popular y que se identifica con los que menos tienen.

El 13 de julio de 1950 representa un hito dentro de la música popular: Pedro graba "Las mañanitas", canción que hasta nuestros días, según informes de la Asociación de Vendedores de Discos, es el tema más vendido en la historia de los fonogramas nacionales. Una selección casi obligada cuando se festeja un cumpleaños; interpretación que se oye a diario en la radio, en prácticamente todos los programas matutinos del país.

EL REGRESO A LA XEW

El 18 de enero de 1951 filmó *Necesito dinero*, con la bella actriz española Sarita Montiel. "A partir de este momento, el héroe de la comedia ranchera también se ha convertido en héroe del melodrama citadino, en el pícaro de la ciudad, en el hombre que va a inventar cien mil cosas para poder subsistir en esa gran ciudad".[6] Registro muy cercano de la preocupación de las clases medias por ascender socialmente, luchando por una vida

PEDRO INFANTE
Y LUIS AGUILAR

mejor, por lo que Manuel, el Mecánico, interpretado por Pedro, es un reflejo fiel de esta ambición.[7] Antes la superación implicaba un esfuerzo, ahora es una necesidad imperiosa el trabajar y estudiar para superar carencias y alcanzar mejores niveles de vida, práctica cotidiana en la sociedad del siglo XXI. En cuanto a esto considero que el modelo económico anterior era más equitativo que el de hoy; había más posibilidades de desarrollo; la población era mucho menor y tenía mejor calidad de vida.

Hemos dicho en páginas anteriores que, con el tiempo, habría de regresar a la XEW, en plan triunfal. En efecto, en esta época, el éxito de la radionovela *Martín Corona* tuvo inusitados récords de audiencia, lo cual provocaba enormes caos viales en las avenidas que circundan esa radiodifusora. En el Eje Central, antes San Juan de Letrán, Ayuntamiento y calles circunvecinas se paralizaba el tránsito con la presencia de Pedro. Fueron memorables esas jornadas radiofónicas; él dedicaba horas a firmar autógrafos, dialogando y conviviendo con sus seguidores. En ese programa de radio, Pedro trabajó con Eulalio González Reséndez y ahí nació el personaje el Piporro, apodo creado por un inolvidable conductor, el Bachiller Álvaro Gálvez y Fuentes. Recordemos que el actor neolonés y Pedro habían comenzado su amistad en Monterrey, a principios de los cuarenta, cuando Pedro se iniciaba en su quehacer artístico, y solían coincidir en presentaciones, giras y eventos musicales, sobre todo en algunos centros nocturnos de la hermosa Sultana del Norte. El Piporro acompañó a Pedro en momentos difíciles, y él correspondió con creces a la amistad desinteresada que le brindó don Eulalio.

COMANDANTE HONORARIO DE LOS MOTOCICLISTAS DE TRÁNSITO.

Años después, el 12 de septiembre de 1956, en su penúltima sesión de grabación, Pedro llevó al acetato una canción compuesta por el Piporro, "El gorgorello", tema que no tardó en alcanzar los primeros lugares.

Desafortunadamente sobre esa exitosa radionovela no existe grabación alguna, pero sí muchas crónicas periodísticas. En esa brillante época de la W, Pedro coincidió con figuras como Agustín Lara, Pedro Vargas, Toña la Negra, María Victoria, Panzón Panseco, Gabilondo Soler, Cri Cri, y muchas más, entre ellas, Lola Beltrán, quien en esa época era una secretaria en la emisora. Su paisano la animaba a que se lanzara a cantar, ya que en un convivio la escuchó y de verdad le agradó su capacidad interpretativa. Es por esto que las primeras grabaciones de doña Lola fueron covers de los éxitos del ídolo.

También en 1951 filma *A toda máquina* (ATM) y *¿Qué te ha dado esa mujer?*, junto con Luis Aguilar, el Gallo Giro, y Carmen Montejo, actores muy populares y consentidos por el público. En esta cinta, Pedro y Luis interpretaban a una audaz pareja de moto-

ciclistas, oficiales de tránsito. Comenta Ismael Rodríguez: "Cuando en ATM debía salir brincando a once personas con la moto, yo tenía su doble y todo preparado; sin embargo, ni cuenta me di del momento en que Pedro tomó el lugar de aquél. Yo empecé a tomar acción y entonces me percaté de lo que pasaba y ya ni modo de cortar. Era muy juguetón, le encantaba hacerme enojar".[8] De esta anécdota pueden rescatarse dos cosas importantes: primero, que Pedro era diestro en el manejo de la Harley-Davidson; segundo, que manifestaba un profundo compromiso con su trabajo, pues tenía poco tiempo de haber ocurrido su accidente aéreo en Zitácuaro, y aún no tenía la placa de platino que más tarde le protegería la frente. El tema de esta cinta, "Que te ha dado esa mujer", se convirtió en canción emblemática del cuerpo de motociclistas de tránsito, así como de distintas agrupaciones y organizaciones civiles, como la Fraternidad de Policías de Caminos y Cuerpo de Motociclistas y la Confederación Nacional de Policías de Tránsito y de Caminos.

Además de este tema, en esa cinta también se interpretaron las canciones "Yo no fui", "Bésame mucho" y "Enamorada", de Consuelo Velázquez, éxitos

ARRIBA: PEDRO INFANTE CON EL GENERAL ANTONIO GÓMEZ VELASCO Y EL CORONEL DAVID ARCE RAYÓN, 1952.

CENTRO: PEDRO INFANTE Y ALMA DELIA FUENTES.

que se han mantenido vigentes por más de medio siglo.

En esa época, el director de Tránsito del Distrito Federal era el general Antonio Gómez Velasco y el Jefe de Circulación el coronel David Arce Rayón, los cuales llegaron a ser excelentes amigos de Pedro, a quien dispensaron un gran aprecio, al punto de comisionar a dos oficiales para apoyo logístico y personal del actor. Estos elementos fueron Francisco el Indio Sandoval y Enrique López Zuazua, populares uniformados con los que llevaría una sólida amistad, cuyos consejos sobre técnicas de manejo y acrobacia sobre motocicletas Harley-Davidson fueron inapreciables. Pedro puso de moda el transitar en grupo, en moto, por las principales avenidas de la capital, en particular, por Insurgentes, Reforma y San Juan de Letrán.

En 1951 destacan sus grabaciones: "Qué suerte la mía", "Soy infeliz", "Día nublado", "Despierta", "¿Qué te ha dado esa mujer?", "Copa tras copa", "Paloma querida", "Carta a Eufemia", entre otras.

A pesar de haberse recuperado del accidente aéreo, ocurrido en 1949, gracias al riguroso seguimiento de los tratamientos médicos, Pedro padecía fuertes dolores de cabeza, y se quejaba de frecuentes pulsaciones y disminución de la capacidad au-

LA W FUE EL ESCENARIO DE GRANDES ÉXITOS, COMO LA RADIONOVELA *MARTÍN CORONA*.

Sarita Montiel, Pedro con las gemelas Marcela y Elisa Zacarías y Eulalio González, Piporro, en *El enamorado*, 1951.

El tema preferido por su madre fue "Ramito de azahar".

ricular del lado izquierdo, debido a la exposición de esa parte de la frente, que le quedó sin defensa, y con el riesgo implícito de recibir un golpe de graves consecuencias en esa zona. Así las cosas, después de varios estudios, el médico Manuel Velasco Suárez decide volverlo a intervenir.[9]

El 18 de mayo de 1951 ingresa de nuevo al quirófano, para que le fuera consolidada la parte desprotegida del cráneo con una placa de Vittalium de seis centímetros de diámetro. Esta riesgosa cirugía corrigió los males que le aquejaban y su rápida recuperación le permitió volver, en mejores condiciones, a sus actividades cotidianas sin ninguna secuela.[10] Seis semanas después de la operación, cumplía ya con ensayos, sesiones de ejercicios y, sobre todo, compromisos y presentaciones. A fines de ese año, empieza a filmar *Ahí viene Martín Corona* y *El enamorado*; una vez más con la actriz española Sarita Montiel, a quien le prometió devolverle la visita, hecho que nunca se pudo realizar. En este cinta también trabajó su gran amigo Eulalio González, el Piporro, quien con sus particulares ocurrencias y, sobre todo, con su muy original forma de interpretar la música norteña se iba colocando, cada vez más, en el gusto del público.

En una de las escenas de *Martín Corona*, canta "Paloma querida" de José Alfredo Jiménez, su apreciado compadre y compañero, mismo que le hace segunda, acompañados por la inigualable guitarra de don Antonio Bribiesca. Tal escena resulta excepcional, pues en ella aparecen tres auténticas leyendas del espectáculo.

Mérida, un lugar cerca del paraíso

El ser un piloto consumado le dio la posibilidad de un rápido desplazamiento a cualquier parte. Esto hizo que, desde 1948, su lugar predilecto para descansar fuera la ciudad de Mérida y diversas regiones de Yucatán y Quintana Roo, donde había invertido en propiedades y negocios. En esos lugares, además de estudiar li-

bretos, convivía con amigos y compañeros, y hasta llegaba a raptarse a sus compañeros para agasajarlos en su casa de Mérida, en la Avenida Itzaes, o en el Puerto de Progreso. Como anécdota al respecto, el relato de don Jesús Briz Infante, quien en vida fuera propietario del restaurante El Cardenal, en la calle de Palma, en el Centro Histórico de la ciudad de México es por demás elocuente:

"En septiembre de 1956, en Mérida, me encontré en un taller mecánico a Pedro, quien traía un hermoso Mercedes deportivo convertible. No lo conocía personalmente, sin embargo, lo abordé y me trató en una forma muy sencilla. Para él fue una alegría el conocer mis apellidos y mi lugar de origen [Ario de Rosales, Michoacán]. Recuerdo que me dijo:

–¡Somos parientes!, te espero en la noche en mi casa a cenar.

Me dio la dirección y pasé una excelente velada, acompañado de sus amigos actores y algunos trabajadores de las empresas aéreas establecidas en el aeropuerto de la ciudad. El convivio se realizó en el jardín, al lado de una hermosa alberca. Al retirarme de la reunión se sentía algo de fresco, por lo que me regaló una chamarra:

–Para que te tapes —me dijo. Desde entonces, me siento uno más de la familia Infante."

En este contexto, también viene al caso lo que le ocurriera a Ismael Rodríguez, al estar analizando las posibilidades de un libreto:

"Por cierto que una vez para leérselo, me mandó desde el aeropuerto a este motociclista destacadísimo, que también ya murió, el Indio Sandoval. Yo suponía que Pedro estaba en su casa, pero el Indio empezó a jalar para otro lado y me dijo que antes debía pasar a cumplir un encargo de aquél. Cuando llegamos al aeropuerto ya estaba abierta la puerta del avión y Pedro:

–¡Psh, psh, súbete!
–¿Qué?
–¡Súbete, vamos!
–Oye, no la amueles, esto no se hace.
–Muchachos: ¡súbanlo!

Las mañanitas
(Dominio Público - Alfonso Esparza Oteo)

En la fresca y perfumada
mañanita de tu santo,
recibe mi bien amada
la dulzura de mi canto.

Encontrarás en tu reja
un fresco ramo de flores
que mi corazón te deja,
chinita de mis amores.

Éstas son las mañanitas
que cantaba el rey David,
a las muchachas bonitas
se las cantamos aquí.

Si el sereno de la esquina
me quisiera hacer favor,
de apagar su linterna
mientras que pasa mi amor.

Despierta, mi bien despierta,
mira que ya amaneció,
ya los pajarillos cantan,
la luna ya se metió.

Ahora sí señor sereno,
le agradezco su favor,
encienda su linternita
que ya ha pasado mi amor.

Amapolita adorada
de los llanos de Tepic,
si no estás enamorada
enamórate de mí.

Despierta, mi bien despierta,
mira que ya amaneció,
ya los pajarillos cantan,
la luna ya se metió.

–Bueno, ya en ese plan me subo yo solo, pero por lo menos me dejas avisar en la casa.

–¿Para qué? Ya dejé dicho que te he secuestrado y te llevo a Mérida

–OK, te traje...

–¡Ah, el argumento!

En el camino empecé a leérselo, mientras él conducía. Era muy buen piloto, aunque murió en un accidente de aviación... Buscaba nubes para meterse en ellas y asustarme con las turbulencias... muy travieso."[11]

Pedro disfrutaba mucho de la aeronáutica y cuando tenía tiempo libre, o incluso disponía de varios días, se iba con su hermano Pepe, o algún amigo, al aeropuerto de la ciudad de México, abordaba su avión y en un par de horas llegaba a Mérida, para supervisar asuntos personales y disfrutar del clima, los paisajes y la gastro-

El mejor duelo de cantantes en la historia del espectáculo fueron las presentaciones de Jorge Negrete y Pedro Infante en el teatro Lírico de la ciudad de México (octubre-diciembre de 1952).

nomía, además de la alegre convivencia que le brindaban las amistades que le acompañaban al precioso estado de Yucatán. Su casa en Mérida estaba en la Avenida Itzaes con 73, número 587. Finca que hoy en día es un hotel. Este inmueble le fue vendido por Julián Villarreal a Ruperto Prado, rico chiclero y henequenero de Yucatán, originario de Toledo, España, y con quien Pedro mantuvo una entrañable amistad, casi una relación de padre e hijo. La familia Prado, entre fotografías y anécdotas, aún debe tener muchos recuerdos de la presencia de Pedro en tierras yucatecas y quintanarroenses.

El señor Prado cedió el inmueble a Pedro, quien le hizo diversas remodelaciones y, a su muerte, don Ruperto vendió el inmueble a otro amigo de ambos, el conocido joyero Alfonso García, quien se dio a la tarea de convertir aquella casa en hotel. Pedro iba con frecuencia a su joyería a comprar alhajas y de ese trato continuo surgió una buena amistad. Abundando sobre esto, es sabido que la famosa esclava de oro del artista fue hecha por el orfebre Wilberth Eduardo Rosel Zapata (Wilo), quien además le hizo diversas piezas exclusivas: medallas, esclavas, clips para billetes y otros finos encargos. Wilo aún vive y tiene una joyería en el Centro Histórico de Mérida.

Don Alfonso García compró el inmueble en 1960, y lo convirtió en hotel en 1962, pero conservó intactas las características de la casa, en cuanto a disposición de las habitaciones, alberca y gimnasio, que constituían el atractivo del hotel. Al fallecer, en 1990, el inmueble lo heredó su hijo Alfonso, quien quizá por falta de experiencia en el ramo hotelero, tuvo en los últimos años una caída en el ritmo de sus servicios, por lo que, en 2004, decidió venderlo al también hotelero Juvencio Sosa Chacón, quien en la actualidad lo está remodelando con mucho interés, para convertirlo en uno

de los mejores lugares turísticos de Mérida, sin modificar la casa original en la que vivió el ídolo y que llevará por nombre "Boulevard Infante".

Su identificación con el estado de Yucatán fue absoluta; realizó gran cantidad de presentaciones en el teatro Peón Contreras, en la Plaza de Toros y en algunas haciendas henequeneras. Compraba propiedades, cuidaba de sus inversiones en la empresa TAM-SA, adquiría vehículos último modelo y motocicletas Harley-Davidson. Poco a poco se convirtió en una presencia cotidiana en la ciudad, pues era muy común verlo en algunos restaurantes, en la plaza mayor, en el barrio de Santiago, en el Paseo Montejo o en el Mercado Municipal, comprando cochinita y pollo pibil. Entre sus platos favoritos estaban los panuchos de pavo o pato, plátanos fritos y el relleno negro y, en general, toda la deliciosa comida yucateca. Al respecto, Wilo Rosel nos relató: "Me invitaba a su casa a entrenar fuerte, horas de alto rendimiento, cuando estaba su hermano Pepe; eran jornadas deportivas realmente de campeonato; tomaba café mientras entrenaba y después de las horas de gimnasio, me pedía que trajera panuchos de pavo o pato de la lonchería Xpil, que en aquellos años era muy conocida en la ciudad; ya desapareció. Costaban cincuenta centavos, pero a

ARRIBA: EDUARDO (WILO) ROSEL ZAPATA, ORFEBRE Y JOYERO *ABAJO: POR ELLAS AUNQUE MAL PAGUEN* (1952) REPRESENTÓ EL LANZAMIENTO CINEMATOGRÁFICO DE ÁNGEL INFANTE.

significó su despegue internacional.

DÍA DE REYES EN SU CASA DE CUAJIMALPA.

él se los cobraban a cinco pesos porque eran especiales para él, eran panuchos gigantes".

Era frecuente su estancia en las playas de Chelem, Yucalpetén y de Progreso. También era asiduo paseante del barrio de San Sebastián, cerca del antiguo Rastro de la ciudad de Mérida, donde seguramente visitaba a alguna enamorada; y en La Gatita Blanca tomaba un aperitivo y saludaba a sus amigos y vecinos meridanos. Todavía anda por ahí el trío Los Tecolotes, que acompañaba a Pedro en sus reuniones y compromisos personales.

ENRIQUE LÓPEZ ZUAZUA Y FRANCISCO EL INDIO SANDOVAL, SU ESCOLTA OFICIAL.

SI TE VIENEN A CONTAR

En esta época, sus hermanos Ángel y José compartían múltiples actividades con él. Ángel iba consolidando su propia carrera dentro del espectáculo y su hermano José destacaba como ciclista, acróbata, atleta incansable, obteniendo continuos triunfos en esta actividad, al grado de ser parte de un grupo de acróbatas profesionales, Los Grecos. En este ambiente de dinamismo sus insepara-

bles amigos motociclistas Francisco Sandoval y Enrique López Zuazua mantenían su apoyo como escolta oficial para facilitar sus traslados. Este hecho los convirtió en camaradas inseparables con los que compartió múltiples experiencias tanto de su vida pública como privada. Juntos eran todo un acontecimiento en los eventos familiares o sociales.

En 1951 realiza una nueva gira por California, Arizona, Nuevo México y Texas, en la que el común denominador fue el éxito, pues era el artista favorito del público de origen mexicano y los escenarios se le entregaban tanto o más que a las grandes figuras internacionales que se presentaban en la Unión Americana.

Por contraste, en su vida personal surgieron complicaciones. En diciembre de 1951 se divorcia al vapor de María Luisa León, en Tetecala, Morelos. El motivo de ello fue que en ese tiempo Pedro mantenía un intenso romance con Irma Dorantes (Irma Aguirre Martínez). No obstante, el trámite carecía de validez, pues la firma de María Luisa León había sido falsificada, lo cual implicaba un procedimiento ilegal. Al ser notificada la señora León, en enero de 1952, interpuso una demanda para hacer improcedente tal divorcio, que fue declarado nulo, meses después de los hechos.[12]

En ese mismo año, quizá como una forma de rescatar la relación, le compra otra casa a María Luisa, en la calle de Rébsamen, junto a la que ya poseía, e inician su remodelación. Asimismo compra su famosa residencia de la carretera México-Toluca,[13] a la

PEDRO CON ANTONIO AGUILAR EN *AHORA SOY RICO*, 1952.

Coplas
(Pedro de Urdimalas — Manuel Esperón)

Pedro Malo:
La gente dice sincera
cada que se hace un casorio:
que el novio siempre la quiera
si no que... le hagan velorio.

Para esta novia no hay pena
pues va a tener buen marido,
porque Bueno es cosa buena,
por lo menos... de apellido.

Jorge Bueno, es muy bueno,
hijo de bueno también,
y su abuelo, ¡ay qué bueno!
quién se llamara como él.

Jorge Bueno:
¡Échenle!.. ¡pero más arriba!

Procuraré ser tan bueno
como dice mi apellido;
que se trague su veneno
el que velorio ha pedido.

Pedro el malo de apellido
retacharé su cuarteta;
él nomás es presumido
porque no es malo, es...
    ¡maleta!

Pedro Malo, es muy malo,
malo por obligación;
y su abuelo ¡uy que malo!
hay que comprarle su león.

Pedro:
En una mañana de oro
alguien nublaba el paisaje,
eran un cuervo y un loro
arrancándose el plumaje.

Hay que olvidar lo pasado
si la culpable es la suerte,
que bueno y malo mezclado
en regular... se convierte.

Yo soy malo, no lo niego
pero quisiera mezclar:
malo y bueno, por si sale
algo que sea regular.

cual añadió alberca, gimnasio, boliche, sala de cine, capilla, etcétera. Esta preciosa mansión en Cuajimalpa, se hizo famosa principalmente por quien la habitaba. En efecto, Pedro pasó a ser el vecino más querido de los habitantes de la región. Desafortunadamente, después de un largo litigio, esta casa fue derribada en 1996 para edificar condominios horizontales.

Sin embargo, los habitantes de Cuajimalpa y las autoridades de la delegación suelen hacerle homenajes al artista, sobre todo en su aniversario luctuoso, recordando con esto al inolvidable vecino que tanto apreció a los cuajimalpenses. En la plaza principal de la delegación se encuentra un pequeño busto en su honor y el foro de la misma lleva por nombre Foro Pedro Infante.

Cabe mencionar que Pedro convivía frecuentemente con sus vecinos. Se hizo tradición que cada 6 de enero, día de Reyes, hubiera grandes filas de personas a las afueras de su domicilio en espera de un regalo de manos del actor. Asimismo trabajaba con ellos en las minas de arena, que en aquella época era una actividad común en Cuajimalpa. Esta labor la asumía como parte de su constante entrenamiento, pues el ejercicio físico formaba parte de su estilo de vida. Trabajaba a la par de los mineros, cargando los pesados bultos de arena y a la hora de la comida compartía con ellos sus alimentos. En esas ocasiones contribuía con varios kilogramos de carnitas y barbacoa; sin embargo, él sólo comía de los sencillos alimentos que llevaban los trabajadores.[14]

Ángel Infante protagonizó en ese año (1952) *Por ellas aunque mal paguen*, producción del señor Grovas, con Silvia Pinal y Fernando Soler, cinta en la que Pedro lo apadrinaría con una breve aparición al interpretar con su querido hermano "Las Isabeles".

En febrero en 1952 filma *Un rincón cerca del cielo* y *Ahora soy rico*, compartiendo estelares con Marga López, Silvia Pinal, Andrés Soler y su amigo y compadre Antonio Aguilar. Cintas dramáticas que tratan de reflejar las angustias y dificultades de los capitalinos de bajos ingresos, que andan en busca de mejores oportunidades. En la pe-

JORGE NEGRETE, ÁLVARO GALVÉZ Y FUENTES, EL BACHILLER, Y PEDRO INFANTE EN EL TEATRO LÍRICO, OCTUBRE DE 1952.

lícula, Pedro González (Infante) se casa con Margarita (Marga López), y ambos consiguen, en un barrio humilde, un rincón cerca del cielo; pero las desgracias y mala suerte los persiguen.

"*Un rincón cerca del cielo* expresa toda la ideología del viejo cine mexicano, de que los pobres se van al cielo y los ricos al infierno. Los amores eternos de la pobreza, el sufrimiento hasta los límites de la muerte para encontrar la redención final, y un intento de recrear la atmósfera de la capital a principios de los cincuenta, donde aparecen Chapultepec, los mercados públicos, las vecindades miserables, las calles céntricas, etcétera".[15] Una sorprendente referencia para la historia musical de México fue que en la cinta *Ahora soy rico*, Tony Aguilar y Pedro conjuntaron sus voces para interpretar a dueto el tema "Mi adoración".

En junio de ese año inicia la filmación de *Los hijos de María Morales*, comedia ranchera de entretenimiento familiar, donde se destacan los valores campiranos. Compartió estelares con su amigo Antonio Badú, Irma Dorantes, Carmelita González y Andrés Soler.

En agosto, comienza el rodaje de *Dos tipos de cuidado*, dirigida por Ismael Rodríguez, con Jorge Negrete, el inolvidable Charro Cantor a quien Pedro estimaba mucho y que en ese entonces era el dirigente sindical del gremio artístico nacional. Para la realización de esta película se necesitó del

Jorge:
Cierto alacrán de carroña
un colmenar visitaba,
para ver si la ponzoña
con la miel se le quitaba.

Como no será lo bueno
para placer del malvado;
con la miel y su veneno
hoy anda el pobre... purgado.

Que lo entienda, que lo
    entienda,
si es que lo sabe entender;
y si acaso, no lo entiende,
hay que obligarlo a entender.

Pedro:
Te consta que no soy tonto
como tú... lo has presumido.

Jorge:
Tonto no, sí entrometido
por el hambre... de amistades.

Pedro:
El hambre siempre la calmo
con el manjar del amigo.

Jorge:
Méndigo es y no mendigo
el que roba a sus amigos.

Pedro:
Tú lo dices.

Jorge:
Lo sostengo.

Pedro:
No te vayas a cansar.

Jorge:
No le saque.

Pedro:
Sí le saco.

Jorge:
¡Pos se acabó este cantar!

FUERA DE ESCENA, PEDRO EL MALO, YOLANDA VARELA, JORGE EL BUENO Y CARMEN GONZÁLEZ, BROMEANDO EN LA FILMACIÓN DE *DOS TIPOS DE CUIDADO* (1952).

FAMOSA ESCENA DE *DOS TIPOS DE CUIDADO*, 1952.

apoyo y recomendación presidencial y así poder juntar a estas dos míticas figuras. La cinta fue producida por Miguel Alemán Velasco, quien tuvo la visión suficiente para realizar el ambicioso proyecto con los dos personajes más grandes en la historia fílmica y musical de México, con quienes mantuvo una sólida amistad personal. Las famosas coplas entre Pedro Malo y Jorge Bueno son la apoteosis del género, además de las espléndidas interpretaciones de "O sole mío", por Negrete y la "Tertulia", "La gloria eres tú", por Pedro, y, sobre todo, "Mía", "Fiesta mexicana" y "Alevántate", por ambos. Con Jorge Negrete también compartió memorables presentaciones en el teatro Lírico, donde las localidades se agotaban de inmediato, pues el público quería ver juntos a los dos ídolos de la canción vernácula.[16]

"Durante los descansos entre función y función, ambos jugaban al poker, gastándose bromas y tomando café."[17] Del 20 de octubre al 26 de diciembre de 1952, se presentaron en el Lírico de miércoles a domingo; la finalidad principal fue promover la película. Quienes los vieron juntos en esas actuaciones culminantes, con toda seguridad se llevaron el recuerdo de uno de los mejores capítulos de la historia musical, en vivo, de nuestro país. El tráfico se paralizaba en el Centro Histórico, creando un caos total. La gente intentaba por lo menos verlos salir o entrar al teatro.

"En cuanto al argumento de la película *Dos tipos de cuidado* se refiere a dos Tenorios, uno altanero y orgulloso, Jorge Negrete; el otro simpático y dicharachero, Pedro Infante; ahí se desenvuelven las dos figuras máximas, para hacer una comedia brillante, donde se expresan las contradicciones y las ambigüedades del género. En *Dos tipos de cuidado*, se manifiestan los polos opuestos de la comedia ranchera, y de todo el cine mexicano popular a secas, revela sus diferencias a fondo. Jorge Negrete, es el macho adinerado, buen tipo, petulante, agresivo y rencoroso; Pedro Infante es el macho humilde, sometido, estoico y noble. La jactancia de Negrete deriva de una posición elevada, la simpatía de Infante proviene de una compensación humilde y sencilla. Si *Dos tipos de cuidado* es una buena comedia, se debe, en gran parte, a que enfrenta lo disímil e irreconciliable".[18]

Esta película fue estrenada el 5 de noviembre de 1953, en los cines Mariscala y México. Un mes

después, el 5 de diciembre de 1953, fallecía Jorge Negrete, cuando la cinta era un éxito de cartelera. La importancia de esta película la resume el periódico *El Universal*, que el 14 de septiembre del 2003, en su sección de espectáculos, refiere lo siguiente: "el 5 de noviembre se cumplirán 50 años del estreno de la comedia ranchera *Dos tipos de cuidado* que ahora se puede ver en formato digital, una de las cumbres del género que tiene el mejor duelo de canciones de que se tenga memoria a cargo de los máximos intérpretes reunidos por primera y única vez para una película, hazaña de la cual fue responsable Ismael Rodríguez, director de la cinta, que por fin juntaba a Jorge Bueno y Pedro Malo. Hoy la película se contempla por los espectadores, televidentes como si fueran fiestas familiares".

Al finalizar aquel año Pedro filma *Ansiedad*, con la actriz y cantante argentina Libertad Lamarque, donde el ídolo nuevamente interpreta tres papeles, y canta "Amor de mis amores", "Farolito" y "Mujer" de Agustín Lara.

Más tarde filma *Pepe el Toro*, de gran impacto popular, trama que con el tiempo fue rescatada por el cine internacional, ya que esta cinta puede considerarse como pionera de los guiones boxísticos que dieron vida a películas como *El campeón*, *El boxeador*, *Toro Salvaje*, *La vida de Jack la Motta*, y la serie *Rocky*. En el caso de *Pepe el Toro*, según lo confirma Ismael Rodríguez, Pedro Infante fue el de la idea del argumento: "Fue él quien me impulsó a que me metiera al box. Yo deseaba darle gusto, pero no sabía nada de ese deporte y tuve que meterme seis meses, de función y función, para aprender. Y me gustó muchísimo, inclusive gané unos guantes de oro chiquitos, por la mejor pelea hecha en cine".[19] Con esta cinta, Pedro rendía homenaje a los grandes ídolos del boxeo mexicano. En esta cinta trabaja con Joaquín Cordero (Lalo Gallardo) y Wolf Ruvinski (Boby Galeana). En esos años también llevaba una cordial amistad con Raúl el Ratón Macías, un ídolo del boxeo nacional, cuyo

PEDRO INFANTE Y JORGE NEGRETE EN *DOS TIPOS DE CUIDADO*, 1952.

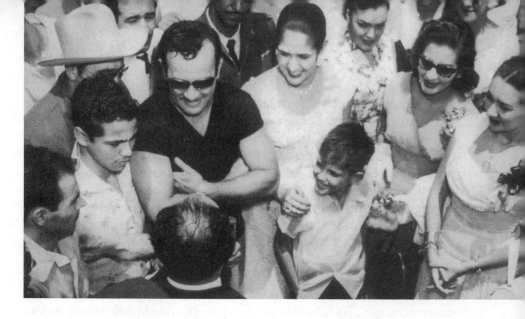

Pedro en el aeropuerto del D.F., lo acompañan el campeón de box Raúl el Ratón Macías y el Indio Sandoval, 1957.

arrastre llevó al presidente de la República, Miguel Alemán, Jorge Negrete y Pedro Infante, a presenciar algunas de sus peleas.

Esta película reunió a Wolf, Joaquín y el mismo Pedro, todos grandes atletas que, de no haberse dedicado a la actuación, sin duda hubieran podido ser figuras del deporte. De hecho, el señor Rubinski había sido un destacado luchador profesional.

Después de casi cinco años de *Ustedes los ricos*, surgió esta nueva cinta en la que Irma Dorantes aparece como Lucha, la vecina enamorada del Torito, quien a su vez veneraba el recuerdo imborrable de su Chorreada y de sus hijos. Como Blanca Estela Pavón ya había fallecido, se agregó a la historia el imprescindible matiz dramático y se asumió que la Chorreada y sus dos hijos gemelos habían muerto en un accidente, por lo que Pepe el Toro representó a un viudo, fiel al recuerdo de su amada pareja.

Durante el rodaje de esta cinta, en algunas entrevistas, Joaquín Cordero expresó cierta distancia profesional del ídolo, pero en esos tiempos, e incluso en la actualidad, se tomaron como incidentes normales. Se sabe, por ejemplo, que aun en los ensayos, los golpes fueron reales, pero al final de cuentas todos eran compañeros[20] y no pasaba a mayores.

Las cualidades físicas de Pedro eran reconocidas. En su momento, como lo comenta María Luisa León en su libro, de haber decidido incursionar en el terreno del boxeo profesional, con seguridad hubiera sido un pugilista destacado. Hubo varias riñas callejeras tanto en Culiacán como en la capital, algunas veces inevitables, y en ellas su hermano Pepe estaba atento para evitar que Pedro recibiera algún golpe de seriedad.

Pedro fue un entusiasta del pugilismo, y siempre brindó un sincero reconocimiento a los boxeadores de aquella época. Nuestro querido amigo el empresario y promotor deportivo don Joaquín Badillo nos refirió la siguiente anécdota: "A fines de 1952 se realizó un emotivo homenaje al campeón nacional Lupe González,

quien había quedado ciego por los golpes recibidos en su carrera. El boletaje para su función andaba bajo, y como Lupe era amigo de Pedro, le comunicaron esta situación. Él se encontraba trabajando con Jorge Negrete, precisamente en aquella supertemporada única del teatro Lírico. Como se encontraba más o menos cerca del Coliseo, confirmó su asistencia a los organizadores, quienes difundieron su participación en el evento, lo cual hizo que, de inmediato, se agotara el boletaje. La gente estaba eufórica. Pedro apareció en el ring con un hermoso traje de charro. Le dirige unas palabras al público y, sobre todo, da ánimo a su amigo a quien alienta regalándole el traje de charro y la pistola que llevaba en ese momento.

En materia de discos, 1952 también registró éxitos inolvidables como "El plebeyo", "Nube gris", "Serenata sin luna", "Ahora soy rico", "Esta noche", "Peso sobre peso", "El piojo y la pulga", "Soy muy hombre", "Corazón, corazón", "La tertulia", "El copetín", entre otros. En la actualidad este último tema es una de las canciones favoritas entre la "raza bohemia" de la capital, sobre todo en los restaurantes El Cardenal, de Tito Briz, hijo de don Jesús Briz Infante, donde el violín de Rodolfo López López y el piano de Virgilio Gómez Ramírez dan el toque de elegancia al ambiente; sin olvidar La Mansión y El Cambalache, administrado por Carlos Pavlovich, entre tantos excelentes lugares de nuestros días, en donde "El copetín" sigue siendo el propósito y tema de muchos.

TURBULENCIAS LEGALES

El censo de 1950 reportaba que la capital tenía 3'050,443 habitantes y el país 25'791,017.[21] En efecto, en esos tiempos era un privilegio vivir en la Ciudad de los Palacios. Y en este agradable entorno Pedro comienza 1953 con múltiples presentaciones y giras por Estados Unidos y en el interior del país. En marzo filma la película *Reportaje*, donde trabaja con estrellas consagradas como Manolo Fábregas, Carmen Sevilla, Jorge Negrete y María Félix, película multiestelar dirigida por Emilio el Indio Fernández y producida por Miguel Alemán Velasco.

El 10 de marzo de 1953, la prensa nacional anuncia la boda de Pedro Infante e Irma Dorantes, celebrada en Mérida, Yucatán. Pedro regresa en abril a la ciudad de México, y en sus declaraciones a los medios confirma el enlace. Pero a pesar de su nueva relación con la señora Dorantes, siguió en comunicación con su legítima es-

99

CONSOLANDO A LA MADRE DEL CHARRO CANTOR Y CONSTERNADO EN EL ÚLTIMO ADIÓS A JORGE NEGRETE.

posa, María Luisa, con quien sostuvo frecuentes entrevistas que hicieron posible un buen entendimiento, a pesar del acoso natural de los medios. En este asunto le interesaba, sobre todo, la estabilidad emocional de los hijos que había procreado con Lupita Torrentera y, obviamente, la de sus padres y familia directa.

Una consecuencia de lo anterior y que marcó la vida amorosa de Pedro, fue el hecho de que Lupita Torrentera decidiera distanciarse de él, en forma definitiva. Ella aún era muy joven y volvió a retomar su carrera como actriz y bailarina profesional. Un par de años después rehizo su vida al lado de León Michel, el entonces joven y destacado conductor de radio y de la incipiente televisión. Finalmente, en enero de 1955, contrajeron nupcias, evento que fue muy comentado por los medios y difundido entre la sociedad capitalina.

Pero debemos volver a 1953, porque precisamente en abril de ese año, inicia la filmación de *Gitana tenías que ser*, con la actriz española Carmen Sevilla, una de las mujeres más bellas de la época, a la que Pedro atendió personalmente durante su estancia en nuestro país. En esta convivencia le mostró las bellezas de nuestra patria, prometiéndole que llegaría la ocasión de visitarla en España. Esa fecha nunca llegó, pues aunque tenía programado un viaje a Europa para inicios de 1954, éste se fue posponiendo cada año.

En mayo se dirige a Ciudad Victoria, Tamaulipas, para actuar en la plaza de toros Carlos Arruza. Quienes estuvieron presentes recuerdan que ese día se arremolinó una gran multitud a las puertas del coso para verlo de cerca y solicitarle, al menos, un autógrafo, pues la mayoría de los presentes no tenía dinero para la entrada. Al llegar Pedro y advertir que aún había lugares, solicitó que pasara la gente a ocupar los espacios vacíos y a los que, aun así, no pudieron entrar, les comunicó que lo esperaran, ya que una vez concluido el espectáculo les cantaría afuera. Así que la cantada prosiguió en la explanada de la plaza, en la que el público tamaulipeco pudo escuchar otras quince o veinte canciones más.

Los compositores de la época lo buscaban y le ofrecían sus nuevas canciones, pues se le consideraba el creador del bolero ranchero y una especie de Rey Midas, que todo lo transfiguraba en oro. Durante ese año graba el tema "Cien años", el cual aún en nuestros días es el bolero más conocido de Pedro y el de mayor venta. Asimismo graba "Mira nada más", "Mi aventura", "Ni por favor", "Mi Tenampa", "Entre copa y copa", "Sin futuro", esta última se la adjudica su compadre José Alfredo Jiménez, al ver que la herida provocada por su rompimiento con Lupita aún dolía. El sentimiento de vivencia auténtica que Pedro ponía en sus interpretaciones era el factor que convertía a cada tema en éxito rotundo, sobre todo en los lugares bohemios. Como dice Olga Wornat: en 1953 Pedro Infante sonaba en todos los radios.[22]

Durante julio de 1953, la demanda interpuesta por María Luisa León, relacionada con su supuesto divorcio, promovido en Tetecala, en 1952, le es resuelta de manera favorable, y su matrimonio con Pedro Infante es declarado legítimo. Al mes siguiente,

JUNTO CON LA ESPAÑOLA CARMEN SEVILLA PROTAGONIZÓ, EN 1953, *GITANA TENÍAS QUE SER.*

el 27 de agosto de 1953, María Luisa León, ante el juzgado mixto de primera instancia, impugna el matrimonio entre Pedro e Irma Dorantes, celebrado en Mérida, Yucatán. Tiempo después el juez declara la nulidad del matrimonio.[23] Irma Dorantes acude entonces ante la Suprema Corte de Justicia, solicitando el amparo de la justicia federal contra la resolución del juez, autoridad que, según ella, no valoró debidamente las pruebas presentadas, ni tampoco consideró su minoría de edad.[24]

Por esos turbulentos días, Pedro sale de gira hacia la ciudad de Los Angeles, donde su popularidad continuaba en ascenso. El público angelino, particularmente el de origen mexicano, se desbordaba para disfrutar de sus actuaciones.

A pesar de los momentos de depresión que le provocaban las consecuencias de sus amoríos, las responsabilidades familiares, el proceso de recuperación después de los accidentes ya referidos y sus constantes compromisos de trabajo, su salud era satisfactoria; el ejercicio, el estudio y su vocación empresarial se convirtieron en su mejor terapia.

En noviembre de 1953 cumpliría 36 años, y antes de finalizar ese año formalizó con Antonio Matouk una sociedad, en la cual producirían sus propias películas y a la que denominaron Matouk Films.[25] Con esto, Pedro debutaba como productor y empresario.

El 5 de diciembre de 1953 falleció Jorge Negrete, un hecho que conmovió a la sociedad entera del país y tuvo gran impacto internacional. Pedro estuvo al lado de su amigo, compañero y líder sindical. Primero, como motociclista de tránsito, iba adelante abriendo paso a la carroza y, más tarde, durante el velorio, se mantuvo al lado de la familia Negrete, confortando a la madre de Jorge. Al día siguiente, la prensa publicaba enormes desplegados y fotos que confirmaban esta afectuosa solidaridad ante lo irreparable. México perdía a una figura nacional y Pedro, a un hermano y consejero de quien recibió siempre una franca amistad.[26]

ENTRE MIL AMORES Y VAGABUNDOS

En marzo de 1954 empieza la filmación de *Cuidado con el amor*, con una de las actrices más bellas del cine mexicano, Elsa Aguirre, quien había iniciado su carrera de actriz a fines de los cuarenta, justo en la época de oro del cine nacional. Por supuesto, Pedro no fue inmune a los encantos de la actriz, aunque, en realidad, no pasó de ser una gentil amiga y compañera de profesión. Fue tan solidaria esta amistad que al morir el actor, Elsa, desde Perú, donde se encontraba trabajando, brindó uno de los primeros homenajes al ídolo.[27]

Elsa Aguirre, en uno de sus muchos reconocimientos a su trayectoria, el 8 de abril de 2003, recibió un Ariel en el Palacio de Bellas Artes, donde fue entrevistada por la revista *Proceso*:

"–¿Qué le significó trabajar con actores famosos como Pedro Infante, Pedro Armendáriz y Jorge Negrete?

PÁGINA *SIGUIENTE:*
CON ELSA AGUIRRE, PARA
MUCHOS LA MUJER MÁS
BELLA DEL CINE NACIONAL.

–Como eran ídolos y gente muy conocida, representó para mí algo muy importante. Era una persona despertando a la vida y creo que iba a veces a los estudios más por ver a Pedro Infante que por mi trabajo. Sí, hubo ahí una química, pero en aquel tiempo él era casado, no había la oportunidad de transmitir eso, era prohibido completamente."[28]

Dentro de nuestra historia fílmica musical es memorable la escena en que Pedro dedica a Elsa "Cien años", hasta hoy uno de los temas imprescindibles dentro de su extenso repertorio.

En esta época eran famosas las canastas con comida que la madre del cantante le hacía llegar a los estudios, o donde estuviese trabajando, para cumplir con las prescripciones médicas, así como para garantizar el cuidado dietético que requería.[29] En este sentido, también era legendario el voraz apetito del artista, quien se justificaba diciendo: "Si no como todo esto ¿entonces qué sudo?"[30]

En abril filma *El mil amores* con el inolvidable Joaquín Pardavé, quien fue una pieza clave al impulsar sus inicios musicales en la XEB, cuando don Joaquín era director musical de la orquesta, y con la hermosa Rosita Quintana, amiga y compañera a quien le tenía un especial cariño y confianza personal. En nuestros días, Rosita acude con frecuencia a los homenajes dedicados a Pedro, precisamente en uno de éstos estuvimos con ella, el 13 de abril del 2003, en Cuajimalpa, donde cantó "La verdolaga", como en los tiempos en que se realizó la película.

En junio comienza el rodaje de *Escuela de vagabundos*, con la inolvidable Miroslava Stern, una espléndida belleza de la época. Un año después, cuando apenas se había estrenado esta cinta, Miroslava se quitó la vida en plenitud de facultades. La guapa actriz murió en marzo de 1955.

La película fue una exitosa comedia que implantó un nuevo récord de taquilla. Rogelio A. González, el director, hizo la adaptación de un guión hollywoodense (*My Man Godfrey*), y los resultados fueron más que satisfactorios con la actuación de la propia Miroslava, Blanca de Castejón, Anabelle Gutiérrez, Óscar Pulido, Óscar Ortiz de Pinedo y Fernando Casanova. Hoy en día es considerada como una de las más vistas en la historia del cine nacional. Cinta que proyecta inquietudes de los cincuenta, época en la que tener chofer, mayordomo, dos o tres sirvientes, jardinero y pertenecer al club de golf, eran parte de los sueños de la incipiente burguesía mexicana.

EN 1954 PROTAGONIZÓ, JUNTO CON ELSA AGUIRRE, *CUIDADO CON EL AMOR*.

Sobre los temas musicales de esta cinta se puede afirmar que todos llegaron a ser éxitos internacionales, como el caso de "Cucurrucucú paloma", canción que Pedro interpreta acompañado del Mariachi Vargas y del Trío Aguileño. Años después, a inicios de los sesenta, su querida paisana y amiga Lola Beltrán retomó el tema y lo volvió parte de su imagen artística.

Su actividad cinematográfica era incesante y en julio filma *La vida no vale nada*, al lado de Lilia Prado, Domingo Soler, Magda Guzmán, Charito Granados y Wolf Ruvinski. Actuación destacada por la que obtuvo el codiciado Ariel.[31] En esta cinta Pedro interpreta a "un hombre que va en busca de algo o de alguien que quizá nunca encontrará. Existe en el personaje un trasfondo de cultura campesina rural que ha sido impactado por la cultura urbana; es un vago pero no por pereza, es un borracho no por decepción amorosa; es un solitario no por falta de compañía, sino porque todo ello no le sirve para liquidar su desesperanza radical: la soledad del nuevo hombre de la sociedad mexicana que no acaba de integrar sus patrones urbanos con los vestigios de su cultura rural".[32] En la cinta destacan su interpretación de "Fallaste corazón", canción de su amigo Cuco Sánchez y la épica pelea en la playa entre Wolf (el Caimán) y Pedro (Pablo Galván). Para muchos críticos fue su mejor actuación.

En agosto inicia *Canto, pueblo y esperanza*, cinta formada por tres episodios: uno cubano, uno colombiano y otro mexicano, en el que se refleja el valor de la palabra y compromiso cuando un valiente apuesta la vida, en donde tuvo como coprotagonista a Rita Macedo. En esta cinta canta "Marchita el alma", tema sumamente apreciado por los conocedores.

El maratón

Un patronato presidido por el señor Luis Legorreta, con la colaboración del publicista Guillermo Prieto, preparó un evento de 28 horas de transmisión ininterrumpida, por el canal 4 de televisión,[33] con el propósito de reunir fondos y terminar así con las obras de la Basílica de Guadalupe. Pedro aceptó ser el conductor principal de este programa por el que no cobró un solo centavo.

Este maratón televisivo fue, sin duda, el pionero de los esfuerzos, ahora comunes entre las televisoras del mundo, que se ocupan de diversas causas altruistas.

La colosal colecta inició a las 20 horas del día 23 de octubre de 1954, en el estudio número 1 de XHTV, que entonces transmitía desde el edificio de la Lotería Nacional. Pedro se retiró de las cámaras a las 0:30 horas del día 25, tiempo en el que se mantuvo sin dormir y apenas probó algún alimento. En este evento participaron

ARRIBA: CON BLANCA DE CASTEJÓN EN *ESCUELA DE VAGABUNDOS*, 1954.

ARRIBA: PERSONAL DE TELEVICENTRO, ENTRE LOS QUE DESTACA PEDRO FERRIZ, AL LADO DEL ACTOR, DESPUÉS DEL FAMOSO MARATÓN TELEVISIVO.

ABAJO: PEDRO CON ANA BERTA LEPE EN *LOS GAVILANES*.

gratuitamente muchos miembros del medio artístico: bailarines, orquestas, músicos e infinidad de empleados y técnicos de la incipiente industria televisiva.[34] Grandes figuras apoyaron, de manera entusiasta, la reconstrucción de la Basílica, como Tony Aguilar, Tin Tan y Marcelo, Viruta y Capulina, Eulalio González, Piporro, Marga López, Pedro Vargas, Agustín Lara, Sara García, Prudencia Griffel, Silvia Pinal, Lilia Prado, Magda Guzmán, sus propios hermanos Pepe y Ángel, Fernando y Andrés Soler, Roberto Cañedo, Rosita Quintana, Elsa Aguirre, Lilia Michel, Rafael Baledón, Arturo de Córdova, Pedro Armendáriz, Christian Martell, quien hacía poco había obtenido el título de Miss Universo. Y conductores como el Bachiller Álvaro Gálvez y Fuentes, Pedro Ferriz, Pedro de Lille, Jacobo Zabludovsky, Paco Malgesto, Gonzalo Castellot y muchos personajes más. Con esto, Pedro dejó constacia de su fervor guadalupano y también fue de los primeros actores que acostumbraron llevarle serenata a la Virgen los días 12 de diciembre.

Esta exitosa jornada guadalupana recaudó una cifra superior al millón de pesos, de aquellos pesos fuertes; auténtica hazaña que reflejó el poder de convocatoria de la incipiente TV mexicana. Como anécdota curiosa, ya avanzado el evento Pedro confesó a los televidentes: "Tengo hambre vieja", y empezaron a llegar cientos de canastos con alimentos, los cuales fueron repartidos por los organizadores entre la gente necesitada.

En noviembre inicia la filmación de *Los gavilanes*, primera cinta que produce su compañía (Matouk Films) y en la que comparte estelares con su hermano Ángel Infante y Ana Berta Lepe,

Puerta falsa
(Tomás Méndez Sosa)

Puerta falsa
vengo a decirte mi mal de
      amores,
que hay una estrella de
      blancas flores
allá en la puerta principal;
hay una estrella de blancas
      flores,
de blancas flores; mi amor se
      casa,
mi amor me deja, mi amor se
      va.

Puerta falsa,
yo soy muy pobre, tan poca
      cosa,
por eso vine aquí a escondidas
      a platicar;
ahora se casa, ahora me
      humilla,
ahora se va; la puerta falsa
tan sólo he sido,
de los caprichos de un loco
      amor.

Cómo fue que permitiste
santo Dios que esta mujer
de mi vida se burlara;
dónde estabas que no viste,
qué no viste cuando en besos
le entregaba el corazón.

Puerta falsa,
mini santuario de nuestro
      amor,
si a ti te consta que ya fue
      mía
por qué me humilla con su
      traición;
por qué me humillas,
por qué me humillas,
ay, ay corazón.

Puerta querida, si tú supieras
lo que me cuesta decirle
      adiós.

quien ese año había ganado el certamen de Miss México y fue cuarto lugar en el concurso Miss Universo.

En esta película aparece también una pequeña con grandes cualidades: Angélica María, quien ya se perfilaba como una estrella del espectáculo y que, a inicios de los sesenta, en plena época del rock, se convertiría en la Novia de México.

Al finalizar el año, Pedro se va a Cuba a cumplir con dos presentaciones que venía posponiendo, en el más importante teatro de La Habana, el Teatro Nacional, ubicado en la calle Prado, entre San Rafael y Neptuno, con capacidad para unas tres mil personas.

Sobre esto me comentó Rogelio Hernández Domínguez (Don Roger), destacado atleta cubano, campeón panamericano de levantamiento de pesas en los años cincuenta, y que actualmente trabaja en el gimnasio Oxígeno de la ciudad de México, que en esa ocasión las entusiastas cubanas casi lo desnudan. Los elementos de seguridad no podían contenerlas, pues querían, por lo menos, un botón de su traje de charro, y Roger, junto con otros atletas, intervino para rescatarlo. Aunque nadie sabe si Pedro quería realmente que lo salvaran del público femenino de La Habana.

En ese año se grabaron: "Flor sin retoño", "Muy despacito", "Yo te quise", "Tres consejos", "Luna de octubre", "La calandria", "Mundo raro", "Cuando sale la luna", entre otras, y empezó el dominio del bolero ranchero.

FALLECE DON DELFINO

En enero de 1955 filma *Escuela de música*, donde vuelve a alternar con la diva argentina Libertad Lamarque. Cinta en la que también participaron Georgina Barragán y el popular actor Eulalio González, el Piporro. Esta película se rodó en escenarios de Monterrey, ciudad por la que sentía una gran afinidad. Como dato curioso, en la escena donde se anuncia la boda de Laura Galván (Libertad) y Javier Prado (Pedro), aparece su amigo, gran caballero y líder sindical de los tra-

bajadores de la radio y televisión Gonzalo Castellot. Esta cinta muestra a Pedro en plenitud, interpretando varias canciones, entre ellas el "Corrido de Monterrey" y "Brasil", esta última en portugués, además de una buena cantidad de temas de Agustín Lara.

El 5 de enero de 1955, grandes desplegados en los medios anuncian el matrimonio de Lupita Torrentera con León Michel y este acontecimiento le afecta profundamente.

En febrero, en su sesión de grabación interpreta el tema "Puerta falsa", canción que, en alguna medida, Tomás Méndez le adjudica, al ver los descalabros amorosos de Pedro y ser testigo del dolor que le causó el enlace mencionado. Aunado a esto, su padre, don Delfino, fallece el día 17 de marzo de ese año, lo que le causó una enorme tristeza, pues con él compartió su inicios artísticos, y fue quien le inculcó la disciplina para dedicarse de lleno al arte. Para aumentar su pena, tres días después, se suicida su querida amiga Miros, como cariñosamente le decía a Miroslava Stern.[35]

No obstante, el destino le depara una alegría: el 25 de marzo nace su hija Irma, una preciosa niña, fruto de su relación con Irma Dorantes.

Con objeto de asimilar los hechos y templar sus emociones se va por algunos días a Mérida y regresa a principios de abril a filmar *La tercera palabra*, al lado de Marga López. En el elenco también participan Sara García y Prudencia Griffel, las inolvidables "Abuelitas" del cine mexicano. Esta cinta se rodó en los hermosos escenarios montañosos de las Lagunas de Zempoala, entre las ciudades de Toluca y Cuernavaca. La trama se centra en la vida de un joven salvaje, sin ninguna maldad, que vive con dos tías, en un casco de hacienda.

107

ARRIBA: DOÑA REFUGIO ACOMPAÑADA POR SUS HIJOS PEDRO Y PEPE, DURANTE EL SEPELIO DE DON DELFINO. *ABAJO:* IRMA DORANTES CON IRMA INFANTE. *IZQUIERDA:* CON MARGA LÓPEZ EN UNA ESCENA DE *LA TERCERA PALABRA*, 1955.

"Ellas deciden educarlo y contratan a una joven profesora (Marga López), quien finalmente se enamora del muchacho. Es un intento de combinar las situaciones del campo con las de la ciudad con cierta franqueza frente a las relaciones eróticas, ya que hay un desnudo de la pareja, que asombra por haber sido hecho en un momento en que la censura era muy rígida." La canción tema de la película, "Yo soy quien soy",[36] fue un éxito discográfico que aún se recuerda.

En el mes de junio del mismo año empieza la filmación de *El inocente*, producida por Matouk Films. Una cinta que aborda la originalidad de nuestras fiestas de fin de año y donde compartió estelares con Silvia Pinal. Según la trama, Pedro es un humilde mecánico, con un profundo deseo de prosperar, que se enamora de una muchacha rica formada dentro de los prejuicios de la alta sociedad. En esta película la interpretación de "Mi último fracaso" es de antología. Una comedia de equívocos y situaciones cómicas en la que el muchacho pobre y la muchacha de la alta sociedad finalmente se unen.

En el mes de octubre inicia una gira por diferentes ciudades de los Estados Unidos, la cual se prolongaría hasta fines de noviembre. Su éxito en el Million Dollars de Los Angeles llama mucho la atención de los grandes empresarios de espectáculos y directores de cine estadunidenses, por lo que empezó a manejarse la idea de reunirlo, en algunos proyectos fílmicos, con las estrellas más sobresalientes de la Unión Americana.

ARRIBA: EN *ESCUELA DE VAGABUNDOS* (1954) SU COESTELAR FUE MIROSLAVA STERN.
ABAJO: ESCENA DE *ESCUELA DE MÚSICA*, 1955.
DERECHA: *EL INOCENTE* FUE UNA PRODUCCIÓN DE 1955, EN LA QUE COMPARTIÓ ESTELARES CON SILVIA PINAL.

Regresa a México en diciembre e inicia la filmación de *Pablo y Carolina*, con la inolvidable Irasema Dillián, en escenarios de su querido Monterrey.

En esta cinta interpreta a un empresario norteño hijo y nieto de los propietarios de una importante empresa cervecera, que recibe una carta de amor por equivocación y esto hace que rompa con su novia con quien ya se iba a casar. "Viene a la ciudad de México a tratar de aclarar la situación y encuentra al supuesto hermano de la autora de dicha carta y comienza una serie de equívocos. Pablo, empieza a mostrar aprecio por Aníbal que es Carolina disfrazada de hombre. A estas alturas Pedro Infante se permitía todo tipo de alardes en su actuación".[37] Por cierto la residencia en donde se filmó esta divertida comedia está ubicada en la colonia Narvarte a dos cuadras de la famosa rotonda de Vertiz, muy cerca de la Secretaría de Comunicaciones y Transportes. Una casa que reflejaba el progreso y bienestar de las clases medias y altas de la capital. Esa casa era la residencia de Antonio Matouk, la cual, después de 50 años se mantiene intacta, atestiguando el relativo progreso y tranquilidad que había en la capital en aquellos años.

En diciembre de 1955, la disquera Peerles hace público que en ese año Pedro impone un nuevo récord en la historia discográfica de México. Durante ese año grabó: "Nochecitas mexicanas", "Rosa María", "La verdolaga", "Derecho a la vida", "La del rebozo blanco", "Que murmuren", "Nana Pancha", "Alejandra", "Dios nunca muere", "Alma de acero" y el tema que ya hemos comentado "Puerta falsa".

Por su parte, Irma Dorantes y María Luisa León proseguían con el litigio antes mencionado y, paradójicamente, Pedro financiaba a los abogados de ambas partes. Esto empezó a generarle una constante preocupación y cierta inestabilidad emocional. Ante lo cual trató de corregir el rumbo de su vida.

Un hecho hasta ahora desconocido es lo ocurrido en septiembre de 1955, a causa de la devastación ocasionada por el ciclón Janet, en el estado de Quintana Roo, sobre todo, en la ciudad de Chetumal. En esas fechas Pedro se encontraba en Mérida, y participó en forma anónima, en el rescate de mujeres y niños. Proporcionó un avión de TAMSA, y él como piloto realizó continuos viajes, como parte del puente de ayuda que se estableció entre Mérida y Chetumal. Él conocía toda la región, pues TAMSA tenía relaciones comerciales en Chetumal y muy cerca de ahí, en la frontera entre México y Belice, junto al poblado de Santa Elena, poseía una finca, lugar en el que hoy se encuentra la aduana y algunas otras oficinas gubernamentales.

PABLO Y CAROLINA, FILM DE 1955. EN ESTA ESCENA LO ACOMPAÑA IRASEMA DILLIÁN, ESTRENO EXITOSO EN MAYO DE 1957.

Un protagonista de lo anterior, Jorge Hadad, nos refirió que siendo él un jovencito que apenas habían salvado le decía a Pedro, ya rumbo a Mérida, que mejor no lo hubieran rescatado, pues sus padres aún estaban desaparecidos en Chetumal. Al llegar a Mérida, Pedro, al ver su desconsuelo, le dice a Jorgito que, de inmediato, va a regresar con él a Chetumal, para buscar a sus papás; éstos, después de muchos esfuerzos, son localizados y trasladan a toda la familia a los refugios dispuestos en Mérida. Esta historia tuvo un final feliz, pero por desgracia también hubo mucha gente que no corrió con la misma suerte.[38]

En relación con este hecho, Gualberto Trejo, exbeibolista yucateco, quien fue testigo de los sucesos, nos comentó: "Tres semanas después del desastre en Chetumal, se realizó un partido de beis en beneficio de los damnificados. Pedro trasladó al equipo en un avión de TAMSA, y la atracción fue que él mismo jugó como tercera base durante el partido".

Oso de Berlín por *Tizoc*

En la misma época en que Pedro se encontraba en el punto culminante de su carrera se anunció la posibilidad de realizar películas con grandes estrellas de Hollywood como John Derek, Marlon Brando, John Wayne, Kirk Douglas y Joan Crawford. Estas producciones empezarían su rodaje a fines de los cincuenta o inicios de los sesenta. Asimismo, entre los proyectos a futuro estaban el actuar

Equipo de beisbol de Yucatán, 1955. Pedro Infante al centro.

y filmar en Europa, sobre todo en España y Francia, e incluso ir también a Italia para filmar al lado de Rossana Podestá. Existían, además, importantes compromisos pendientes en Sudamérica y en Estados Unidos.[39]

Después de algunas presentaciones en el interior de la república, en mayo de 1956 comienza la filmación de *Tizoc*. Esta cinta fue producida por Matouk Films y el director fue Ismael Rodríguez.

La película se anunciaba como *Amor indio*, pero a su estreno, en octubre de 1957 (Pedro ya había fallecido), se le dejó el nombre que todos conocemos. Pedro, por su parte, siempre tuvo un gran deseo de hacer ese papel, sobre todo por la influencia literaria del poema "Manelic" de Antonio Mediz Bolio.

Pedro, en su interés por realizar una buena caracterización, no dudo en acudir a diversas zonas del Estado de México, Chiapas y Oaxaca para observar las costumbres y características generales de nuestros indígenas. Y era frecuente verlo por la carretera a Toluca, cerca de su casa, practicando diversas faenas con un burrito, como montarlo, caminarlo, etcétera. En este film compartió estelares con María Félix, la Doña, a quien siempre le profesó un admiración indiscutible y lo obligó a mostrar lo mejor de su arte. En esta cinta interpretó temas como "Pocito de Nacaquina", canción oaxaqueña, y las escritas para la película por Pedro de Urdimalas, "Te quiero más que a mis ojos" y "Ave María".

ANTONIO MATOUK, EVITA MUÑOZ CHACHITA, IRMA DORANTES, IRMITA (A LA EDAD DE UN AÑO) Y PEDRO INFANTE, MARZO DE 1956.

Tizoc ha sido una de las películas mexicanas con mayor prestigio internacional. En 1958, en el Festival Cinematográfico de Berlín, Pedro obtuvo el Oso de Plata por su intervención en esta cinta, como mejor actor. En la premiación estuvieron, como representantes del ídolo, Antonio Matouk e Ismael Rodríguez, quienes consternados recibieron el famoso trofeo —Pedro había fallecido en abril de 1957. Ese año (1958), entre los candidatos para obtener la presea, se encontraba Henry Fonda.[40]

Ese reconocimiento, hasta la fecha, no lo ha obtenido ningún otro actor mexicano. Como alguna vez lo expresó Ismael Rodríguez: "El actor más completo, el mejor del mundo en su tipo. Cantaba, tocaba violín, el piano, la guitarra y ya le estaba dando a la guitarra hawaiana muy bonito; se le facilitaba todo: hacía de militar, imitaba viejitas, en fin, no he conocido a nadie como Pedro Infante, y he trabajado con grandes actores e intérpretes".[41]

En nuestro país, en 1958, durante la premiación de los Arieles, *Tizoc* fue galardonada como la mejor película, y en esa ocasión se le hizo un emotivo homenaje post mortem al actor.

El Festival de Berlín, que en el 2005 cumplió su 55° aniversario, surgió cinco años después de terminada la segunda guerra mundial, con el propósito de devolverle a Alemania y a la propia ciudad de Berlín su espíritu como centro cultural. Con los años, en distintas categorías, otros destacados mexicanos también han sido premiados en Berlín:[42]

1975, Felipe Cazals, recibe premio por *Canoa*.
1977, Jorge Fons, reconocimiento por *Los albañiles*.
1986, Gabriel Beristáin, Oso de Plata por fotografía de *Caravaggio*, de Derek Jarman.
1995, Jorge Fons, mención por *El callejón de los milagros*.
1999, Carlos Salce, premio por corto *El espejo del cielo*.

En 1956 Pedro realiza la que fuera su última gira por la ciudad de Monterrey; aparece en el canal 3 de esta ciudad, en el programa de Jesús Hernández, Don Chucho,[43] acompañado de Verónica Loyo, donde conversó acerca de innumerables planes a futuro y, sobre todo, de sus proyectos internacionales. Confirmó, entonces, su colaboración incondicional para la construcción de la Ciudad de los Niños, un proyecto que causó un gran impacto en la sociedad mexicana, dirigido por el padre Álvarez. Cabe señalar que en esta altruista labor también participó muy activamente Mario Moreno, Cantinflas, quien sí tuvo la oportunidad de ver concluida la magna obra.

En agosto de ese año filmó su última película, *Escuela de rateros*, una comedia de equivocaciones donde interpreta a dos personajes, el primero tiene que encarnar al segundo, quien ha sido asesinado, para así descubrir a una banda de ladrones. En esta cinta compartió estelares con las guapas actrices Rosita Arenas, Yolanda Varela y el gran actor español Eduardo Fajardo.

Al terminar el rodaje se dirigió a la ciudad de Mérida, donde solía refugiarse para recuperar energías, alejarse un poco del trabajo y de los asuntos familiares. En esas ocasiones acostumbraba decir: "Voy a Mérida a comer", porque de verdad disfrutaba de la gastronomía yucateca.

Durante la última semana de diciembre regresa a la ciudad de México para preparar su gira por algunos países como Panamá, Perú, Colombia y Venezuela, donde sus presentaciones causaban los acostumbrados revuelos. En los últimos años se han rescatado algunas canciones que interpretó en vivo y diálogos muy emotivos con el público, que ahora podemos y disfrutar a través de la radio, en particular en la frecuencia 14.10 de A.M., en la capital.

Ese año graba "Mía", "El mundo", "Prohibido", "Flor de espino", "Tu enamorado", "Que seas feliz", "Doscientas horas de vuelo", entre otras. El primero de diciembre de ese año acude por última vez a los estudios de Peerles y graba cuatro canciones:

Con María Félix en *Tizoc*,
1956.

"La cama de piedra", "Pa' que sientas lo que siento", "Corazón apasionado" y "Ni el dinero ni nada". Según el orden de grabación "Pa' que sientas lo que siento" fue su último contacto con el micrófono de grabación.

De esta manera culminó una impresionante carrera de éxitos, durante la cual grabó 333 canciones en Peerles y dos en RCA Victor. Su producción discográfica completa abarca aproximadamente 430 temas, debido a que algunas canciones fueron pistas para películas, mismas que ahora se incluyen en sus discos.

En la actualidad sus grabaciones se agrupan según los distintos géneros: sólo boleros, únicamente rancheras, valses, mañanitas y serenatas, música de vacilón, música para niños, etcétera. Y la moderna tecnología produce el milagro de oír sus interpretaciones con un sonido de mayor calidad.

Hay que consignar que los arreglos y los músicos que acompañaron a Pedro en sus grabaciones eran los mejores de la época. El Mariachi Vargas, dirigido por don Silvestre Vargas, el Mariachi

Pa' que sientas lo que siento
(Marcelo Salazar)

Pa' que veas lo que se siente,
pa' que sientas lo que siento,
te lo juro por mi madre
que me las voy a cobrar.

Que Diosito me perdone
este negro pensamiento,
pero es que ya no aguanto
lo que tú me haces penar.

Le daremos tiempo al tiempo,
ya verás si no resientes,
el orgullo es siempre orgullo
y te voy a hacer llorar.

Yo creí volverme loco
cuando todos me decían
que el amor que tú me dabas
era sólo falsedad.

Todavía te preguntaba
que si ya no me querías,
al menos fueras sincera
y dijeras la verdad.

Me jurabas por tu madre,
ese es hoy mi sentimiento,
si a tu madre no respetas
qué me puedo yo esperar.

Guadalajara, los Mamertos, el Perla de Occidente de Marcelino Ortega y el de Manolo Huitrón, entre otros. Sin olvidar al ingeniero Heinz Klinckwort, director artístico de Pedro, quien coadyuvó a la excelencia de sus discos.[44]

En abril del 2003, se presentó en Monterrey *El cancionero de Pedro*, que incluye todos sus temas, un trabajo realizado por mi buen amigo Carlos González.[45]

Pedro realizó una carrera exitosa mediante una gran disciplina y deseos de aprender y desarrollar sus cualidades innatas. En este esfuerzo abordó múltiples actividades: carpintero, peluquero, actor, cantante, director de orquesta, crooner, pentatleta, piloto aviador, jinete, charro, motociclista, boxeador, oficial de tránsito, empresario, telegrafista. Esta última actividad le sería reconocida en pocas semanas por la Secretaría de Comunicaciones y Transportes con el diploma respectivo. De no haber muerto, la fantasía nos lleva a imaginar la enorme cantidad de perfiles que pudo haber dominado, pues era mucho su empeño por aprender.

Años después de su muerte, en 1963, se realizaron dos películas biográficas: *La vida de Pedro Infante* de Miguel Zacarías, con libreto basado en un ensayo de María Luisa León, en la que hizo su presentación como actor su hermano José Infante Cruz, en el papel de Pedro, con Maricruz Oliver como María Luisa, y Begoña Palacios como Lupita Torrentera. Con el mismo contenido se realizó el documental *Así era Pedro Infante*, de Ismael Rodríguez. Y en 1982, Claudio Isaac presentó su película *El día que murió Pedro Infante*, con Humberto Zurita como actor principal.

5. QUE ME TOQUEN "LAS GOLONDRINAS"

La exitosa gira por Centro y Sudamérica se prolongó hasta febrero de 1957; por esos días pospuso para fines de año algunas presentaciones que haría en Puerto Rico, a principios de marzo. Diversos asuntos personales lo hicieron trasladarse a Mérida, por unos días. Ese tiempo lo aprovecha para planear algunas grabaciones y otros compromisos. Empieza a estudiar los libretos de las cintas que rodaría a mediados de año, *El Tijeras de Oro*, *La perla de la Virgen* y *Las islas también son nuestras*[1] bajo la dirección de Benito Alazraki, director del galardonado drama indigenista *Raíces*, e inicia la lectura de un interesante proyecto, el *Museo de cera*, de Ismael Rodríguez. También entre sus planes estaba filmar la vida del compositor yucateco Guty Cárdenas, proyecto que lo había entusiasmado mucho. Ya poseía entonces un amplio conocimiento sobre la música yucateca, en particular la de sus clásicos, como es el caso de ese famoso compositor.

En *Museo de cera* habría interpretado a Juan Diego.

A fines de marzo de 1957 regresa a la ciudad de México para saludar a doña Cuca, su madre, y estar al pendiente de su estado de salud. El 27 de ese mes participa en el convivio infantil con motivo del segundo aniversario de su hija Irma. Atiende compromisos, presentaciones y considera la posibilidad de una reunión con algunos productores de Hollywood para rodar una cinta con Joan Crawford, a fines de ese año o principios de 1958; revisa la forma en que podría llevarse a cabo el proyecto[2] y avanza en sus planes para filmar en Europa durante 1959 o 1960.

Por otro lado, su casa de Cuajimalpa, aunque terminada, se encontraba sin muebles. Los procesos legales en que se encontraba implicado, le había impedido poner atención a estos detalles, pero finalmente recurre a sus amistades de confianza, sobre todo a Silvia Pinal, para que le ayude a decorar y remodelar la mansión con el fin de convertirla en un lugar más moderno y confortable.

RIA

todas medidas,
ubo conduit,
en general.
OREO.
NORTE
onterrey, N. L.
30 y 3-49-53

EL NO

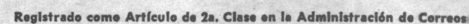

Registrado como Artículo de 2a. Clase en la Administración de Correos

Hilo Directo de la UNITED PRESS   Monterrey, N. L., Miércoles

ultuosa Recepción a

oscú la tensión
nal se suaviza

ES AL IMPERIALISMO

ones declara que los EU
el poderío de la URSS

—El
Ni-
no-
e la
ría,
l de
ter-

nión
o-al-
em-
sión
Co-
'se
ue
o es
st e
tad
fo-

los
a ue-
ren
a to-
mer
rio.
n.

anin
nte
que
tua-

ción, los 'colonialistas' están
agravándola otra vez mediante el ejercicio de presión económica, política y militar.

VOCIFERA EL KREMLIN
MOSCU, abril 16.—(UP).—
El ministro de Defensa Sovié-
tico, Georgi Zhukov, advirtió
hoy al Occidente en general y
a Estados Unidos en particular que estaban sobre-esti-
mando ciegamente" su propio
poderío y, al mismo tiempo,
"subestimado" el poderío po-
tencial de Rusia y a sus alia-
dos.

—Manifestó que la superio-
ridad atómica y aérea de Occidente era solamente imagi-
naria".

—"Manifestó que la superio-
en un comunicado dado a la
publicidad a su regreso de
Rumanía, donde firmó un pac-
to para la permanencia 'tem-
poral" de tropas rusas en territorio rumano, amenazó a
cualquier agresor con un con-
traataque atómico de inmen-
sas proporciones.

Denuncian estallido
de atómica soviética

MEXICO, D. F., abril 16.—La cámara de "EL NORTE", capt
fante (de anteojos oscuros), esposa del desaparecido actor y cantant

fucsas

APARATOS DE
Refrigeración Comercial, S.

• HELADORES D
BOTELLAS
• PALETERAS, E

MADERO OTE. 712 -TEL 2-75-5

los Restos de Infant

Dolorosas escenas en Aeropuerto de la capit

ESTA MAÑANA ES EL SEPELIO

**Radio y televisión en el país guardarán ur
minuto de silencio por el astro desaparecid**

a la señora María Luisa de León Vda. de In-
ine, radio, teatro y televisión Pedro Infante,
lada en el foro "Jorge Negrete", en el edifi

MEXICO, D. F., 16 de abril.-
México entero elevó hoy una
oración unánime al Todopode-
roso por el alma del que fuera
uno de sus más queridos amigos y preclaros artistas: Pedro
Infante, cuyos despojos mortales fueron recibidos aquí hoy
por una multitud conmociona-
da., y serán sepultados mañana a las once horas.

Desde temprara hora la he-
terogénea multitud represen-
tativa de todas las clases sociales se congregó en el Aeropuerto Central en espera del
arribo del avión de la Compañía Mexicana de Aviación a
bordo del cual los restos del
ídolo de México fuer n condu-
cidos a esta Capital.

Las fuerzas policíacas fueron impotentes para contener
el torrente inmenso de gente
ansiosa de rendir el póstumo
homenaje al cantante desaparecido trágicamente ayer.

CONMOCION POPULAR

El personal de l a s Cruces
Roja y Verde no se dio punto
de reposo para atender a mujeres conmocionadas por la pena.- Damas de todos los sectores sociales lloraban acongoja-
das, algunas eran presas de

medio artístico mexicano"

A Monseñor Orozco y Le
lí le fue pedida su opinió
bre la forma trágica en
murió Pedro Infante, a la
de su vida en general, y r
so categóricamente que él
rió fuera de la Iglesia Ca
ca".

Expresó que Pedro fue
pecador público, aun cua
dijo esperar que Dios se a
dara de su alma en virtu
sus grandes cualidades
cuales reconoció.

**PREVEN LIO EN
EL JUICIO SUCESORIO**

MEXICO, D. F., abril
Las dos esposas de Pedr
fante manifestaron hoy
no tienen interés en la f
na que dejó el mimado a
ta, la cual se calcula con
vadoramente en quince m
nes de pesos.

Sin embargo, al saber
deceso, la cantante Dol
Casanova, afirmó tener
hija con el actor, la cual
ta tres años de edad.

Esto fue considerado
como un indicio de que h
dificultades en la tramita
del juicio sucesorio de P
Infante, por las complic
nes que pueden presentar
matrimonios ante la Ley

FOTO TOMADA A FINES DE
FEBRERO DE 1957, A POCAS
SEMANAS DE LA TRAGEDIA.

El 28 de marzo vuelve a Mérida, ahora acompañado por sus hijos Pedro y Lupita Infante Torrentera, y por su hermano José, quien era el que lo apoyaba en todos los asuntos personales y familiares. Fue toda una semana de vacaciones con sus niños, en la cual se dedicó, entre otras cosas, a pasearlos en su precioso Mercedes deportivo, que el año anterior, en julio de 1956, había adquirido en Autos Tame; joya de la ingeniería alemana por la que pagó la cantidad de 85,000 pesos —de aquellos legendarios pesos duros. En la actualidad este auto aún anda por ahí, en Mérida. El propietario es don Juan Campos, residente de dicha ciudad.

Esos paseos con sus hijos incluyeron Progreso, Puerto Juárez (Cancún) y en general toda la península, que en aquellos tiempos tenía muchos sitios aún vírgenes, habitados sólo por gente del lugar. Lugares increíblemente hermosos, conocidos ahora como la Riviera Maya.

El 5 de abril, sus hijos regresaron a la ciudad de México, acompañados por una asistente. Por su parte, Pedro y Pepe lo hicieron al día siguiente, en un vuelo comercial. El lunes 8 de abril, exactamente una semana antes de la tragedia, Pedro regresa a Mérida, en un vuelo de TAMSA, para ultimar detalles sobre la posible compra de unos terrenos en Tulum. En realidad fue muy poco el tiempo que pasó en la capital; pero logró ver a su madre y a Irma.

ESCENA DE *ESCUELA
DE RATEROS*, 1956, SU
ÚLTIMA PELÍCULA.

Habló con Lupita Torrentera para agradecerle que le hubiera permitido vacacionar con sus hijos; le mostró fotos del viaje y le contó lo bien que la pasaron.

El conflicto legal con María Luisa llegaba a su fin. En esos momentos necesitaba equilibrar su estado de ánimo para enfrentar el escenario legal que estaba por definirse. Y Mérida representaba el mejor lugar para ver las cosas con perspectiva.

El 9 de abril los periódicos capitalinos publicaron que la Suprema Corte de Justicia de la Nación había negado el amparo de la justicia federal a Irma Dorantes (Irma Aguirre Martínez), en lo relativo a su matrimonio con Pedro. Al día siguiente, aparecieron nuevas notas que exponían la nulidad de tal matrimonio y las consecuencias legales para los demandados.

Ante esta resolución y las constantes llamadas, tanto de sus abogados como de las protagonistas, Pedro decide regresar a la ciudad de México, a tratar de poner fin a los conflictos, e intentar aclarar los continuos comentarios de la prensa, algunos atinados, otros quizá amarillistas y hechos con dolo. La situación era incómoda para todos los involucrados, pues los medios insistían en mantener vivo el tema y estaban ansiosos por entrevistar a Pedro.

La última vez

Wilo Rosel nos ha comentado que el sábado 13 de abril entrenaron fuerte en el gimnasio y notó a Pedro preocupado y muy tenso. No obstante, esto no impidió que al día siguiente saliera en avioneta junto con el mecánico Marciano Bautista Escárraga hacia Isla Mujeres y Tulum. Viaje del que regresaron por la noche y momento en el que fue instruido por Pedro para presentarse a las 7:00 a.m. del día siguiente porque viajarían hacia el D.F. También le recomendó que llevara consigo cierta herramienta específica para quizá realizar algunos ajustes antes del viaje.

El 15 de abril, Pedro se levantó muy temprano, desayunó lo que le había preparado su doméstica, la señora Trinidad Romero; ultimó detalles para trasladarse al aeropuerto de la ciudad de Mérida y realizó el que fue su último viaje en motocicleta, al dirigirse hacia el aeropuerto en su famosa Harley-Davidson.

Eran aproximadamente las 7:30 de la mañana, cuando abordó el tetramotor XA-KUN, modelo Liberator, marca Consolidated, el cual había sido utilizado en la segunda guerra mundial para transportar tropas, y después fue adaptado para servir como aeronave de carga (un pequeño Hércules), propiedad de TAMSA. Según versión de su hermano Pepe, frecuentemente oía a Pedro comentar que ese aparato les estaba dando serios problemas mecánicos.

El día del vuelo, estando ya en el aeropuerto, instruye al piloto Edgardo Alatorre, quien había sido convocado para ese viaje, para que no se incorpore a la tripulación y salga hasta el día siguiente con el mismo itinerario, pues Pedro había decidido ser el copiloto y conducir la nave, junto con el capitán Víctor Manuel Vidal. Los acompañaba el mecánico Marciano Bautista. Este cambio de planes, providencial para Edgardo, le salvó la vida.

Ese mismo día, Pedro se había comprometido a estar en la ciudad de México; incluso la noche anterior había hablado con su hermano Pepe, para que lo esperara en el hangar de TAMSA, a eso

"MI DIARIO" POR A.Q.

AL RECORDAR EL FATAL MOMENTO AQUEL – TOMÉ EL PUÑAL Y ADIOS MUNDO CRUEL...

PERO EN EL INSTANTE DE MI DESVARIO, LLEGÓ MI TÍO...

ME QUITÓ EL PUÑAL Y PUSO DE SU MANO, RICO JAIBOL DE LICOR FRESCO Y SANO.

Y AQUÍ ME TIENEN: CINZANIMANDOME CON CINZANO!

En un vaso jaibolero: mitad CINZANO rojo, dos cubitos de hielo, completar con agua gaseosa, una cascarita de limón... Y a Cinzanimarse!

1757-1957 Dos siglos que el mundo se Cinzanima

REG NO S S A. 3845 "A" PROP. NO. P-116, 51

CINZANO

de las 10:00 a.m., junto con su escolta, el Indio Sandoval y López Zuazua.

Una vez verificados los instrumentos, se escucharon por radio las instrucciones de rutina para iniciar el despegue, siendo la señorita Carmen León, operadora de TAMSA, la última persona que escuchó la voz de Pedro Infante. Así, aparentemente sin ningún problema, el tetramotor tomó pista y despegó a las 7:40 a.m.

De acuerdo con los testigos del accidente, quizá dos minutos después, se notó que la aeronave no alcanzaba ni la altura ni la velocidad óptimas. Se sabe que en el interior de la cabina de mando, tanto Pedro como el capitán Víctor Manuel Vidal y el mecánico Marciano Bautista Escárraga, hicieron todos los intentos posibles para corregir la falla, inclusive, durante ese pequeño trayecto, tiraron algo de la carga. Cajas de pescado y rollos de telas fueron lanzados al vacío con la finalidad de aligerar el peso al avión, asumiendo el riesgo de lastimar a alguien, pues esta maniobra se realizó sobre pleno centro de Mérida. Momentos después, el aparato se desplomó cayendo en la esquina que forman las calles 54 y 87, al sur de la ciudad. Los depósitos de combustible del avión estaban llenos, por lo que al impactarse en tierra estallaron, creando un incendio impresionante. El fuego abarcó varias casas y resultaron lesionadas decenas de personas.

Según nos ha comentado don Rubén Canto Sosa, propietario de la casa donde cayó el avión y testigo del accidente, en el lugar perecieron, además de la tripulación, la señorita Ruth Rosell Chan, de 19 años, y el niño Baltasar Martín Cruz, ayudante de una carpintería que se encontraba a unos metros del accidente. Entre los cuerpos también se encontraron los restos de tres mascotas que Pedro llevaba a la ciudad de México.[3] Las toneladas de pescado, combustible y los restos humanos calcinados provocaron un olor insoportable.

Al día siguiente, todos los periódicos del país y muchos del extranjero publicaban en primera plana la fatal noticia. El periódico

Fotografía anterior: 15 de abril de 1957, 7:30 am. Pedro Infante y don Ruperto Prado rumbo al avión.

Restos del avión después del accidente.

El Norte, de Monterrey, dio una enorme cobertura a los hechos. Las notas señalaban:

"Trasladan a México el cadáver de Infante, consternación por su muerte... El famoso actor y cantante falleció esta mañana, a las 8 horas, en un accidente de aviación ocurrido en la ciudad de Mérida.

"La Dirección de Aeronáutica Civil dependiente de la SCOP informaba oficialmente, hoy a las 7:45 horas, que el avión Consolidated Vultec B-4-J, matrícula XA-KUN, despegó de la pista número 10 que tiene dirección poniente-oriente en el Aeropuerto Internacional de Mérida, Yucatán, propiedad de Transportes Aéreos Mexicanos (TAMSA). Efectuaba el vuelo 904 con carácter de extraordinario, directo desde Mérida, Yucatán, a la ciudad de México. Tripulaban el aparato el capitán piloto aviador Víctor Manuel Vidal Lorca y como primer oficial y copiloto el piloto aviador Pedro Infante Cruz, y como mecánico Marciano Bautista Escárraga...

"El avión sufrió el accidente poco después de haber despegado, cayendo a tierra a una distancia relativamente corta de la cabecera de la pista, en un lugar que está situado en el cruzamiento de las calles 54 y 87 de la ciudad de Mérida, Yucatán. Al caer el avión quedó totalmente destruido, los tanques de combustible explotaron, el fuego se extendió rápidamente, todos los tripulantes perecieron... El inspector de la Dirección de Aeronáutica Civil, Luis Soto Ruiz, inició las investigaciones para determinar las causas del accidente...

"El piloto aviador Pedro Infante, conocido por sus actividades como actor cinematográfico y cantante, trabajaba como socio en aviones de esa compañía desde hace más de tres años; cuando sus actividades artísticas se lo exigían solicitaba licencia a la empresa TAMSA y le era concedido por el tiempo necesario...

"Al terminar cada una de estas licencias, Infante reanudaba sus actividades de piloto. Era titular de la licencia de transportes públicos número CCP-447P-P. La había renovado el 2 de abril y en esa fecha se le computaban 2 900 horas de vuelo..."[4]

GUITARRAS LLOREN GUITARRAS

La identificación de los cadáveres fue muy complicada y extre-

PÁGINAS SIGUIENTES:
LLEGANDO A MÉRIDA CON RUPERTO PRADO, 1956.

PEDRO CON JOAQUÍN ESPINOZA LORET DE MOLA (*AL CENTRO*) Y EL COMANDANTE PASTOR COELLO.

CAPITÁN VÍCTOR MANUEL VIDAL, ÍNTIMO AMIGO DE PEDRO, QUIEN PILOTEABA EL AVIÓN EL DÍA DE LA TRAGEDIA.

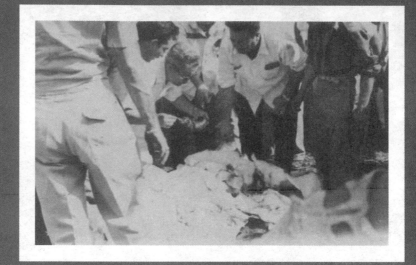

Juntando los restos.

Difícil identificación.

Lo que quedó de las
prendas de vestir.

SOLO FIERROS RETORCIDOS.

PEDRO RUMBO A LA
FUNERARIA DE MÉRIDA.

madamente dolorosa para los deudos. En el caso de Pedro y de acuerdo al parte médico del doctor Benjamín Góngora, quien en esa época era, además, presidente municipal de Mérida y amigo personal del ídolo, el cuerpo presentaba el cráneo totalmente destruido; tres fracturas en la columna vertebral, así como en el hueso iliaco y pelvis, varias fracturas más en ambos fémures y peronés.

El parte médico refería que la causa de la muerte de Pedro, había sido la "atricción total", debido a esto el cuerpo perdió sus dimensiones reales.[5] En efecto, como consecuencia de las graves quemaduras, tanto su peso como su estatura se redujeron en forma impresionante, esta última que era de 1.73 m, se redujo a 80 cm, y su peso que era de 77 kg, terminó siendo de 35 kg.

Era un verdadero cuadro dantesco, sin embargo, la identificación se logró a partir de una reconstrucción parcial del cadáver, y por haberse encontrado una esclava con su nombre grabado, así como su famosa placa de platino (Vittalium), elementos que corroboraron, de modo inobjetable, su identidad.

Cabe mencionar que aparte de la identificación de los cadáveres, su hermano Ángel fue quien tuvo la triste encomienda, por parte de la familia, de constatar personalmente la tragedia.[6] Al respecto, en 1986, en una de las agradables comidas con mi tío Ángel y mi padre, don Pepe, platicamos sobre los detalles de estos penosos recuerdos, y me comentaba mi tío:

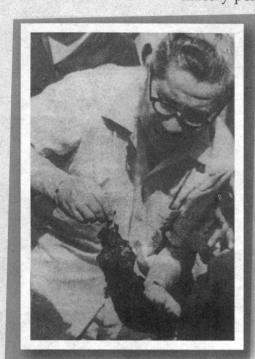

EL DOCTOR BENJAMÍN GÓNGORA REUNIENDO LOS RESTOS DEL ÍDOLO.

"Quienes llegaron hasta el preciso lugar del accidente donde se encontraban los restos, antes que el ejército acordonara la zona restringiendo el acceso, vieron cómo mi hermano no se separó del asiento de la cabina. El cinturón de seguridad resistió los jalones y golpes del impacto y del fuego. Cuando llegaron los oficiales e hicieron un reconocimiento del siniestro observaron que se le había desprendido un brazo y estaba a punto de desprendérsele una pierna. Aún se alcanzaba a distinguir una pequeña parte de su rostro. En su caja torácica se apreciaban algunos órganos calcinados y otros ensangrentados. Es el dolor más grande que he sentido en mi vida. Pero el trabajo del doctor Góngora, así como de la funeraria para reconstruir y preparar su cuerpo fue magnífico, a las 18:00 horas ya lo estábamos velando en su casa de la calle Itzaes, con el ataúd abierto, para que el pueblo de Mérida despidiera a mi hermano."

RÉPLICA DE SU FAMOSA ESCLAVA.

En la ciudad de México, a las 11:15 de la mañana, el locutor Manuel Bernal, uno de los pilares de la XEW, dio la trágica noticia

EXTRA

Diario de Yucatán
EL PERIODICO DE LA VIDA PENINSULAR

Director y Gerente General: Carlos R. Menéndez

EXTRA

AÑO XXXII – TOMO CXXIV | Subgerente: RUBEN MENENDEZ ROMERO | MERIDA, YUCATAN, MEXICO, LUNES 15 DE ABRIL DE 1957 | Subdirector: ABEL MENENDEZ ROMERO | NUMERO 11,033

Un Avión Carguero de la TAMSA se Estrelló hoy en Mérida: Perecieron Pedro Infante, el Capitán Vidal y el Mecánico

a través de los micrófonos: "Ha muerto Pedro Infante", y de inmediato el luto se esparció por toda la república y el extranjero en ese lunes santo. Una noticia que, para muchos, acentuó más aún el misticismo de esos días.

Una vez confirmado el suceso, directivos de la ANDA y otros compañeros, entre los que se encontraban Rodolfo Landa (Rodolfo Echeverría Álvarez), Jaime Fernández, Ángel Infante, Irma

129

EL AVIÓN QUEDÓ DESTRUIDO POR COMPLETO.

Se Paró un Motor y el Avión,

México Duerme
en Colchones
AMERICA
SUAREZ OROZCO Y CIA. SUCS., S.A.

Ultimas
SEGUNDA EDICION
EXCE

| ﾍO XXII — TOMO II | DIRECTOR GENERAL:
RODRIGO DE LLANO | MEXICO, D. F.—LUNES 15 |

LAS DOS ESPOSAS D
DISPUTAN EL DERE

Noticias
SEGUNDA EDICION

REPARACION RAPIDA
con
REFACCIONES LEGITIMAS
VENTA DE TODA CLASE DE
ARTICULOS PARA EL HOGAR.
Eléctrica Medellin
ESQ. ALVARO OBREGON Y MEDELLIN. TEL. 35 23 53 MEXICO. D.F.

SIOR

DE 1957   GERENTE GENERAL: GILBERTO FIGUEROA   Registrado como artículo de Segunda Clase en la Administración de Correos de México (1). D. F., con fecha 27 ado enero de 1938.   NUMERO 7,358

PEDRO INFANTE SE
HO DE SUS RESTOS

ería Morir
no Pájaro,
e M. Luisa

esea Velar
n su Casa
su Esposo

UIS DE CERVANTES, rtero de la EXTRA.

bello ería morir como era el pensamiento de Infante, expresado mu ces en sus pláticas, se eló María Luisa León, da de Infante.

ue menos deseaba Pe expirar tranquilamen lecho y su pasión por n inducía a buscar el pues el de hoy, era el accidente que sufría. dijo María Luisa, no ue el que "está cerca de la igro", está cerca de la lidad", como reza la

Angel fue
a Recoger
el Cadáver

En junta de familia se decidió que Angel Infante saliera a la una de la tarde en un avión especial de la compañía TAMSA, rumbo a Mérida, a recoger el cadáver de su hermano Pedro.

Hoy a la una de la tarde en el avión de TAMSA, modelo C-82, matrícula X A K L Y Z, salieron Angel Infante y la señora Laura Vidal de Gómez, hermana del capitán Vidal que piloteaba la nave de Infante, a recoger los cuerpos de los infortunados aviadores.

Sigue en la página cuatro.

Y Mientras Tanto,
Irma Infante D.
Jugaba en la Sala

Informe Oficial de
la Tragedia de hoy

La Excesiva Carga Hizo Imposible
Cualquier Maniobra de Salvamento

Falló uno de los motores y la excesiva carga que traía el avión hizo lo demás.

Exactamente a las 7 horas con cincuenta y cuatro minutos, el avión XA-KUN, piloteado por Pedro Infante, estalló después de chocar contra una casa habitación en los aledaños de Mérida, Yucatán.

Esto es el parte oficial rendido a la Dirección de Aeronáutica Civil:

"Hoy, 7.54, el avión XA-KUN de Tamsa —Transportes Aéreos Mexicanos, S. A.—, desplomóse después despegue normal, aproximadamente seis millas noroeste oeropuerto Mérida.

Tripulación Víctor M. Vidal, 102 PP —licencia como piloto—; Pedro Infante Cruz, 447-PP —licencia como piloto—; y mecánico vuelo Marciano Bautista, licencia A.

Sigue en la página cuatro.

La Madre de Infante y María Luisa

Nuestro Cinema en la Pantalla

Estrellas, Estrellitas y... Estrellados

···

en la página de CINE
de **EL UNIVERSAL**

EL UNIV

EL GRAN DIAR

SEGUNDA PARTE D

PRESIDENTE Y GERENTE:
LIC. MIGUEL LANZ DURET

MEXICO, D. F., M

Muy Alto Llevó Pedro Infante

El Singular Artista Desaparecido era un Símbolo de Mexicanidad

Por todo el mundo vibrarán las notas de sus canciones y, en el corazón de las multitudes, habrá siempre un recuerdo para su ejemplar simpatía, su lealtad y su compañerismo. Una anécdota

Nota de JOSE LUIS PARRA

Pedro Infante ha muerto. Pedro se truncó, capitalmente y científicamente, habrá flores bañadas con lágrimas. Ellas serán vertidas por la corta familia que forman los actores de México, por el pueblo que elevó a la categoría de ídolo al popular

A este hombre, que bueno porque por excelencia, que rindió culto único culto a la amistad, la concordaron con una característica muy particular que siempre tuvo, la de ser para sus amigos y compañeros estupenda persona. Al igual que el inolvidable Jorge Negrete, Pedro Infante es la adecuada personificación del

...RSAL

MEXICO

...IMERA SECCION

La página de CINE

INTERESANTE
AMENA
INFORMATIVA

de EL UNIVERSAL

| ...DE ABRIL DE 1957 | AÑO XLI · TOMO CLXVII | NUMERO 14,645 |

Prestigio Artístico de México

Desgarradora Pena de los Parientes

Miles de Personas Llegan Para Acompañarlos en su Dolor

La señora madre del mimado artista cayó gravemente enferma al saber la noticia del trágico accidente. No han cesado de recibir condolencias de artistas y público

"¡Dios mío! ¡Por qué, Dios mío!" —exclamó, en el paroxismo del dolor, con el alma desgarrada y el rostro blanco como un lienzo, la señora doña Refugio Cruz viuda de Infante, madre del actor-cantante fallecido en trágicas circunstancias, Pedro Infante, cuando recibió, como el más rudo de los impactos, la noticia de la muerte del hijo de sus entrañas. Después cayó en

espera de que el marido ausente volviera al hogar, dijo la hoy viuda de Infante que ella hacía lo que Pedro ordenaba y que, aun cuando esperaba el retorno de su marido al hogar, como él no había dado con ella durante la breve entrevista telefónica, ella no tenía providencia alguna hasta ayer, en cuanto a la recepción que habría de ofrecer al actor. Estuvo presente, al lado

PINCELADAS
Por ATLES

SESENTA
CENTAVOS

Manuel ...
Esto ocurrió ...
el tiempo ...
tatos de ...
algún tiempo cívico, ...
bolo de la injusticia celebrada en
México se trata a los ...
Manuel Herrera, Lea es un
obscuro cartero del tranvía, ciudad guanajuatense, y Herrera
encargó que pusiera 50 cartas. Para el efecto, le dió
sesenta centavos; pero a Herrera Leza le pareció más fácil
quedarse con la sesenta centa-

SIGUE EN LA PAGINA CINCUENTA

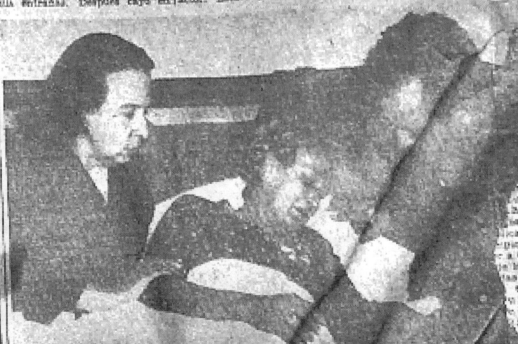

Dorantes, José Ángel Espinosa, Ferrusquilla, hicieron el penoso viaje a Yucatán. Los medios de información, así como el gobierno de la república, conjugaron esfuerzos para trasladarse a la ciudad de Mérida, con el fin de agilizar el traslado de los restos del ídolo a la ciudad de México. La noche del 15 de abril, Pedro Infante era velado en su domicilio de Itzaes por el público yucateco. Uno de los días más tristes y penosos en la historia reciente de la región. Esa tarde, la prensa nacional, haciendo tirajes extra, difundía ampliamente los pormenores del accidente.

Las causas del siniestro todavía se desconocen. Se ha sostenido que volaba con exceso de carga; sin embargo, el peritaje concluyó que traía 6.5 toneladas de peso y el avión tenía capacidad para 12. Lo más apegado a la realidad indica que la causa del accidente fue una falla mecánica en uno de sus motores.

El mismo 15 de abril, el periódico *Últimas Noticias* de *Excélsior*, destacaba:

"Se paró el motor y el avión se vino abajo."

"Las dos esposas de Pedro Infante se disputan el derecho de sus restos."

"¡Yo soy la culpable!, gime Irma Dorantes..."

"La anulada esposa de Pedro voló, angustiada, a Yucatán. 'Vivo me lo quería quitar, pero muerto ya nadie se atreverá', dijo al partir a Mérida..."

"¡Yo soy la culpable...! Frenética fuera de sí, rayando en el histerismo, Irma lo gritó así en el aeropuerto, una y otra vez, como para que todo el mundo lo supiera..."[7]

ARRIBO A LA CIUDAD DE MÉXICO DE LOS RESTOS DE PEDRO INFANTE, PROCEDENTES DE MÉRIDA.

Un día después, el 16 de abril a las 6:30 a.m., despegaba un DC-3, matrícula XA-HEY de TAMSA, con los restos de Pedro Infante, acompañado por su hermano Ángel y varios periodistas.

Todos los periódicos del país reproducían la noticia:

"Pedro Infante pereció ayer al caer el avión que copiloteaba."

"Estupor, luto y pena por el fin del actor."

"El trágico suceso, un impacto que conmocionó al país entero."

"Mudo desfile ante el ídolo."

"Desfiló el pueblo día y noche ante este ídolo caído."

"Consterna a México la muerte de Pedro Infante."

HACIENDO GUARDIA, JUNTO AL FÉRETRO, MARIO MORENO, ÁNGEL Y PEPE INFANTE Y JORGE MARTÍNEZ DE HOYOS.

Fue tan impactante la noticia que tanto en México como en otros países, hubo suicidios por su fallecimiento, particularmente en Venezuela y Colombia.[8] Estos trágicos hechos adicionales muestran la relevancia de Infante como fenómeno social y el grado de identificación del público con su ídolo.

Al llegar sus restos al aeropuerto, ya lo esperaban los oficiales de policía y tránsito portando un listón negro en la solapa de sus uniformes. El desempeño de esta agrupación fue fundamental en el traslado de los restos de su comandante y amigo, y en el control de las multitudes que también esperaban su arribo.

Al salir del aeropuerto, los restos de Pedro fueron trasladados a la funeraria, donde se hizo un cambio de ataúd, en este caso metálico, mismo que fue sellado. Más tarde lo trasladaron al teatro Jorge Negrete, para ser velado.

Ayuda a recuperar el vigor y el peso

CEREGEN, aperitivo fosforado, rico en calcio. Ayuda a recuperar el vigor y el peso, por estimular el apetito. CEREGEN para niños, adultos y ancianos. Consulte a su médico.

CEREGEN

REG. No. 78781 S.S.A.   PROP. No. B-4495/58

A partir de las 13:00 hrs., ese recinto se convirtió en un centro donde cobró forma el dolor generalizado, en el que sobresalían los sollozos y accesos de histeria de muchas mujeres. Era impresionante el número de gente de todas las edades y de todos los estratos sociales, que acudió con el firme propósito de dar el último adiós a su ídolo.

Lea ...
Nuestro Cinema ...
Estrellas, Estrellitas y ... Estrellados
...
en la página de CINE
de EL UNIVERSAL

EL UN...
EL GRAN D...
SEGUNDA PARTE

| PRESIDENTE Y GERENTE: LIC. MIGUEL LANZ DURET | MEXICO, D. F., M... |

Duelo y Simpatía en Torno al

El Señor Presidente y su Digna Esposa Enviaron su Condolencia

Llorosa y Compacta

En la ANDA no ha cesado de recibirse telegramas y ofrendas florales; modestos voceadores, policías, motociclistas, artistas y personas de todos los medios han desfilado ante los restos del actor fallecido. Será sepultado hoy en el Panteón Jardín

Por JOSE LUIS PARRA.

La colectividad mexicana ayer tuvo un secreto tema de conversación, pues en la inmensa mayoría de los hogares se habló sobre la trágica muerte del popular galán de la pantalla Pedro Infante.

Lo mismo ofreció sus condolencias y brindó su generosa ayuda el Primer Mandatario de la Nación, don Adolfo Ruiz Cortines, que el más humilde de los ciudadanos patentizó su hondo sentimiento por el drama del hielo.

En efecto, se informó a EL UNIVERSAL en la Asociación Nacional de Actores, que el Presidente Ruiz Cortines, en cuanto se enteró de la fatal tragedia, dió instrucciones al subsecretario de la Presidencia de la República, licenciado Benito Coquet, para que además de que a su nombre presentara sus condolencias a la familia de los artistas mexicanos ofreció su ayuda. Es más, según nos refirió el tesorero de la A.N.D.A., José Angel Espinosa, don Adolfo les sugirió que utilizaran un avión del Gobierno para trasladar los restos del desaparecido actor, diciéndoles asimismo que podrían contar con el auxilio del experimentado piloto aviador Radamés Gaxiola.

Los directivos de la A.N.D.A. le hicieron saber al Primer Magistrado de la Nación que venían teniendo serias dificultades para lograr comunicación telefónica con Mérida y, de inmediato, habló don Adolfo con el Secretario de Comunicaciones y Obras Públicas para indicarle que buscara la manera de que se vencieran todos los escollos. A poco, los dirigentes de Actores tuvieron las máximas facilidades para estar en contacto con la Ciudad Blanca.

También ofreció su sentido pésame a la familia de los actores la Primera Dama de la República, doña María Izaguirre de Ruiz Cortines.

SENTIMIENTO COLECTIVO

Si inusitamos precisar cuál fue la reacción de la colectivi...

PINCELADAS
Por APELES

Aplastada por la de **EL HEROE** Pedro Infante, la **OLVIDADO** muerte del general Héctor F. López pasó inadvertida o casi inadvertida, ya que un grupo de antiguos fieles asistió al sepelio del divisionario guerrerense.

El general Héctor F. López, como se dijo con toda justicia en su entierro, fué un revolucionario de lo más raro, casi increíble a fuerza de ser raro, participó en la Revolución desde que fué a inició, fué gobernador de su estado natal y, sin embargo, murió pobre. ¡Casi una catástrofe para la moralidad revolucionaria!

Pero no es todo. Don Héctor F. López, que supo del peligro, que se jugó la vida mil veces, que ganó y perdió batallas, nunca reclamó nada por haberla hecho, considerando que únicamente había cumplido con su deber. Al contrario hacen otros "veteranos" que por haber ha...

ERSAL
DE MEXICO
A PRIMERA SECCION

La página de CINE

INTERESANTE AMENA INFORMATIVA

de EL UNIVERSAL

ES 17 DE ABRIL DE 1957 | AÑO XLI - TOMO CLXVII | NUMERO 14,648

éretro del Actor Pedro Infante
ultitud en el Aeropuerto Central

Flores, Llanto y Oraciones

Especialmente gente de la clase humilde ha desfilado por la Capilla Ardiente instalada en el teatro de la "ANDA"

Por Carlos Vargas
Redactor de EL UNIVERSAL

El pueblo de México lloró ayer la desaparición de su ídolo Pedro Infante, durante un humoso desfile ante su capilla ardiente, que se prolongó durante todo el día y toda la noche.

Miles de mujeres, especialmente de la clase proletaria, niños de diversas edades, vocadores, obreros, campesinos, burócratas, en fin, una incontenible multitud, quiso ver por última vez al célebre intérprete de sus canciones y de sus personajes humanísimos.

El moderno y amplio edificio de la Asociación Nacional de Actores, situado en la esquina de las calles de Antonio Caso y Altamirano, fué materialmente rodeado por la muchedumbre, que a toda costa quería penetrar sin ningún orden.

Un grupo de granaderos enviados por la Jefatura de Policía, a las órdenes del Comandante Leopoldo Barquera, extendió cordones especiales para facilitar el paso de la gente y evitar las peligrosas aglomeraciones.

Eran las 11:30 horas cuando, en una ambulancia de la Agencia Gayosso, llegó el féretro que contenía los restos mortales del inolvidable actor. Un mar de voces se hizo oír en el solemne instante en que penetraba el gris ataúd al Teatro "Jorge Negrete" de la ANDA. "Pedro... Pedro... te lloraremos siempre", gritaban muchas mujeres que pugnaban por romper los cordones policíacos. Llegó un momento en que no fué posible a los granaderos contener al público y éste empezó a entrar en el ...

Doña Refugio con sus nietos Lupita y Pedro. Los acompaña María Luisa León.

Era un desfile interminable que incluyó a toda su familia, sus compañeros artistas, desde los más modestos hasta las grandes estrellas del cine nacional. Políticos, gente de los medios, sus fieles amigos motociclistas, todo tipo de deportistas, universitarios y gente anónima. Todos se volcaron para participar en ese trágico ritual como nunca en la historia de nuestro país.

Doña Refugio, su madre, terriblemente abatida, acompañada siempre por sus hijas e hijos, recibía las condolencias de todos. Cabe mencionar que el día anterior, al recibir la noticia, sufrió dos síncopes que la mantenían bajo extremo cuidado médico.[9]

La Prensa publicaba el 17 de abril:

"¿Mi hijo está quemado?, ¡Hijo querido!, ¡Mi hijo de mi vida!

"Como un coro doliente, las cinco hermanas del actor desaparecido enlutadas también como su madre, rojos los ojos de tanto llorar y pálidos los labios, rodeaban a la viuda de Infante que estaba a punto de perder el conocimiento..."

A continuación, la nota describía el desconsuelo que embargaba a los dolientes. Escenas de dolor extremo que, aun cuando debieron quedar en un ámbito estrictamente familiar, fue imposible que no llegaran a ser de dominio público, dada la cobertura de los medios y la popularidad del artista. Así, los lectores se enteraron

de los esfuerzos de doña Refugio por ver el cadáver de su hijo. La renuencia de Ángel, quien como hijo mayor había asumido el control de la situación y por ello intentaba, con esfuerzo, ahorrar un dolor más a doña Refugio, quien, madre al fin, intuyó el porqué de aquella negativa. Y, finalmente, la actitud viril de Ángel Infante al admitir los terribles efectos que el fuego había ocasionado en el cuerpo de su hermano y pedirle cariñosamente a su progenitora fortaleza de ánimo y resignación.

"Sí, mamacita, está quemado. Tu hijo está quemado... Tú eres fuerte. Tú has querido siempre que te digamos la verdad. Tú no quieres que tus hijos te mientan... Pedro no hubiera querido que lloraras.

"Y la madre hundió la cabeza en el pecho y de sus ojos escaparon dos torrentes de lágrimas de fuego, pero no dijo nada.

"Verdaderamente, como dijo su hijo Ángel, la madre de Pedro, la madre de los Infante, es una madre valiente, una madre digna del pueblo mexicano, una madre émula de las madres de nuestras luchas sociales y ante aquel cuadro lleno de dolor, nadie ni los ajenos a la sangre de los Infante, pudieron evitar las lágrimas..."[10]

La primera guardia la montaron Mario Moreno, Cantinflas, José Elías Moreno, Miguel Manzano, Arturo Soto Rangel, Ángel Infante y José Infante. La segunda la conformaron Andrés y Fernando Soler, Jorge Martínez de Hoyos y el comandante de policía y tránsito Ramón Ruiz, a las que siguieron una cantidad impresionante de guardias de honor, sin dejar de mencionar a una representación de la pareja presidencial, la cual, incluso, ofreció, en su momento, la aeronave oficial para el traslado de los restos.

DOÑA REFUGIO ACOMPAÑADA POR SUS HIJOS SOCORRO Y PEPE INFANTE.

El miércoles 17, Pedro Infante fue trasladado hacía su última morada, precedido por una escolta de cuarenta motociclistas del prestigiado escuadrón de tránsito y una interminable fila de autos, múltiples camiones con ofrendas florales, así como por todo el pueblo, que estuvo haciendo valla a lo largo de todo el recorrido. Hasta la fecha ese cortejo fúnebre ha sido uno de los más impactantes en la historia de México.

Todos los medios de información se dieron cita para cubrir, minuto a minuto, este acontecimiento. En el panteón, sus hermanos

LA PRENSA

Diario Ilustrado de la Mañana

Registrado como Artículo de 2a. Clase en la Administración de Correos de México el 23 de agosto de 1935

MARTES 16 DE ABRIL DE 1957 · AÑO XXVIII · NUMERO 10,531 · 50 cts.

MEXICO LLORA LA CAIDA DE NUEVO IDOLO

Impacto de Dolor por la Muerte de Pedro Infante al Estrellarse su Avión

HOY LLEGAN LOS RESTOS Y

Cuatro Cadáveres en los Aledaños de Mérida, Yuc., y 4 Lesionados Graves

(INFORMACIONES EN LA PAGINA TRES)

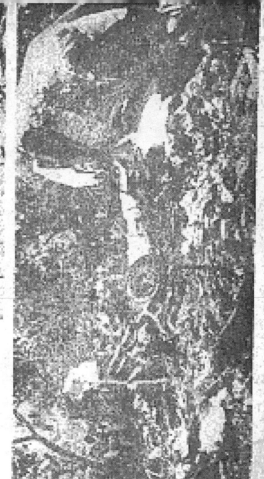

EL FUEGO consumió el cuerpo del célebre actor Pedro Infante. Una de las víctimas en el avión en que viajaba con él se encontraba en Mérida, Yuc. Las funerarias de la Procuraduría General de Justicia recogieron lo que quedaba del artista por una especie de milagro, y con ello quedó convertido el Pedro Infante la llamita de madera, unos restos calcinados que no se sabe del todo, el modo de como se denunció el terrible suceso. Las personas y autoridades encontraron el cadáver destrozado y de lo que fue el cuerpo del artista, de las ilusiones y entre las llamas. Cuatro cadáveres fueron localizados. Uno María Luisa Leon y otra que se encontraba lesionada resultó gravemente herida. Pedro Infante hizo un alto final, dejando las temporadas teatral.

El cortejo pasó frente al Palacio de Bellas Artes.

Mario Moreno, Rodolfo Landa y otros, cargando el ataúd.

Fue seguido por
multitudes.

Doña Refugio durante
el sepelio de su hijo.

Dual

HABILIDAD ALEMANA EN SU MAXIMA PERFECCION

Últimas.

SEGUNDA EDICION

EXCE

AÑO XXII — TOMO II

DIRECTOR GENERAL:
RODRIGO DE LLANO

MEXICO, D. F.—MARTES

TAREA DIFICIL RESULTO BAJAR del avión que lo trajo de Mérida, el féretro con los restos de Pedro Infante. Parientes del desaparecido, empleados del aeropuerto, artistas, curiosos, policías, intérpretes, se arremolinaron ante el avión para recibir el ataúd. Al frente se encontraba María Luisa Leda viuda de Infante, y la acompañaban Pepe y Angel Infante.

INUTILMENTE SE TRATO de formar ... Infante. Todos, hombres, mujeres, ... idénticos esfuerzos y al fin la caja ... puesta. José Elías Moreno, "Cuáu... el ...

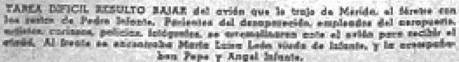

MUDO DESFILE

Dos Fosas Esperan que la Fa...

Hoy Habrá

Noticias

SIOR

SEGUNDA EDICION

REPARACION RAPIDA con **REFACCIONES LEGITIMAS** VENTA DE TODA CLASE DE ARTICULOS PARA EL HOGAR.

Electrica Medellín

BRIL DE 1957 | GERENTE GENERAL: **GILBERTO FIGUEROA** | Registrada como artículo de Segunda Clase en la Administración de Correos de México D. F. con fecha 11 de marzo de 1936. | **NUMERO 7,359**

JORGE NEGRET

r para dar paso al Mestre de Pedro on estar cerca del titul. Se hizo un verada de los pista al edificio del maer y Angel Infante, entre otras, ocuparon lorada.

EN LAS AFUERAS del edificio de la ANDA, miles de capitalinos siguieron la comitiva que llevaba los despojos del charro cantor. Jovencitas, ancianos, hombres derramaron lágrimas por su ídolo, muerto trágicamente. Se formaron "colas" para entrar al teatro "Jorge Negrete" y velar a Pedro Infante. Decenas de ofrendas florales se enviaron.

ANTE EL IDOLO

ia Decida Cuál Ocupará Infant

PEPE Y ÁNGEL INFANTE.

Ángel y Pepe, Mario Moreno, Cantinflas, e Ismael Rodríguez, fueron quienes llevaron el ataúd hasta su tumba, la misma donde hacía dos años habían depositado a su padre, don Delfino, a escasos metros de Blanca Estela Pavón y de Jorge Negrete. Nuevamente se estaban reuniendo los ahora mitos de nuestro cine nacional.

Al filo del medio día, Pedro Infante era sepultado con música de mariachis, que entonaban algunas canciones que el cantante hiciera famosas. En muchas fotografías del sepelio aparece cantando un joven admirador de Pedro. Era Javier Solís, quien años después sería un digno sucesor y representante de la canción mexicana, particularmente del bolero ranchero.

En esa ocasión, el párroco Manuel Herrera pronunció la oración fúnebre y el secretario general de la ANDA, Rodolfo Landa, dirigió un mensaje emotivo y sincero a nombre de todo el gremio, despidiéndose de su querido amigo. Posteriormente, los miembros del prestigiado escuadrón de tránsito pasaron lista de presente, diciendo un hasta luego a su respetado y querido "Comandante".

Así, el cine perdía un gran actor, el deporte a un fiel atleta, la música popular a un representante auténtico, los actores a un hermano y el pueblo a un amigo solidario.

El jueves 18, la prensa nacional informaba acerca de lo sucedido en esta dramática jornada. Una nota del periódico *Excélsior*, por ejemplo, describía la forma en que la radio y la televisión habían realizado la amplísima cobertura que dio a conocer los pormenores de este hecho:

"Miles de personas lloraron ayer en silencio, frente a sus aparatos de televisión, era el viaje definitivo de Pedro Infante. Los tres canales con sus repetidoras, por primera ocasión se unían para cubrir la fúnebre ceremonia...

"Lo que captaban las cámaras electrónicas hicieron palpitar más de prisa los corazones. Al bajar el féretro a la tumba enmudecieron telespectadores y radioescuchas. Los locutores no tenían frases para describir el momento; su gran amigo, Gonzalo Castellot, el líder nacional de los conductores de televisión, lloró consternado...

"Con llanto en los ojos y la voz entrecortada, el veterano Pedro de Lille, hizo ayer una de sus más dramáticas narraciones desde el Panteón Jardín. En los momentos en que el féretro que contenía los restos del infortunado Pedro Infante bajaba lentamente a su última morada, a miles de personas que se aglomeraron ante los magna-

ASPECTO DE LA TUMBA DE PEDRO INFANTE EN EL 10º ANIVERSARIO DE SU MUERTE.

EN ESTE SITIO PERDIO LA VIDA TRAGICAMENTE EL 15 DE ABRIL DE 1957, EL IDOLO DE MEXICO PEDRO INFANTE CRUZ, Y CAPITAN VICTOR M. VIDAL, MARCIANO BAUTISTA, RUTH ROSELL CHAN Y EL NIÑO BALTAZAR MARTIN CRUZ, SE COLOCA ESTA PLACA EN SU MEMORIA. MERIDA YUCATAN SEPTIEMBRE DE 1993.

PLACA DE LA CASA DONDE CAYÓ EL AVIÓN.

voces que fueron instalados en las calles de la capital, les produjo llanto...

"Éste fue el último aspecto del entierro del galán que fue dado a conocer al país a través de la emisora XEQ y sus retransmisoras en el país...

"Durante las doce horas y media de transmisiones se realizaron tres controles remotos: en la ANDA, en la estatua del Ariel, en Chapultepec y en el Panteón Jardín, además de la narración que se hizo a lo largo del trayecto del cortejo fúnebre, mediante la instalación de una unidad móvil de control remoto sobre autos de alquiler que se unieron a la caravana...

"Además de De Lille, los locutores que cubrieron los diferentes aspectos del trágico acontecimiento fueron José Hernández Chávez, Pico de Oro, Jacobo Zabludovsky, Jorge Labardini y Mario Rincón, agregándose una narración especial que hizo a las puertas del cementerio el teniente de tránsito José Ibáñez, íntimo amigo del llorado cantante."[11]

Desafortunadamente, la muerte de Pedro Infante también puso fin a una hermosa época de prosperidad para la industria fíl-

LA PRE
Diario Ilustrado de la

Registrado como Artículo de 2a. Clase en la Administración de Correos de México el 30 de agosto de 1921.

MÉXICO, D. F.

DESFILO
DIA Y NO
ESTE IDO

de Pedro Infante;
a Para María Luisa

PAGINA TRES

JSA
añana

50 bs.

OLES 17 DE ABRIL DE 1957   AÑO XXVIII   NUMERO 10.991

L PUEBLO
HE ANTE
LO CAIDO

LLEGÓ DE ESPAÑA
VETERANO
OSBORNE
No diga BRANDY, con decir VETERANO basta

EXCE
EL PERIODICO DE

AÑO XLI — TOMO II.   RAFAEL ALDUCIN   RODRIGO DE LLANO   MÉXICO, D. F.

Pedro Infante Pereció Ayer a

Estupor, Luto y Pena por el fin del Actor

El Trágico Suceso, un Impacto que
Conmocionó a la Metrópoli Entera

La noticia estaba en todas partes, en los cafés, en la calle, en las oficinas, en el interior de los hogares.

"Pedro Infante muerto" se tradujo en un impacto que conmocionó a la ciudad.

En las paredes de edificios públicos de la calle de Bucareli se fijaron periódicos que eran leídos por grupos que se reunían frente a los improvisados murales.

En las estaciones de radio se sucedían comentarios e informaciones sobre la tragedia. Las canciones que hicieron famoso a un hombre que murió en la cúspide de la popularidad, se escuchaban casi sin interrupción.

En los televisores, sus películas revivían los momentos de gloria artística.

Donde quiera que se dirigiera la mirada se veía a una persona con su ejemplar de "Últimas Noticias" en la mano. Fueron muchas las veces en que pudo observarse a un lector que se enteraba de los últimos acontecimientos, mirando la noticia ajena por sobre el hombro de su dueño.

La ciudad estaba llena de un tema. De todos lados surgía un nombre.

Había algo así como una atmósfera de abatimiento. Podía apreciarse, sobre todo, en los barrios humildes.

Y en torno de los estudios cinematográficos, de los sitios donde suelen reunirse los artistas y de los propios cines, se percibía algo semejante a un extraño

SIOR
VIDA NACIONAL

PARA LOS EXIGENTES

ES 16 DE ABRIL DE 1957 · GILBERTO FIGUEROA · NUMERO 14,534

aer el Avión que Copiloteaba

El Aparato se Estrelló en una Casa d
la Ciudad de Mérida y se Incendió

Murieron los 3 Tripulantes y una Damita que Estaba
Cerca. Hoy a las 11 Llegará el Cadáver de Pedro

Por JORGE DAVO LOZANO, enviado especial de EXCELSIOR

MERIDA, Yuc., abril 15.— Pedro Infante murió en un acciden
aéreo cuyas causas probablemente nunca sean descubiertas y en
cual perdieron la vida también otras tres personas.

La desgracia ocurrió hoy, a las 8 horas, momentos después de q
el avión XA-KUN, piloteado por Víctor M. Vidal, se había elevado p
ra realizar un viaje a la ciudad de México.

El aparato se estrelló contra unas casas, en
esquina de las calles 85 y 54 de esta capital y se inc
dió. Sus ocupantes perecieron destrozados y fue
patéticamente carbonizados.

Afuera de Pedro Infante y del piloto Vidal, mu
ron el mecánico Marciano Bautista, quien viajaba ta
bién en el avión, y la señorita Ruth Russel.

El avión llevaba un cargamento de pescado p
distribuirlo en la ciudad de México durante la Sema
Santa.

Pedro Perdió el
Avión de Anteayer
por Falta de Cupo

Fué el Cielo, no la
Corte, el que Dictó
el Último Fallo

**Por JORGE DAVO LOZANO
enviado especial de EXCELSIOR**

MERIDA, Y

Teatro Lírico: Cartelera teatral del día de su fallecimiento.

mica, en la que se enaltecieron los valores nacionales y se difundió parte del extenso mosaico musical de nuestra patria. Fue la época de oro del cine nacional en la que una importante generación de cineastas, productores, directores y notables actores de los años cuarenta y cincuenta dieron un gran prestigio a esta industria.

Al respecto, Emilio García Riera comenta: "A fines de los años cincuenta y principios de los sesenta, la crisis del cine mexicano no era sólo advertible para quienes conocían sus problemas: la delataba el tono mismo de un cine cansado, rutinario y vulgar, carente de inventiva e imaginación".[12]

El cine de otros países daba signos de renovación, tanto en sus leyes, como en su apertura hacia temas difíciles de exponer. Dentro de esta nueva vertiente una enorme gama de temas, nunca antes vistos en pantalla, se empezaron a difundir. A la censura se le dio un trato más inteligente. Dentro de un ambiente siempre controversial el neorrealismo impulsó a nuevos cineastas. A fines de los cincuenta y en las décadas posteriores estos jóvenes realizadores propusieron exitosamente otra forma de hacer cine.

En el cine mexicano, en cambio, la renovación y la cultura de la originalidad se estancaron e, incluso, se perdieron. Nuestro cine fue ampliamente rebasado, salvo contadas excepciones. Varios hechos contribuyeron a agravar la crisis, además de la muerte de Pedro Infante. Entre ellos podría señalarse a la Revolución cubana de 1959, pues para el cine nacional significó la pérdida de uno de sus mercados naturales más importantes.[13] En 1957 dejaron de funcionar los Estudios Tepeyac y los CLASA, y, en 1958, los Azteca; sólo quedarían para la producción fílmica, los Churubusco y los San Ángel Inn. El marco jurídico resultaba obsoleto y desligado de la necesidad real de una renovación que diera el impulso suficiente para intentar mantenerse dentro de los estándares internacionales; como dice Emilio García Riera, "hubo subdesarrollo dentro del subdesarrollo".[14]

6. TÚ SÓLO TÚ

A casi medio siglo de su muerte, Pedro Infante vive en la conciencia popular con carácter de celebridad. La vigencia de sus discos y películas, que aún representan importantes ventas y altos ratings televisivos, son parte de la vida cotidiana de nuestra sociedad, de tal forma que incluso en esta era cibernética se mantiene presente como una de las figuras más representativas de la música mexicana.

Aun en el nuevo milenio, existen diversos programas de radio en la capital del país que se encargan de mantener vivo su recuerdo. Por ejemplo, la Organización Radio Centro (Radio Consentida) lo programa de 7:00 a 8:00 a.m. y de 13:00 a 14:00 p.m., y el Núcleo Radio Mil (Radio Sinfonola, la más perrona) de 8:00 a 9:00 a.m. y de 10:00 a 11:00 p.m.; en el caso de esta última emisora, la programación dedicada a Pedro representa un récord mundial, pues rebasa el medio siglo de transmisiones ininterrumpidas.

En la actualidad este programa maneja un amplio acervo fonográfico sobre la vida del actor, que incluye infinidad de anécdotas y grabaciones inéditas. El equipo de Gustavo Alvite y de Arturo Cortez lo mantienen en un alto grado de popularidad entre los capitalinos. Sin olvidar que estaciones como la XEQ, XEW, XEB, el Fonógrafo entre otras, lo difunden diariamente. En estos programas ahora se incluyen nuevas grabaciones remasterizadas, con arreglos espléndidos, y dentro de esta tendencia no es raro que sus éxitos sean retomados por cantantes y figuras actuales.

Los fines de semana los canales libres y la televisión restringida, satelital o por cable, se encargan de retransmitir sus películas en horarios familiares, y no importa si ya las hemos visto una, dos, o más veces, pues ya se ha convertido en una tradición tan cercana que, para muchos, algunas frases o escenas de sus cintas han pasado a formar parte de su lenguaje cotidiano.

La verdadera popularidad de Pedro Infante, como lo comenta José Agustín en su libro *Tragicomedia mexicana I*, "surgió con el estreno de *Nosotros los pobres*, de Ismael Rodríguez, la gente pobre (pero también la clase media y muchas señoras de la clase alta) sucumbieron gozosas ante el carisma, la apostura, buena voz, energía vital, calidez, sencillez y simpatía del charro cantor, Pedro Infante rebasó la condición de 'ídolo' y se constituyó en auténtico

mito nacional porque encarnó una figura arquetípica en México [...] nadie como Pedro Infante logró, ni ha logrado constelar tantos signos de la identidad nacional, por eso cuando murió en un accidente de aviación en 1957, hubo un auténtico luto en todo el país y se consolidó una presencia que a fines de los ochenta seguía viva y eficaz",[1] y en los inicios del siglo XXI, sigue abriendo brecha.

En este punto me parece interesante reproducir las crónicas de algunos hechos ocurridos en sus aniversarios luctuosos por considerar que con esto cumpliremos nuestro objetivo final: destacar la sólida permanencia de la figura más querida y popular de los últimos 60 años en nuestro país.

En abril de 1958, en toda la república, Sudamérica, España y en importantes ciudades estadunidenses se celebró el primer aniversario de la partida de Pedro, y con ello inició un nuevo ritual dentro de las querencias del pueblo: rendir tributo a su ídolo. En la capital, los periódicos hacían el recuento de la enorme concurren-

El libro *Loving Pedro Infante* de Denise Chávez impuso récords de ventas en los Estados Unidos y obtuvo el premio American Book Award.

cia que llegó al Panteón Jardín. Como ejemplo, veamos algo de lo publicado por *Excélsior* en esa fecha:

"Misa de las viudas de Pedro, María Luisa mandó decir gregorianas, Irma a última hora consiguió una iglesia...

"Nuevos muebles, nueva casa y flores en el lugar de Irma. 'Irma no está en la casa; se fue a ver si consigue una iglesia para dedicarle una misa a Pedro. ¡Fíjese que se le había olvidado! Ahora fue a una iglesia del Estado de México...' Éstas fueron las palabras textuales que ayer a las 21 horas dio la señora madre de Irma... en la nueva casa que acababa de adquirir en Taxqueña...[2]

"Asimismo, la ANDA rindió tributo al ídolo desaparecido, independientemente de la impresionante cantidad de ofrendas florales en la tumba de Pedro. La comitiva estuvo integrada por el comité ejecutivo de la asociación, por Pepe y Ángel Infante, Esther Luquin, Víctor Junco, Rodolfo Landa, Ángel Espinosa, Ferrusquilla, entre muchos actores más..."[3]

A partir de esa fecha empezó la venta de recuerdos que, año con año, el comercio informal se encarga de distribuir: discos, fotos, camisas con imágenes de él, revistas, etcétera, sobre todo, durante el mes de abril. El día de su aniversario, el Panteón Jardín se ha

PEDRO INFANTE JR. Y LUPITA TORRENTERA BABLOT.

convertido en una verdadera romería que supera a los eventos oficiales.

A tres años de su muerte, el 16 de abril de 1960, el periódico *La Prensa* publicó en sus primeras planas algunas notas sobre los homenajes hechos en su memoria:

"La XERH que transmite el programa 'México Canta y México Vive en sus Canciones', con duración de tres horas diarias, lo dedicará hoy, íntegramente, a Pedro Infante.

"Enrique Briseño, actual animador, informó que Discos Peerles proporcionó material nuevo que no se había liberado en vida del cantante y que, además, auspició el obsequio que se hará de 5 000 fotografías del llorado ídolo. Radio 13, que también difunde por las mañanas un programa mexicanista llamado 'México Lindo', adquirió en el curso de esta semana 11 discos LP nuevos con canciones de Pedro y presentó anoche mismo un avance del homenaje que se hará hoy. En su programa 'Álbum de Melodías', el locutor Enrique Francisco Torres de la Peña, recordó a Infante, y para ello se documentó debidamente sobre la vida del llorado actor, recibiendo por su transmisión cientos de llamadas telefónicas. La emisión fue transmitida de las 0:00 a 1:00 a.m. de hoy. Por su parte, Jorge Salazar, conductor de 'México Lindo', le dedicará la emisión correspondiente al día de su aniversario. También la XEAL, Radio Horizontes dedicará un programa a Pedro Infante con el locutor Salvador Hernández Vaca. Otro tanto hará un infantista de hueso colorado, Enrique Hernández, a través de HEFR..."[4]

Hasta cierto punto parecía natural que después de tres años se recordara a Pedro Infante en las emisoras de radio, pues aún

Hoy en día los derechos sobre su producción discográfica pertenecen a una compañía transnacional y la venta de sus discos es comparable a la de los intérpretes más cotizados de la actualidad.

LUPITA INFANTE TORRENTERA, JOSÉ ERNESTO INFANTE QUINTANILLA, PEPE INFANTE Y LUPITA TORRENTERA BABLOT.

VERÓNICA LOYO Y
PEDRO PASEANDO
POR MÉRIDA EN
EL LEGENDARIO
MERCEDES.

se seguía liberando producción discográfica que no había sido escuchada.

A cinco años de su muerte, el 15 de abril de 1962, el periódico *La Prensa* destacó entre sus páginas:

"De las 12:00 a las 13:00 horas, las radiodifusoras de todo el país dedicaron su programación para recordar las interpretaciones del homenajeado. Los actos de ayer culminaron con un programa de televisión que se transmitió a las 23:30 horas, a través del canal 4 y en el que se proyectaron películas del charro cantor."

En su séptimo aniversario, *La Prensa* publica el 16 de abril de 1964:

"El pueblo no olvida a Pedro Infante... ayer en el séptimo aniversario de su trágica muerte, la tumba del actor se cubrió de lágrimas... Una gran corona de flores blancas enmarcaba una fotografía de Pedro Infante, llovía y a pesar de eso miles de gentes permanecieron ahí. A las 11:30 la multitud había invadido el Panteón Jardín y los monumentos cercanos peligraban. Decenas de jóvenes escalaban las capillas para contemplar desde lo alto el homenaje... 'Amorcito corazón' hizo llorar a una joven. Ella, María Estela Longoria, no supo explicar por qué lloraba..."

A diez años de su muerte *La Prensa* publicó el 15 de abril de 1967:

"En el camposanto había mucha gente, varios policías cuidaban que el orden no fuera alterado, pero era imposible controlar a ese mar humano que se arremolinaba alrededor del mausoleo, pisoteaba las tumbas vecinas, se colgaba de las cruces de otros mo-

Se calcula que sus películas han sido proyectadas en televisión, por lo menos, en 4,000 ocasiones, lo que ha generado por ventas de publicidad más de 550 millones de dólares.

numentos; la gente gritaba o aplaudía con mucho fervor al término de alguna interpretación...

"Hacia las 13:00 horas era imposible llegar hasta la tumba en la que reposan los restos de Pedro Infante... Una multitud soportaba el sol que caía a plomo y seguía junto a su ídolo. El Club de Admiradoras de Pedro Infante allí estaba, por supuesto. Una cantante boliviana y uno chileno también estaban presentes..."

Al respecto, debo consignar que no es raro que su tumba sea visitada por personas de América Latina, o de hispanos radicados en los Estados Unidos.

Cuando cumplió 15 años de muerto *La Prensa* publicó el 16 de abril de 1972:

"Al cumplirse ayer 15 años de su muerte, un lunes santo 15 de abril de 1957, el que fuera el famoso personaje Pepe el Toro, de la película del mismo nombre y no menos recordadas *Nosotros los pobres* y *Ustedes los ricos*, recibió ante su tumba del Panteón Jardín la visita de miles de personas que aún lo evocan y que lo han erigido en ídolo popular... Las flores, los cantos, etcétera, se vuelven a repetir como en años anteriores."

Y así, año con año se fue fortaleciendo este ritual popular de celebrar su aniversario luctuoso, como si tuviera un carácter oficial. En realidad es el pueblo el que ha tomado este día como suyo, siempre con características parecidas, pero con familiares e hijos nuevos en cada ocasión. "Todos somos hijos de Pedro Infante", dijo uno de los asiduos asistentes a los homenajes, sin faltar las misas en su honor, en el Panteón Jardín.

Pasemos ahora al trigésimo aniversario de su muerte, en el que *La Prensa* publicó:

"Irán cerca de diez mil personas al Panteón Jardín al cumplirse el trigésimo aniversario de la muerte de Pedro Infante, uno de los ídolos más queridos de México... Para esta fecha tan especial han anunciado su presencia, ante la tumba del carpintero de Guamúchil, Sinaloa, autoridades de la ANDA, ANDI, Escuadrón de

Si la disquera Peerles, ya desaparecida, le hubiera reconocido la venta de sus discos, Pedro Infante o su familia hubiera recibido 100 Discos de Oro, 30 de Platino y 20 de Diamante.

IZQUIERDA: PERSONIFICAR A UN OFICIAL DE TRÁNSITO LE PROPORCIONÓ GRANDES SATISFACCIONES PERSONALES.

DERECHA: PEDRO CON SU BEBÉ QUERIDO (IRMA INFANTE).

Motociclistas y por supuesto diferentes Clubes de Admiradoras que existen...

"Durante treinta años se han mantenido las escenas y temperamento de quienes se dan cita en el panteón. Con respecto al de otros años pareciera no haber una diferencia cualitativa después de tres décadas, pero sí un elevado incremento de visitantes. Tal vez la diferencia importante que podríamos encontrar es la mitificación y leyenda que se ha desarrollado año con año, en torno a la figura, personalidad e imagen del ídolo de México."

CASI COMO CUALQUIERA

La figura de Pedro Infante como mito popular se ha ido retroalimentado con el conocimiento de su calidad como persona, siempre sensible y humanitaria, la cual no tiene divorcio perceptible con la que refleja en sus caracterizaciones más afortunadas.

Respecto a lo anterior, podríamos citar como ejemplo lo publicado en algunos diarios capitalinos el 16 de abril de 1972, a los 15 años de su muerte:

"Según afirmaciones fidedignas, el paso por la vida del cantor de Guamúchil estuvo sembrado de actos de matiz humano, como el realizado en la persona de Esther González Betancourt, quien religiosamente y año con año asiste a llevar una ofrenda al Panteón Jardín... Hace 16 años presa de una terrible enfermedad deshidratante tuvo su madre que acudir a horas inadecuadas de la noche, sin recursos económicos, a diferentes hospitales sin encontrar la ayuda requerida. Al fin se le ocurrió ir a la clínica de actores y requirió la ayuda de Rodolfo Landa, en aquel tiempo secretario

IZQUIERDA: ESTATUA CONMEMORATIVA EN MAZATLÁN.

DERECHA: IRASEMA Y ERNESTO INFANTE BARBOSA (SUS SOBRINOS NIETOS) EN EL MONUMENTO A PEDRO EN GARIBALDI, 1987.

general de la Asociación Nacional de Actores. Era necesario hacer una transfusión, pero por desgracia no se encontraba el tipo de sangre requerida. Pedro Infante, al saber esto, se ofreció como donante, para que se usara la sangre de él, si servía para el caso. Y afortunadamente era el tipo solicitado y gustoso donó sangre a quien no conocía."

Cuando se cumplieron 30 años de su muerte el periódico *La Prensa* publicó el 15 de abril de 1987:

"Jaime Carrillo Gutiérrez, mecánico de aviación, resaltó las cualidades de Infante de dejarse mimar y querer por la gente, haciendo y pidiendo a su vez, favores que las personas gustosas le aceptaban o concedían. 'Por motivos de mi trabajo traté a Infante; era muy sencillo y recuerdo que yo moría por tripular un avión, entonces me pedía mi moto prestada y, en cambio, yo podía usar la nave'."

Después de su muerte han habido considerables pruebas de agradecimiento por favores personales que aún se recuerdan y, por otro lado, testimonios de la característica sencillez natural del actor. Pedro Infante fue admirado por humano, por ser casi como cualquiera y poder ser tratado con la misma camaradería con la que se trataría a una persona común.

RECONOCIMIENTOS PÓSTUMOS

Tal vez uno de los más memorables fue el celebrado el 25 de abril de 1987, cuando se develó su estatua en Garibaldi, a sus 30 años de muerto. Esta escultura fue la primera en la capital de las que

PEDRO EN LA SALA DE CINE DE SU CASA CON SUS AMIGOS Y COMPAÑEROS INMORTALES: BLANCA ESTELA PAVÓN Y JORGE NEGRETE.

...u inteligente de Julio...

...clamorosos vivas en el panteón Jardín:
...edro Infante, a la ANDA y a nuestro puebl...

La presencia del secretario general fue muy festejada.
"López Tarso nunca se dignó asistir"...

■ Por ERNESTO HERNANDEZ VILLEGAS

Desde hace varios... no se contaba con la... sencia del dirigente... dical de la Asociació... cional de Actores en e... versario luctuoso del... idolo del pueblo mexi... Pedro Infante.

Este año, el trigé... tercero, ha sido la e... ción pues a hora muy... tal llegó Julio (Mén... Alemán para ofrecer... palabras y recibir el... de los grandes acto... compañeros de la A...

(CONTINUA EN LA PA...)

Julio Alemán fue muy bien recibido...

Este es un lugar verdaderamente sagrado

ESPECTACUL❍S

■ Editor: LEOPOLDO MERAZ

MEXICO, D. F., LUNES 16 DE ABRIL DE 1990

"Que solos..."

De la familia, únicamente se hizo presente... Pepe

MURIO GRETA GARBO

Información página 10

EL UNIVERSAL / Jorge González

Una colmena humana, una feria de las flores, en torno del monumento del gran ídolo...

...nar lugar "muy tempranito"

El fabricante de estrellas

Pedro, Gabriela, Pablito, Roel, Baena, Garay, etc.

Cada nombre o cada apellido ¡es una noticia!

Por el Reportero Cor

* Sintió pena de que le consideremos el último hijo de *Pedro Infante* y prefirió quedarse en casita y no verse en el Panteón Jardín frente a compañeros del correo de Toluca, México, que lo tenían por empleado y nada más... * Humberto Infante es "un parecido"... * Hoy es el natalicio de *Charles Chaplin*... * También la cigüeña trajo un 16 de abril a *Emmanuel* y *Polito Ortín*... * Rumbo del Cerro del Tigre, inicia este lunes una telenovela donde *Juan Osorio* le da la máxima oportunidad a *Gabriela Roel*... * Esta Gaby es el motor sexual de un filme de *Felipe Cazals* con *Humberto Zurita*: «El 7 de Copas» * A Bigote, un argentino-chileno, entrevistó *Juan Calderón*, le habló "de usted" y fue muy interesante el diálogo... * Curiosidad en un libro: «Medios de comunicación y sistemas infor-

(CONTINÚA EN LA PÁGINA 6)

La trágica efeméride

El día que murió Pedro Infante Cruz

actualmente existen y causó un gran caos vial en el Eje Central. En esa ocasión *Excélsior* publicó la siguiente nota:

"Pedro Infante tiene más jalón que cualquier partido político...

"Eran más de quince mil personas que apretujadas llevaban carteles con la imagen del cantante en traje de charro, caracterizado como Tizoc, o con smoking y que aplaudían a rabiar a Irma, Pedro, Cruz, José, Guadalupe y René Infante, sus hijos, a José Delfino y Ángel Infante, sus hermanos; a Irma Dorantes y Lupita Torrentera, quienes fueron sus esposas...

"Llegó el momento de los discursos e Ignacio López Tarso fue breve pero emotivo al hablar del ídolo. No ocurrió lo mismo con Eduardo Contreras Alatorre, director general de Socicultur del DDF: 'Hablar de Pedro Infante es hablar de la más fácil expresión del sentir de un pueblo, que acostumbrado a sobreponerse de las fatalidades, lucha incansablemente por conservar su esencia y genuino sentimiento [...] Infante es mito, pero también ejemplo, su figura, su talento, su llaneza debe ser ejemplo para entender a este México nuestro. Pedro Infante es la prueba irrefutable de que México vive y vivirá siempre [...] Nuestro pueblo siente y quiere a Pedro Infante, es éste nuestro pueblo, quien ha pedido que se le rinda tributo mediante este homenaje. Por ello el gobierno de nuestra ciudad en su labor de responder al cumplimiento de las demandas ciudadanas, ha considerado justo levantar una estatua al personaje que sigue contagiando vida, al artista que todos admiramos, al ídolo con quien todos hemos llorado, aquí en la Plaza Garibaldi, centro mismo de nuestra música mexicana, donde se seguirá recordando la alegría, fortaleza, simpatía, voz y carisma de Pedro Infante'."

La leyenda continúa y su fama ha traspasado la barrera de lo racional y ha caído a veces en lo ilusorio. Así, en 1990, cuando Pedro Infante cumplió 33 años de muerto, el 16 de abril, el periódico *El Universal* comentaba:

"Treinta y tres años han pasado y Pedro vive en el recuerdo, murió en la flor de la vida. Cuando fama y fortuna le sonreían por igual, para entrar en la leyenda...

"Hay quien dice que no murió, que su muerte fue fingida para retirarse sin llegar a la decadencia, para que el pueblo lo recordara como el gran ídolo de México. Rumores...

"Como aquel día del desgraciado accidente, mucha gente aún se niega a creer que Pedro Infante no está ya en el mundo de los vivos".

162

ASISTIDO POR SU HERMANO PEPE, DURANTE EL RODAJE DE *LA TERCERA PALABRA*, 1955.

Un auto de su propiedad marca Mercedes Be
en la actualidad se cotiza en 2'000,000.00.

CON JORGE NEGRETE Y EL OFICIAL FRANCISCO EL INDIO SANDOVAL

Este tipo de consejas que giran en torno a Pedro Infante, da cuenta de que su fama ha llegado al plano de la leyenda, misma que sigue alimentándose por tradición oral.

La figura mítica de Pedro Infante ha merecido la atención de intelectuales y críticos. *Novedades*, a los 23 años de su muerte, el 16 de abril de 1980, publicó una entrevista con el doctor en psicología Ángel San Román, en aquel entonces director general de Orientación Vocacional de la UNAM:

"... Pedro Infante, representaba el ideal de la mayor parte de los hombres y era por decirlo así el mustio romance que ambicionaban casi todas las mujeres [...] Lo que nunca alcanzó el grueso de los mexicanos lo simbolizaba Pedro Infante, veían en él todo de cuanto carecían y la identificación era absoluta, puesto que en aquella personalidad se proyectaban del todo. Era un sujeto con espolones, identificado hasta en el aspecto físico con el pueblo, un hombre joven de lo más agradable, que sabía cantar, actuar, que conquistaba a todas las mujeres, que tenía dinero, carros, residencias, aviones, que se emborrachaba alegremente, carcajeándose del mundo [...] Pedro Infante murió joven. Y al desaparecer así de un momento a otro, cuando nadie lo esperaba, aquella carga se volvió concepción mítica y nuestra sociedad lo idolatró."

A los 20 años de su muerte, el 17 de abril de 1977, en *El Universal*, una crítica de cine dio su opinión:

"André Malraux dice en su *Psicología del cine* que una estrella es una persona capaz de un mínimo talento dramático cuyo rostro expresa, simboliza, encarna un instinto colectivo

tuvo un costo de 85,000.00 pesos en ese a
56, que se encuentra en la ciudad de Mérida

ASISTIÓ A LA BODA DE SU
HERMANA SOCORRO.

[...] Pedro Infante en ese aspecto encaja dentro de la definición que hace el intelectual francés, su público no ve en él imperfecciones artísticas, sino cualidades humanas, las que enaltece o sublimiza al correr de los años...

"Los enciclopedistas del cine, al referirse al caso Infante, señalan que fue mejor cantante que actor, con todo y que en sus 55 películas combinara las cintas de charro con las de comedia o de drama urbano [...] dos contradicciones saltan a la vista, una la de los expertos fílmicos y otra la del público. Los primeros lo analizan como resultado de un determinado fenómeno social y los segundos lo aceptan, lo sitúan como una aspiración concretizada que encontró una ruptura en su ambiente por donde pudo brotar para brillar con luz propia, sin mayores explicaciones.

"Era un ser humano con ese factor de la sencillez, que escapa fácilmente al análisis severo, porque estamos demasiado 'ocupados' en estudiar, admirar, comentar los 'productos cinematográficos extranjeros'.

Primer artista que sin haber actuado en Hollywood tiene su estrella en el famoso Boulevard (1994).

"Y en estos momentos en que la falta de valores humanos es tan clara y tan específica, volteamos a ver a ese personaje un poco extraño para nosotros posiblemente, pero no para el grueso del público que lo recuerda y lo recuerda bien, por lo que fue, no por lo que pretendió ser."

Uno de los intelectuales más conocidos del país, Carlos Monsiváis,[5] en abril de 1986, en un suplemento de la revista *Encuentro* escribió el artículo "¡Quién fuera Pedro Infante!", del que vale la pena entresacar algunas reflexiones, en cuanto a los valores humanos que forjaron su leyenda.

"No fue la imagen inalcanzable, sino por el contrario el modelo inmediato, un estímulo perdurable de imitación o captura.

"Hizo de su conducta un programa ideológico que al principio se fundó en el prestigio social de las palabras mujeriego, calavera, parrandero, querendón...

"Más que simbolizar, actuó en la vida en el entrecruce de dos realidades, la urbana y la rural, y demostró la facilidad con que podía entenderse y alterarse a partir de la desposesión económica y cultural [...] nunca hubo fisura entre la leyenda y sus versiones públicas...

"Al personaje lo van fijando su generosidad, su humildad, su alegría contagiosa y su carencia de poder (Pedro Infante nunca representaría poder, Negrete siempre)..."

Al abordar el tema Pedro Infante no se debe perder de vista que, ante todo, fue un fenómeno social muy cercano a la idiosincrasia mexicana. Su imagen fílmica, aun después de muerto, ha condicionado comportamientos sociales e incluso podría decirse que es, en muchos aspectos, un reflejo de nuestra esencia. No es extraño entonces que los festejos y homenajes, al cumplirse su 35 aniversario luctuoso, volvieran a conmover a grandes sectores del país. Un hecho sin precedente es que las nuevas generaciones, que no llegaron a tener un contacto directo con Pedro Infante, han seguido fieles a su recuerdo. En la fecha referida, por ejemplo, se logró reunir a unas veinte mil personas en el Monumento a la Revolución, para rendir homenaje oficial al ídolo de México. Ocasión en que, por primera vez, se proyectó un rayo láser que iluminó a la gran capital reproduciendo su imagen al ritmo de la música.[6]

Las bases de este singular apego siempre serán las mismas: el reflejo de formas de convivencia y valores familiares aún vigentes entre nuestras clases medias y populares, y, sobre todo, la fusión de orígenes —rural y urbano— que todos los habitantes de las grandes ciudades tienen como antecedente inmediato.

En 1949 graba "Amorcito corazón", siendo éste el primer bolero ranchero en la historia de la música mexicana.

IZQUIERDA: PEDRO INFANTE CON 50 KG. EN CADA BRAZO.

DERECHA: SARA GARCÍA, PRUDENCIA GRIFFEL, PEDRO Y MARGA LÓPEZ, DURANTE EL RODAJE DE *LA TERCERA PALABRA,* 1955.

Espectáculos

Editor: LEOPOLDO MERAZ

La caracterización triple, única en la historia del cine mexicano: el militar limpio, el cura bondadoso y el cacique... ción de Ismael Rodríguez

1917-1992

El día que murió Pedro I

La historia del final trágico de un hombre grande del pueblo

■ Por EDMUNDO PERE

15 de abril de 1987, 7

PEPSI NUMEROS

617*

Número ganador del día 14 de Abril

*Sujeto a verificación   Permiso Gobernación Núm-91

El fabricante de estrellas

Pedro

A los 35 años de partir...

■ Por el Reportero Cor

A Pedro Infante lo ama la nueva generación por sus películas de una simpática frescura.

Tan ficticio pero tan real, a la vez...

Niño o gavilán pollero, resiste la crítica de algunos vivos, que califican sus películas.

Una vez, el actor Rolando Fernández, compañero de aventuras de Lola la Trailera, hizo a un grupo de amigos la perfecta imitación del indio Tizoc.

¿Ves? ¡Tú lo tienes presente!

La astróloga Chela Bracho apoyó un disco del soñador de Garibaldi Martín del Campo, con una rotunda afirmación: "... canta mejor que Pedro Infante". El ejecutivo de una disquera objetó el argumento: "... debe haber unos 50,000 mexicanos que cantan mejor que Pedro Infante; pero nosotros necesitamos a... Pedro Infante".

Cuanto significó en vida y es en muerte, un bello sueño, permite que el tiempo eternice su sentimiento y

¿CONTINÚA EN LA PÁGINA 8?

■ EL UNIVERSAL / Archivo Pérez Medina

Infante en «Los tres huastecos», bajo la direc-

ante

México duerme aún.

Pedro Infante fue admirado por todo aquello que le permitía, al mismo tiempo, ser como cualquiera y ser reconocido, además, por cualidades propias que lo enaltecían. El actor reflejaba al ser humano real y éste al actor destacado. El pueblo jamás percibió una impostura derivada del éxito y esto nos puede explicar, en general, su vigencia aun después de muerto.

Desde el día en que fue sepultado en el Panteón Jardín, la tumba de Pedro Infante no ha dejado de tener algún arreglo floral y frecuentes visitas, entre las que se cuentan las de sus fieles seguidores, así como de gente muy joven, incluso niños que desean conocer el lugar donde descansan sus restos; tumba en la cual ya está acompañado por sus padres y tres de sus hermanos: Carmela, Ángel y Pepe.

ENTRE DOS MILENIOS

En 1993, el día 17 de abril, Ricardo Rocha realizó, por espacio de 10 horas, un programa dedicado totalmente a Pedro Infante, en el que destacó una entrevista virtual, que, según el periodista, para él representó "la entrevista que siempre desee hacer" y una mesa redonda en la que intelectuales, directores de cine, intérpretes de todos los géneros musicales y sociólogos, analizaron la vida y obra del ídolo y su impacto en la sociedad mexicana, concluyendo que, sin lugar a dudas, es el mexicano más querido y popular del siglo XX.

ATLETA DE ALTO RENDIMIENTO.

Leopoldo Meraz (reportero Cor) decía al cumplirse el 35 aniversario de la muerte de Pedro en 1992:[7]

"A Pedro Infante lo ama la nueva generación por sus películas de una simpática frescura inigualable, tan simpático pero tan real, a la vez... Pedro Infante es pueblo-pueblo-pueblo, como decía su primer biógrafo entre real fantasioso, Ortega Colunga, editor de una historieta que rompió récords de venta a fines de los años cincuenta, y como decía su argumentista, Alberto Domingo: 'la grandeza es lo que testigos viejos cuentan'...

"La vez que entró en la escuela de leyes, en el viejo recinto de San Ildefonso, apoyando la candidatura a la sociedad de alumnos de Juan José Castillo Mota [...] y ante el director Chato de la Cueva, habló mejor que el entonces campeón internacional de oratoria Porfirio Muñoz Ledo.

"A los futuros litigantes o jurisperitos les cantó en un intermedio de su trabajo en el teatro Lírico y luego los envidió por su vocación de estudio. 'Aprovechen y no se arrepentirán', les dijo.

Muchos hicieron carrera, Enrique González Pedrero, por ejemplo...

"¡Qué tiempos cuando Pedro permitía el acercamiento del pueblo y lo introducía, pues, en el inolvidable acto de amor o el simpático acto de amistad! Fue sobre todo un maravilloso estilo instintivo...

"Una noche lo vimos en el teatro Royal, el gigante de los cines, en Torreón, llegó como un muchacho prometedor en las caravanas que organizaban el ventrílocuo Paco Miller, su hijo de madera don Roque y su esposa de carne y hueso la Panchita. Después de la actuación de Paco Miller, 'cerraba' el charro y su mariachi, Pedro Infante... Entre aplausos y delirios cuando llegaba a seis piezas, un tope del triunfador, la gente temía 'perderlo' y entonces él formalizaba la promesa: 'Cantaré hasta que la garganta se me cierre'... y esa ocasión amanecimos...

"Fue un verdadero precursor de los que todo lo entregan en el foro; Juan Gabriel y Vicente Fernández, seguramente son de la misma idea y de la misma pasta..."

El 15 de abril de 1993, el Fabricante de Estrellas[8] comentaba: "Un día de fiesta popular: 15 de abril, el día de Pedro Infante. Después de 36 años de llorarlo como a nadie, es natural, faltan las lágrimas... Las beatas dicen: Pedrito se fue al cielo... Las mujeres aseguran que el infierno es el de los grandes enamorados. Ahí en la eternidad, rojo pasión. El gran fuego. Pero Pepe el Toro fue el fuego abrasador y también el fuego de 'Amorcito corazón' y seguramente lo tienen en casa, la Santa, la Esperanza, la Chorreada... En el mejor de los casos Pedro es la reencarnación de la simpatía... En un momento de sinceridad Verónica Castro dijo: 'De casarme hubiera elegido a Pedro Infante'... De Pedro se ha escrito y dicho todo. Las nuevas generaciones desconocen su historia y agregan episodios a la leyenda. No importa..."

En febrero de 1994 la prensa nacional destacaba un suceso relevante: por primera vez en la historia del Paseo de la Fama, en Hollywood, se reconocía a un actor, que nunca trabajó ahí. En esa ocasión también fueron homenajeados Sophia Loren, la diva italiana, y Charlton Heston el galardonado actor y presidente de la Asociación Nacional del Rifle, en los Estados Unidos. Ambos se sorprendieron frente al tumulto y caos vial que provocó el reconocimiento a Pedro. Sólo se escuchaba: "¡Viva Pedro Infante!, ¡Viva México... Viva!" Pepe Crowe, junto con su hermano Paco, luchó incansablemente para que los organizadores y la Cámara de

PEPE, ÁNGEL Y PEDRO INFANTE, PRACTICANDO.

El hombre con el que más convivió: su hermano Pepe, a quién solía decirle: "¿Qué pasa mi loco?".

Espectáculos

Editor: LEOPOLDO MERAZ

A las 10 de la mañana, el homenaje a Sophia Loren...

Y a las 11 horas, Pepe C...

...realidad un viejo sueño...

EL UNIVERSAL / Reportero Cor

Pedro Infante Torrentera está ahí. "En el nombre del padre"

El fabricante en Hollywood Boulevard

"¡Viva Pedro Infante! ¡Viva México... viva!"

Donde se cuenta el porqué ignoramos... ¡a Sophia Loren!

■ Por el Reportero Cor

Hollywood, 1o. de febrero de 1994.

La mañana nublada y las estrellas "que bajaron del cielo" al llamado *Paseo de la Fama*...

En la prolongación de Hollywood Boulevard —una larga calle, una sola, que costó 5 millones de dólares a las autoridades de Los Ángeles, California— encontró el acomodo estelar Pedro Infante. El signo del disco —es decir, la música más que el cine—, identifica a un ídolo que conoce desde hace 37 años la gloria celestial y, desde luego, la bealería terrenal!

Pepe Crowe recogió la lucha fanática de su hermano

Comercio dieran tal distinción al ídolo de México, que, nuevamente, cimbró al estado de California.

En octubre de 1992, Elena Poniatowska[9] publicó dos artículos relacionados con un prólogo de un libro más acerca de Infante, de ellos rescato para el lector las líneas medulares:

"El ídolo de las multitudes murió dos veces... Primero en el cielo de Mérida, después en la tierra de la ciudad de México: el 15 de abril de 1957... A partir de ese momento se armó un san Quintín, los mexicanos se quisieran morir también. ¡Morirse a los treinta y nueve años! ¿Será posible?... las consecuencias de su desaparición fueron fatales. El pueblo de México aguanta un piano; aguanta al PRI, la corrupción de sus gobernantes; la voracidad de la iniciativa privada, pero la muerte de Pedro eso sí no lo aguantó, ya la parca

ACOMPAÑADO POR SU MADRE, DOÑA REFUGIO, EN LA FILMACIÓN DE *TIZOC*, 1956.

se había llevado al Charro Inmortal, Jorge Negrete... ahora se llevó al cantor de la alegría, eso sí que no... [hubo] lesionados, desvanecidos, suicidas, una niña de catorce años en Monterrey: ¡Papi, mami, yo sin Pedro no puedo, ni quiero vivir!; otra venezolana, tontas, tontitas, tontísimas... En el panteón no cabía un alfiler, hubo cuarenta y tres heridos y cien golpeados, monumentos destrozados, cruces hechas añicos, angelitos desalados, la tierra del Panteón Jardín convertida en picadero, pisoteada, ultrajada a la hora del Apocalipsis, la vida es canija, pero la muerte es más... Al igual que otras jovenazas, quisiera rendirle a Pedro un homenaje y esparcir a sus pies un ramito de nomeolvides; total, yo soy de su borregada, lo confieso virtualmente y a renglón seguido paso a entonar la canción que hizo soñar a tantas mujeres: 'Amorcito corazón'... En muchos lugares públicos y en pequeños negocios existen grandes pósters de Pedro Infante... a todos les cae bien... lo aman como a Emiliano Zapata. Es el mexicano valiente, enamorado, el charro cantor, el que salió del pueblo, es uno de ellos... En realidad, a Pedro lo mataron las pinches viejas con sus pinches urgencias..."

Al cumplirse 35 años de su fallecimiento, Jesús Camacho Villaseñor, más conocido como Pedro de Urdimalas, caballero del escenario, compositor, argumentista y excelente amigo de Pedro, así como de quien esto escribe, al hacer nuestro primer libro sobre su vida, nos reunimos en numerosas ocasiones con mi padre. En ese grupo algunas veces nos acompañó Gonzalo Castellot para platicar sobre las vivencias que estos ilustres amigos compartieron con el ídolo. Pedro de Urdimalas fue el guionista de *Nosotros los pobres* y *Ustedes los ricos*. En ese año (1992) nos sorprendió con una carta llena de reminiscencias dirigida a su querido tocayo, publicada por la revista *Época*:[10]

ANTONIO BADÚ, LILIA PRADO Y PEDRO ANTE UN TRADICIONAL CABRITO, EN UN RESTAURANTE DE MONTERREY.

"Señor Pedro Infante Cruz:

Te escribo la presente desde la última estación de un primoroso viaje para el cual no hay boleto de regreso, ¡la vida!; ¡qué linda es por dura que sea!

Tú llegaste al mundo seis años después que yo y te quedaste de inquilino para siempre en el alma de los humildes, en donde vives y no pagas renta.

Interés irrenunciable por todos los aspectos de la aviación.

Ningún cantante ha generado la cantidad de dinero por venta de discos como Pedro Infante, sin que su familia reciba un solo peso por concepto de regalías.

Los humildes... los que no vieron en ti un burro mercantil y que conste que yo no soy de estos últimos, pues mi contrato de *Nosotros los pobres* dice... 'por dos mil quinientos pesos que serán pagados en abonos de doscientos pesos semanarios, escribiré, argumento, adaptación, letra de canciones (y ahí se fueron; 'Amorcito corazón', 'La suerte chaparra', 'Corazoncito', 'Ni hablar mujer' y de pilón 'Las mañanitas')... ése fue el contrato... Como compensación, tú, mi Pedro, me has regalado por las canciones un montón de centavos y desde que Roberto Cantoral está de presidente de los compositores, montón de pesitos... y sobre todo, tengo el cariño del público, que vale más que todo el dinero del mundo.

Tocayo: tu voz enamorada ya había hecho travesuras entre las muchachas de tu tierra, Mazatlán, donde las mujeres son como la ola verde. Esa ola que le dio ímpetu a tu arrolladora personalidad.

Supiste del encanto de ser pobre. En tu casa ronroneaba la máquina de coser de doña Cuquita, tu Ma, y gemía el contrabajo de don Delfino, tu Pa.

Tu hermano Ángel fue un defensor de oficio desde que comenzaste a hacer 'solitos'; ¡cómo te cuidaba! Siempre se echaba la culpa de todas tus hazañas infantiles; comerte el pan de todos... romper jarros y cazuelas... miarte en la cama... hacer incendios... y Ángel recibía las tundas pues siempre decía: 'Yo lo hice'.

En honor tuyo debo decir que eres una ardilla para subirte a los árboles a robarte la fruta y el que recibía los garrotazos era el que años después fue padre de la preciosa actriz Sonia Infante... ¡Ah! y tu hermano Pepe... nadador, ciclista, boxeador y muy amigo mío... era el guardián de la familia.

El condenado parecía perro bulldog atacando al que maloreaba a tus hermanitas, chulas como ellas solas. En tu casa, como eran muchos, a veces llamaba el hambre; pero nunca la dejaste entrar. Tú, Pedro, hasta movías el pedal de la máquina de coser, horas y horas, para que doña Cuquita no se cansara y te hiciste músico, carpintero, peluquero... Todas ayudaban y tú te comías todo cuando se descuidaban.

Fuiste un enamorado del amor. A ninguna le decías que no; y todas te preguntaban que si sí...

Te viniste a México con una bonita, y de bonita en bonita llenaste el mundo de amoríos. Cuando llegaste a la capital, los coches

Pepe Infante y el autor, en un homenaje a Pedro celebrado en la Delegación Benito Juárez, 1990.

libres, hoy taxis, cobraban un tostón por una dejadita de la Villa a San Ángel, que ya se llamaba Villa Obregón.

Lázaro Cárdenas se llamaba San Juan de Letrán, me refiero a la calle, y era angostita. Desde donde hoy está la torre Latinoamericana, se veían el Convento del Carmen en San Ángel y la Basílica de Guadalupe. Cuando llegaste con tu bonita, fuiste a la Villa y te pusiste a cantar en el mercado diciendo que lo hacías para cumplir una manda. Juntaste buenos centavos y la manda fue un pollo con mole, barbacoa con salsa borracha y café caliente... La Virgencita debe de haber sonreído desde su antigua Basílica...

Todo supiste hacer, sobre todo morirte a tiempo. Antes de cumplir cuarenta años, que en México es el mayor delito.

Te deseo que allá en la eternidad no dejes que te meta en problemas ninguna de las once mil vírgenes... por allá nos vemos, tocayo."

Su ídolo desde su infancia fue Tom Mix y, después, Tito Guízar y Jorge Negrete.

Pedro de Urdimalas (creador del personaje de Topillos en las películas de *Nosotros los pobres* y *Ustedes los ricos*) ya alcanzó a su tocayo en la eternidad, falleció en 1994, y quizá siga componiéndole canciones a Pedro, para regocijo de todos los que ya se nos adelantaron.

Pedro Infante es ya un icono insustituible, y tanto en nuestro país como en el extranjero, su voz y presencia fílmica se mantiene como una de las más populares entre las nuevas generaciones. Continuamente todos los puestos de periódicos tienen en sus exhibidores la figura de Pedro, ya sea porque salga a la venta algún

El amor de su vida: su madre.

video, o porque alguna revista publique algo de su historia, o incluso sólo su imagen.

En la capital de la república, como ya se ha comentado, emisoras como la W, Radio Sinfonola, Radio Consentida, El Fonógrafo, Bonita, la B grande y muchas más se encargan de mantener vivas sus interpretaciones.

En sus aniversarios luctuosos siempre destaca la cobertura que realizan Gustavo Alvite y Arturo Cortez, de Radio Sinfonola, en el 1410 de A.M. Asimismo, en Monterrey, hace lo propio el programa que se transmite diariamente por La Regiomontana, con Eduardo Becerra. Además, recientemente en la Macro Plaza de esa hermosa ciudad se han llevado a cabo numerosos festivales populares para conmemorar un año más sin él. Igual sucede con los festejos organizados por Dora Elia Salazar Silva, con el apoyo del gobierno municipal de Ciudad Guadalupe, Nuevo León.

Por su parte, en la Ciudad de Mérida existe un monumento a su memoria, realizado por Humberto Peraza Ojeda, renombrado escultor yucateco, así como un busto en el lugar exacto del fatal accidente. Sería deseable que las autoridades de Mérida trasladaran este monumento al Paseo de Montejo, en el lugar conocido como El Remate, con la finalidad de que fuera más frecuentado por el turismo nacional que visita el lugar. Por supuesto que esto implica un amigable consenso entre los vecinos y clubes de admiradores involucrados, con la finalidad de dejar a todo el mundo contento. En ese lugar, El Remate, es donde se realizan festivales de música todos los fines de semana.

En la capital, durante abril del 2003, Pedro Infante volvió al cine, a través de un ciclo cinematográfico —Viva el Cine Mexicano: ¡Pedro Infante ha vuelto!— en el Auditorio Nacional organizado por Conaculta,[11] con una asistencia promedio de tres mil personas por función, una cifra que superó con mucho las expectativas de los organizadores.[12]

El ciclo comenzó el jueves 17, con la proyección de *Nosotros los pobres.* Ésta fue la primera vez, en cerca de 55 años, que el filme dirigido por Ismael Rodríguez volvió a la pantalla grande, con sonido remasterizado e imagen renovada. En esa ocasión, la ciudad de México se vio cubierta por enormes pancartas y fotos

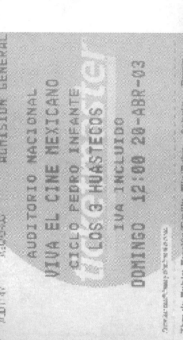

SILVESTRE VARGAS, PEDRO Y JORGE MADRID CAMPOS.

de Pedro, que promovían la interesante jornada cultural.

También en abril del 2003, en todos los diarios del país, se anunciaba a páginas completas el interesante programa de la serie "México Nuevo Siglo", "No me parezco a nadie, la vida de Pedro Infante", sus amores, sus personajes, su leyenda. La intensa vida y el trágico final del ídolo mexicano en su 46° aniversario luctuoso.[13]

Como comentarios finales me gustaría relatar una anécdota sucedida un jueves de agosto de 1994, en el restaurante El Cardenal, de la calle de Palma, en el Centro Histórico de la ciudad de México. En esa ocasión comíamos juntos un grupo de amigos, entre ellos, mi padre Pepe Infante, Alfonso Castillo Burgos, a quien agradezco la idea original de realizar esta historia, mi inolvidable amigo y maestro Francisco Maydón Garza, Roy Guerra y Armando Zenteno, el conocido periodista y conductor de espectáculos y de deportes; también nos acompañaba el dueño del excelente restaurante, Jesús Briz Infante.

Después de departir amablemente sobre asuntos diversos, al tocar el tema de Pedro Infante, Armando Zenteno solicitó la palabra de forma muy seria y antes de narrar una anécdota personal, nos solicitó anticipadamente una amplia disculpa, por si alguien pudiera sentirse afectado u ofendido, o por si pudiese ser irreverente con lo que iba a relatar.

Todos nos quedamos sorprendidos ante la advertencia y esperemos atentos su narración.

"A fines de 1956, un grupo de estudiantes de 6° año de primaria, de diferentes escuelas de la capital, fuimos seleccionados por buen desempeño por las autoridades educativas, para visitar a artistas consagrados, como un estímulo o premio al esfuerzo realizado. En esa ocasión se organizaron dos grupos, uno para visitar a Mario Moreno, Cantinflas, y otro a Pedro Infante. En total

HACIENDO HONORES A UNA TORTA DE TAMAL.

ACOMPAÑADO POR BLANCA ESTELA PAVÓN.

IZQUIERDA: UN DESCANSO
DURANTE LA FILMACIÓN
DE *EL INOCENTE*, 1955.

DERECHA: PEDRO CON DON
RUPERTO PRADO A SU
EXTREMO DERECHO, CON
PERSONAL DE TAMSA, EN EL
AEROPUERTO DE MÉRIDA,
1956.

éramos como cincuenta estudiantes; la mayoría queríamos ir con Pedro, por supuesto que yo también, así que tuve la suerte y junto con otros treinta alumnos nos dirigimos de manera muy ordenada a Cuajimalpa, por el kilómetro 17.5 de la carretera México-Toluca, a la casa del señor Infante. Cuando llegamos al jardín, vimos que tenía una hermosa alberca, unas instalaciones increíbles y novedosas para la época, además llegaban los aromas de un deliciosa cocina, cuando de repente aparece él, nos abraza con afecto y sencillez y saluda a todos como si fuera un viejo amigo, como un padre. Sentí una imborrable e inolvidable emoción que jamás he sentido en mi vida. Cuando lo vi... ¡yo vi a Dios!... y vaya que en mi vida profesional, posteriormente, he tenido la oportunidad de conocer y entrevistar a grandes personajes de la vida política, artística, cultural y deportiva tanto nacional como internacional. Pero les digo una cosa: jamás en mi vida he sentido esa sensación única, de ese maravilloso recuerdo de mi infancia."

La anécdota nos emocionó sobremanera. Mi padre abrazó a Armando y todos sentimos la misma añoranza al compartir esa evocación de la vida personal de mi apreciado Armando Zenteno.

Lo anterior me trajo a la memoria que, el 19 de mayo del 2005, fui invitado al teatro Carlos Acereto, en la ciudad de Méri-

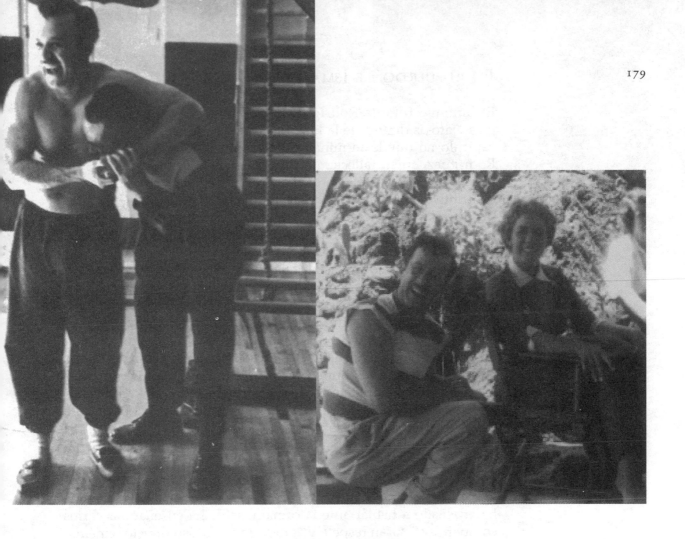

da, por el ingeniero Roberto MacSwiney, destacado conductor y periodista de la alba ciudad, así como por el maestro Ariosto Aké, profundos conocedores de la trova y de la cultura yucateca. En esa ocasión me invitaron al homenaje que se hacía a dos distinguidos maestros a quienes se les ofrecía un reconocimiento por su trayectoria magisterial. Mi intervención en ese programa consistía en platicarle al público asistente (la mayoría maestros y familiares de éstos) sobre la vida de Pedro Infante y la posibilidad, como popularmente se dice, de "echarnos un palomazo".

En fin, todo fue sobre ruedas y, al terminar mi participación, me dirigí hacia la parte trasera de los paneles. En esos momentos se me acercó el maestro William Gómez, hombre de unos 70 años, quien se presentó, me abrazo y me relató con llanto apenas contenido, que en 1955, al presentársele una delicada enfermedad que requería medicamentos sumamente caros para su tratamiento y que su familia no podía sufragar, un amigo le recomendó ir a casa de Pedro, quien era su vecino. Lo hizo, le expuso el problema y su sorpresa fue mayúscula cuando el mismo Pedro lo subió a su auto y fueron juntos por el medicamento. Un rasgo solidario por el que le quedó eternamente agradecido. Acciones humanitarias como ésta, en apariencia pequeñas, revelan la estatura moral de una persona.

IZQUIERDA: Con su hermano Pepe, en el gimnasio de su casa en Cuajimalpa.

DERECHA: Con Silvia Pinal durante la filmación de *El Inocente*, 1955.

En recuerdo de Ismael

El binomio Infante-Rodríguez representa una de las fórmulas más exitosas dentro de la historia del cine contemporáneo. Y este capítulo no puede terminar sin unas líneas dedicadas a Ismael Rodríguez, quien falleciera a principios de agosto del 2004. Consideramos pertinente recordar al creador de tantos personajes que contribuyeron a hacer de Pedro lo que es hoy. Ambos eran de la misma edad y coincidían en ideales. Los dos sinceros, profesionales y de gran nacionalismo. Sin duda, ha sido el director de cine mexicano de mayor popularidad.

De Pedro, a quien siempre le tuvo una gran admiración, cariño y reconocimiento, siempre guardó el más leal de los recuerdos. No olvidamos que por su magnifica dirección en *Tizoc*, Pedro ganó el Oso de Plata de Berlín, como el mejor actor del mundo.

Durante los servicios funerarios de este destacado director cinematográfico, su hijo Ismael expresó algo que lo pinta de cuerpo entero: "Utilizando el humor negro que tanto le gustó a mi papá, yo diría que seguramente ahorita se encuentra en el cielo con Pedro Infante y diciéndole: Mira allá están llorando, pero ya es la hora del amigo, así que vamos a tomarnos un trago".[14]

En la única entrevista televisiva que se conserva, Pedro manifiesta su gratitud a su amigo y director: "Yo entré al cine, pero yo no le atinaba a todo. Como actor soy malo, ni yo mismo me aguanto. Ismael me dio la carrera, él me enseñó, y así como él me ha enseñado a hablar ante la cámara, así le ha enseñado a varios compañeros". Gran respeto y agradecimiento a su director cinematográfico y amigo a quien le decía con afecto "Papi".

Al final

En fin, pasarán *Cien años* y Pedro Infante, *Mexicano hasta las cachas*, el *Hijo del pueblo* será para muchos *El muchacho alegre* que *Muy despacito* nos recordará cuando le decían *El mil amores* y como *Viejos amigos* nos hará reir con la *Carta a Eufemia*, y quizá bajo una *Luna de octubre* nos pregunte extrañado *¿Qué te ha dado esa mujer?*, a veces tan *Orgullosa y bonita*. Sin duda, nos dará *Tres consejos*, entre los cuales uno será llevarle serenata para cantarle *Amorcito corazón*; a lo mejor se nos quita lo *Mal correspondido* y, cuando *Ella* salga a la ventana, nos dará un suave codazo como diciendo *Mira nada más*. Ya para despedirse dirá *Que me toquen "Las golondrinas"*, pero con la advertencia, después de un *Café con piquete*, de que a pesar de las distancias *Siempre siempre* estará entre nosotros.

Hijas, nietos y bisnietos de Pedro

Lupita Infante con sus hijas, Gerarda y alejandra Prado Infante, y sus nietos Alberto y Pedro Capetillo.
Irma Infante con sus hijos, Alejandro, Mariana e Irma, y sus nietas Mariana y Martina.

Reunidos el 3 de octubre de 2005,
en el cumpleaños de Lupita Infante Torrentera.

7. VIDA DE ARTISTA

DISCOGRAFÍA 1942-1956

Pedro Infante, antes de llegar a la capital, era ya un buen cantante y un excelente instrumentista entre los jóvenes músicos de su estado natal. Por desgracia, de su paso por la orquesta Estrella y otros grupos sinaloenses, así como de sus presentaciones en la XEBL de Culiacán, no quedó grabación alguna, aunque sí testimonios, documentos y fotografías.

En 1939, al arribar a la capital, a pesar de ser un joven de 22 años contaba ya con una sólida experiencia, lo cual fue un elemento clave que le permitió su ingreso a la XEB. Más tarde, a principios de los cuarenta, se desempeñó como crooner en el Waikikí y, poco tiempo después, su desenvoltura lo llevó al Tap Room y Salón Maya del Hotel Reforma, a dirigir la orquesta del prestigiado hotel.

Aunque para 1942 ya había grabado dos discos en RCA Victor, y participado en tres cortometrajes musicales, el conocer al director de Discos Peerles, don Guillermo Kornhauser, fue determinante en su vida profesional. Así, el 29 de octubre de 1943 graba cuatro canciones: "El durazno", "Ventanita de oro", "El azotón" y "El soldado raso". Seis días después, el 5 de noviembre del mismo año, graba los valses "Rosalía" y "Mañana".

Desde su primera grabación y hasta el primero de diciembre de 1956, cuando acude por última vez a los estudios, alcanzó a dejar el registro de su voz en 333 temas para esa disquera, así como 95 más para películas. Muchos de ellos fueron grandes éxitos que aún permanecen en el gusto del público.

ALGUNOS NÚMEROS

En total Pedro Infante grabó 430 canciones: 2 para RCA Victor, 333 para Peerles, 95 para películas y 5 temas a su memoria.

Entre los autores y compositores a quienes grabó más temas están:

AUTOR	NÚMERO DE TEMAS
Manuel Esperón	54
José Alfredo Jiménez	47
Ernesto Cortázar	44
Rubén Fuentes	44
Cuco Sánchez	24
Alberto Cervantes	20
Pedro de Urdimalas	17
Rubén Méndez	15
Chucho Monge	9
Tomás Méndez Sosa	9
Agustín Lara	7
Felipe Bermejo	7
Consuelo Velázquez	7
Rubén, Pénjamo, Méndez	4
José Antonio Zorrilla, Monis	2

Por género sus canciones se pueden clasificar:

GÉNERO	NÚMERO DE TEMAS
Rancheras	164
Boleros	102
Corridos y huapangos	48
De cantina	35
De vacilón	31
Mañanitas y serenatas	28
Valses	17
Infantiles	5
Total:	430

Catálogo discográfico en RCA Victor, 1942

CANCIÓN	FECHA DE GRABACIÓN	FECHA DE LIBERACIÓN A LA RADIO
Guajirita	1942	Se desconoce
Te estoy queriendo	1942	Se desconoce

CANCIÓN	FECHA DE GRABACIÓN	FECHA DE LIBERACIÓN A LA RADIO
El durazno	49/10/43	Se desconoce
Ventanita de oro	29/10/43	Se desconoce
El azotón	29/10/43	Se desconoce
Soldado raso	29/10/43	Se desconoce
Rosalía	05/11/43	Se desconoce
Mañana	05/11/43	Se desconoce
Amores de ayer	18/08/44	Se desconoce
Mi changuita	18/08/44	Se desconoce
Deja	18/08/44	Se desconoce
Noche plateada	18/08/44	Se desconoce
Así es la vida	14/07/44	Se desconoce
Mi patria es lo primero	14/07/44	Se desconoce
Cuando un mexicano quiere	14/07/44	Se desconoce
El sueño	14/07/44	Se desconoce
Dulce patria	14/07/44	Se desconoce
Mi lindo Monterrey	16/11/45	Se desconoce
Cuando lloran los valientes	16/11/45	Se desconoce
Ramito de azahar	16/11/45	Se desconoce
Caballo blanco	16/11/45	Se desconoce
Vete de mí	16/11/45	Se desconoce
Ranchito lindo	16/11/45	Se desconoce
Tal vez me puedan matar	16/11/45	Se desconoce
Debías de volver	16/11/45	Se desconoce
Me dices que te vas	16/11/45	Se desconoce
Sobre las olas	07/12/45	Se desconoce
Viva mi desgracia	07/12/45	Se desconoce
Ven junto a mí	07/12/45	Se desconoce
Cielito lindo	07/12/45	Se desconoce
Siempre borracho	07/12/45	Se desconoce
Allá en el Rancho Grande	07/12/45	Se desconoce
Por última vez	07/12/45	Se desconoce
Tu felicidad	26/04/46	Se desconoce
Mi tragedia	26/04/46	Se desconoce
Alma jarocha	26/04/46	Se desconoce
Vieja chismosa	24/05/46	Se desconoce
No, tú no	24/05/46	Se desconoce
Orgullo ranchero	24/05/46	Se desconoce
Fiesta mexicana	24/05/46	Se desconoce
Criolla	24/05/46	Se desconoce
Vuela, vuela pajarito	24/05/46	Se desconoce
Será por nueva	24/05/46	Se desconoce
Qué pasa mi cuate	24/05/46	Se desconoce
Qué te cuesta	24/05/46	Se desconoce
Mi cariñito	24/03/47	Se desconoce
El charro	24/03/47	Se desconoce
Maldita sea mi suerte	24/03/47	Se desconoce
Mi consentida	24/03/47	Se desconoce
Me voy por ahí	24/03/47	Se desconoce

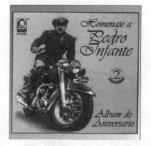

CANCIÓN	FECHA DE GRABACIÓN	FECHA DE LIBERACIÓN A LA RADIO
Ahora que me siento nylon	24/03/47	Se desconoce
Yo maté a Juan Charrasqueado	24/03/47	Se desconoce
Ojitos morenos	24/03/47	Se desconoce
El aventurero	24/03/47	Se desconoce
¡Qué susto da!	24/03/47	Se desconoce
La motivosa	24/03/47	Se desconoce
¡Oh qué amor!	13/02/48	06/04/48
Palabritas de amor	13/02/48	06/04/48
¡Ay mis cuates!	13/02/48	06/04/48
Cartas marcadas	13/02/48	06/04/48
La barca de oro	13/02/48	10/03/50
La borrachita	13/02/48	10/03/50
Mi suerte es chaparra	20/02/48	12/04/48
Atardecer huasteco	20/02/48	Se desconoce
Ranchito de mis amores	20/02/48	12/04/48
Tercia de ases	05/08/48	10/02/49
La traidora	05/08/48	10/02/49
El ranchero	05/08/48	16/08/48
El vacilón	05/08/48	16/08/48
Mi adoración	05/08/48	25/06/49
Por a'i, por a'i	05/08/48	25/06/49
Jorge Negrete	05/08/48	10/08/48
Dios sí existe	05/08/48	10/08/48
Dicen que soy mujeriego	23/04/49	05/05/49
Perdón no pido	23/04/49	05/05/49
Adiós mis chorreadas	23/04/49	10/07/49
Sus ojitos	23/04/49	10/07/49
Amorcito corazón	23/04/49	15/05/49
Serenata	23/04/49	15/05/49
El as de espadas	23/04/49	30/10/49
La desentendida	23/04/49	30/10/49
Tú, sólo tú	07/10/49	15/10/49
Dos arbolitos	07/10/49	05/10/49
María, María	07/10/49	02/01/50
Con el tiempo y un ganchito	07/10/49	02/01/50
Otra copa compadre	07/10/49	07/10/49
Tienes que pagar	07/10/49	07/10/49
Qué será lo que tengo	07/10/49	07/10/49
Que siga la bola	07/10/49	07/10/49
Mala suerte	07/10/49	24/11/49
Mi preferida	21/03/50	25/03/50
Pobre corazón	21/03/50	25/03/50
Serenata de amor	21/03/50	25/05/50
El rebozo	21/03/50	25/05/50
Pasión eterna	21/03/50	25/05/50
Cuatro vidas	21/03/50	30/05/52
Oye vale	21/03/50	25/05/50
Por un amor	21/03/50	30/05/52
La casita	25/05/50	05/06/50
Serenata tapatía	25/05/50	27/05/50
La negra noche	25/05/50	15/09/50

CANCIÓN	FECHA DE GRABACIÓN	FECHA DE LIBERACIÓN A LA RADIO
La barca de Guaymas	25/05/50	15/09/50
Qué haré con esos ojitos	25/05/50	20/07/51
Ni hablar mujer	25/05/50	20/07/51
Yo vengo del norte	25/05/50	30/06/50
Óigame compadre	25/05/50	30/06/50
Amorcito consentido	25/05/50	29/12/52
Cariño	25/05/50	29/12/52
Yo	08/06/50	12/06/50
Oyes Lupita	08/06/50	12/06/50
Mañanitas tapatías	08/06/50	12/06/50
El gavilán pollero	13/07/50	18/07/50
Con un polvo y otro polvo	13/07/50	18/07/50
Ando vagando	13/07/50	20/08/50
Ya no te quiero	13/07/50	20/08/50
Alevántate	13/07/50	15/08/50
Ando marchito	13/07/50	15/08/50
Las mañanitas	13/07/50	30/07/50
En tu día	13/07/50	30/07/50
El renegado	13/07/50	25/10/50
El Alazán y el Rocío	13/07/50	25/10/50
Ella	17/08/50	25/10/50
Cuatro caminos	17/08/50	25/10/50
Jamás, jamás	17/08/50	25/08/50
El lavadero	17/08/50	25/08/50
Pescando	17/08/50	06/07/55
Sé que te quiero	17/08/50	06/07/55
El muchacho alegre	17/08/50	10/12/50
El cobarde	17/08/50	05/04/51
Nocturnal	24/08/50	10/10/50
Recuerdo	24/08/50	10/10/50
Dolores	24/08/50	25/09/50
Carmen	24/08/50	25/09/50
Cuando juego al albur	11/11/50	05/04/51
Ábranse que vengo herido	11/11/50	05/04/51
El fronterizo	11/11/50	15/11/50
Tu castigo	11/11/50	15/11/50
15 de septiembre	11/11/50	10/12/50
Rosa, Rosita	11/11/50	10/12/50
El rebelde	23/12/50	10/10/51
Golondrina de ojos negros	23/12/50	10/10/51
La que se fue	23/12/50	29/12/50
Islas Marías	23/12/50	29/12/50
Suertes malditas	23/12/50	05/01/51
Las tres botellas	23/12/50	05/01/51
Qué suerte la mía	03/02/51	01/05/51
Soy infeliz	03/02/51	01/05/51
Amor escondido	03/02/51	05/05/51
Necesito dinero	03/02/51	05/05/51
Un día nublado	03/02/51	02/06/51
Ilusión ranchera	03/02/51	02/06/51
Mi despedida	03/02/51	25/02/51

CANCIÓN	FECHA DE GRABACIÓN	FECHA DE LIBERACIÓN A LA RADIO
La última vez	03/02/51	25/02/51
Cuando el destino	27/07/51	11/09/51
Viejos amigos	27/07/51	11/09/51
Despierta	27/07/51	18/02/52
Qué te ha dado esa mujer	27/07/51	18/03/52
Copa tras copa	27/07/51	02/08/51
Las Isabeles	27/07/51	02/08/51
Ahí lo traes	27/07/51	14/09/51
Siempre, siempre	27/07/51	14/09/51
Yo no fui	10/11/51	25/11/51
Las tres cosas	10/11/51	25/11/51
Carta a Eufemia	10/11/51	25/11/51
Veleidosa	10/11/51	25/11/51
El hijo del pueblo	10/11/51	30/11/51
Con quién palabras	10/11/51	30/11/51
Paloma querida	10/11/51	12/12/51
Amorcito de mi vida	10/11/51	12/12/51
Orgullosa y bonita	10/11/51	25/08/52
México mío	10/11/51	25/08/52
A los amigos que tengo	10/11/51	22/09/55
Rosita de olivo	10/11/51	15/04/54
El plebeyo	22/02/52	25/02/52
Nube gris	22/02/52	25/02/52
Serenata sin luna	22/02/52	18/03/52
Ahora soy rico	22/02/52	22/09/55
Hasta en los postes te miro	22/02/52	15/04/52
Café con piquete	22/02/52	15/04/52
Tengo un amigo	22/02/52	15/07/53
Esta noche	22/02/52	10/12/52
El papalote	22/02/52	18/03/52
Vamos a echarnos la otra	22/02/52	14/11/52
Peso sobre peso	28/05/52	03/06/52
El piojo y la pulga	28/05/52	03/06/52
Serenata en la noche	28/05/52	24/06/52
Porque volviste	28/05/52	24/06/52
Soy muy hombre	28/05/52	15/06/52
Corazón, corazón	28/05/52	15/06/52
Senderito de amor	14/06/52	10/12/53
Nacho Bernal	14/06/52	30/06/52
Nuestro amor	14/06/52	05/03/53
Pénjamo	14/06/52	30/06/52
¡Ay cuánto quiero a mi Lupe!	14/06/52	30/06/52
El copetín	06/08/52	26/09/52
Mi chorro de voz	06/08/52	26/09/52
La tertulia	06/08/52	14/11/52
La traidora	06/08/52	14/11/52
La mala estrella	06/08/52	02/07/53
Tu recuerdo y yo	06/08/52	02/07/53
Que te haga buen provecho	22/11/52	01/12/52
Hace siete noches	22/11/52	01/12/52
Cuánto amor	22/11/52	01/12/52

CANCIÓN	FECHA DE GRABACIÓN	FECHA DE LIBERACIÓN A LA RADIO
El jardinero	22/11/52	01/12/52
Te equivocastes	22/11/52	15/04/54
Ando muy borracho	22/11/52	15/04/54
Qué pasa compadre	16/01/53	15/08/54
Ni por favor	16/01/53	05/03/53
Mi aventura	16/01/53	25/01/53
Por si me olvidas	16/01/53	25/01/53
Que me toquen Las golondrinas	16/01/53	25/01/53
Entre copa y copa	16/01/53	25/01/53
Qué te pasa corazón	19/03/53	03/04/53
Mira nada más	19/03/53	03/04/53
Canto del bracero	19/03/53	05/04/53
Di que no	19/03/53	15/07/53
Siete leguas	19/03/53	03/04/53
Qué tanto es tantito	19/03/53	15/05/53
Mi Tenampa	19/03/53	15/11/53
Qué manera de perder	19/03/53	05/04/53
Cómo me has dejado	08/07/53	02/09/53
Mal correspondido	08/07/53	15/11/53
Te vengo a buscar	08/07/53	05/10/53
Presentimiento	08/07/53	05/10/53
Ifigeño el sombrerudo	08/07/53	25/08/53
Compadrito corazón	08/07/53	10/08/53
Si tú me quisieras	08/07/53	10/08/53
Prisionero del recuerdo	08/07/53	25/08/53
Sin futuro	03/10/53	10/10/53
Las dos caras	03/10/53	10/12/53
Vaya con Dios	03/10/53	10/10/53
Cien años	03/10/53	10/10/53
Tu vida y mi vida	03/10/53	25/08/54
Las mañanitas mexicanas	03/10/53	10/12/53
Camino de Guanajuato	09/12/53	25/12/53
Gorrioncillo pecho amarillo	09/12/53	25/12/53
Sahuayo	09/12/53	05/01/54
Si tú también te vas	09/12/53	15/03/54
El muñeco de cuerda	09/12/53	15/03/54
El mil amores	09/12/53	10/02/54
Los dos perdimos	09/12/53	10/02/54
Tu amor y mi amor	09/12/53	05/01/54
Nuestro amor	09/12/53	05/01/54
Flor sin retoño	09/04/54	15/05/54
Mi amigo el mar	09/04/54	15/07/54
Muy despacito	09/04/54	25/05/54
Yo te quise	09/04/54	15/06/54
Tres consejos	09/04/54	25/05/54
Divino tormento	09/04/54	15/07/54
Luna de octubre	09/04/54	15/05/54
Tú que más quieres	09/04/54	15/06/54
Paloma déjame ir	19/06/54	25/03/55
La calandria	19/06/54	25/06/54
Camino de espinas	19/06/54	27/12/54

CANCIÓN	FECHA DE GRABACIÓN	FECHA DE LIBERACIÓN A LA RADIO
Tres días	19/06/54	25/06/54
Toda una eternidad	19/06/54	27/12/54
Llegaste tarde	19/06/54	25/10/54
Consejo de amigo	19/06/54	05/11/55
La Rafailita	19/06/54	05/11/55
El último aviso	04/09/54	30/09/54
Tú y las nubes	04/09/54	30/09/54
El tren sin pasajeros	04/09/54	10/12/54
Mi nave	25/07/54	10/12/54
Cuando sale la luna	25/07/54	10/12/54
El mundo raro	04/09/54	30/05/55
Derecho a la vida	08/01/55	25/01/55
Bésame morenita	08/01/55	25/01/55
Nochecitas mexicanas	08/01/55	30/05/55
Último deseo	08/01/55	05/05/55
La del rebozo blanco	08/01/55	05/55/55
Que murmuren	08/01/55	25/05/55
Al derecho y al revés	08/01/55	15/02/55
A los cuatro vientos	08/01/55	15/02/55
Adiós Lucrecia	15/02/55	17/02/55
Nana Pancha	15/02/55	17/02/55
Alejandra	16/02/55	06/08/55
Morir soñando	16/02/55	06/08/55
Club Verde	16/02/55	15/05/57
Dios nunca muere	16/02/55	15/05/57
Puerta falsa	16/02/55	15/05/57
Grito prisionero	16/02/55	15/05/57
Rosa María	16/02/55	05/06/55
¿Por qué sufrir tanto?	16/02/55	15/06/55
Lamento de las campanas	16/02/55	15/06/55
Sincero corazón	16/02/55	15/06/55
Alma de acero	29/11/55	15/03/56
Una noche de julio	29/11/55	05/12/55
El aguacero	29/11/55	25/12/55
La chorriada	29/11/55	15/09/56
Échenme la tierra encima	29/11/55	25/12/55
La verdolaga	29/11/55	05/01/56
Historia de un amor	29/11/55	15/12/55
El jazmín deshojado	29/11/55	20/04/56
De tanto amar	08/12/55	25/05/56
Aunque me cueste la vida	08/12/55	20/04/56
Maldito abismo	08/12/55	25/05/56
Todos lloramos	08/12/55	25/05/56
Las tres hermanas	08/12/55	15/08/56
Los gavilanes	08/12/55	05/01/56
Yo soy quien soy	07/01/56	15/07/56
Arrejúntate prietita	07/01/56	14/04/57
Las golondrinas	07/01/56	14/04/57
Mía	14/01/56	14/04/57
A la orilla del mar	14/01/56	14/04/57

CANCIÓN	FECHA DE GRABACIÓN	FECHA DE LIBERACIÓN A LA RADIO
No me platiques	14/01/56	15/01/56
Prohibido	14/01/56	15/01/56
El mundo	14/01/56	15/03/56
Te quiero así	14/01/56	15/03/56
Qué vulgares somos	06/04/56	05/06/56
Tu lugar vacío	06/04/56	05/06/56
Flor de espino	06/04/56	06/04/56
El general	06/04/56	06/04/56
A todo dar	06/04/56	06/04/56
El papelerito	06/04/56	25/07/56
La vida es un sueño	06/04/56	25/07/56
Tu enamorado	06/04/56	06/04/56
Guitarras, lloren guitarras	30/06/56	05/09/56
Corazoncito tirano	30/06/56	25/07/56
Noches tenebrosas	30/06/56	25/07/56
Puro amor	30/06/56	05/09/56
Que seas feliz	04/08/56	10/08/56
Pisa pétalos	04/08/56	10/08/56
Tu mentira	04/08/56	25/11/56
No puedo más	04/08/56	25/11/56
Doscientas horas de vuelo	12/09/56	05/11/56
El volador	12/09/56	25/02/57
Pos cuícuiri	12/09/56	05/11/56
El gorgorello	12/09/56	25/02/57
La cama de piedra	01/12/56	24/02/57
Pa' que sientas lo que siento	01/12/56	25/07/57
Ni el dinero ni nada	01/12/56	03/04/58
Corazón apasionado	01/12/56	01/06/58

Catálogo de canciones grabadas y temas para películas*

CANCIÓN	AUTOR	COMPOSITOR
A la orilla del mar	Ernesto Cortázar	Manuel Esperón
A los amigos que tengo	José Ángel Espinosa, Ferrusquilla	José Ángel Espinosa, Ferrusquilla
A los cuatro vientos	Tomás Méndez Sosa	Tomás Méndez Sosa
A todo dar	Ignacio Jaime	Ignacio Jaime
Ábranse que vengo herido	Manuel Álvarez, Maciste	Manuel Álvarez, Maciste
Acuérdate, acuérdate	Dominio Público	Dominio Público
Adiós Lucrecia	Fernando Estenoz	Miguel Medina
Adiós mis chorreadas	Pedro de Urdimalas	Gilberto Parra
El aguacero	Tomás Méndez Sosa	Tomás Méndez Sosa
Águila o sol	Ernesto Cortázar	Manuel Esperón
Ahí lo traes	Marco Antonio Campos, Viruta	Marco Antonio Campos, Viruta
Ahora que me siento nylon	Nicolás G. Curiel	Nicolás G. Curiel

*Por orden alfabético.

CANCIÓN	AUTOR	COMPOSITOR
Ahora soy rico	José Alfredo Jiménez	José Alfredo Jiménez
Al derecho y al revés	Rafael Cárdenas	Rubén Fuentes
El Alazán y el Rocío	Rubén Fuentes	Rubén Fuentes
Alejandra	Enrique Mora	Enrique Mora
Alevántate	Manuel M. Ponce	Manuel M. Ponce
Allá en el Rancho Grande	Silvano Ramos	Jorge del Moral
Alma	Chucho Monge	Chucho Monge
Alma de acero	José Alfredo Jiménez	José Alfredo Jiménez
Alma jarocha	Fidel A. Vista	Fidel A. Vista
Alma llanera	Pedro Elías Gutiérrez	Pedro Elías Gutiérrez
Amor de los dos	Gilberto Parra	Gilberto Parra
Amor de mis amores	Agustín Lara	Agustín Lara
Amor escondido	Hermanos Samperio	Hermanos Samperio
Amorcito consentido	Cuco Sánchez	Cuco Sánchez
Amorcito corazón	Pedro de Urdimalas	Manuel Esperón
Amorcito de mi vida (2 versiones)	Ernesto Cortázar	Manuel Esperón
Amores de ayer	Tito Guízar	Tito Guízar
Ando marchito	José de Jesús Morales	José de Jesús Morales
Ando muy borracho	Cuco Sánchez	Cuco Sánchez
Ando vagando	Noé Bahena	Noé Bahena
Angelitos negros	Andrés Eloy Blanco	Manuel Álvarez, Maciste
Anoche	Gonzalo Curiel	Gonzalo Curiel
Ahí vienen los mariachis	Ernesto Cortázar	Manuel Esperón
Arrejúntate prietita	Felipe Bermejo	Manuel Esperón
Arrullo	Mario Talavera	R. Navarro
El as de espadas	Lino Carrillo	Lino Carrillo
Así es la vida	Alfonso Esparza Oteo	Alfonso Esparza Oteo
Atardecer huasteco	Miguel Ángel y José Ángel	Miguel Ángel y José Ángel
Aunque me cueste la vida	Luis Kalaff	Luis Kalaff
Ave María (en español)	Pedro de Urdimalas	Raúl Lavista
Ave María (en latín)	Franz Schubert	Franz Schubert
El aventurero	Ernesto Cortázar	Manuel Esperón
¡Ay Chihuahua cuánto apache!	Ernesto Cortázar	Manuel Esperón
¡Ay Chihuahua mía!	Ernesto Cortázar	Manuel Esperón
¡Ay cuánto quiero a mi Lupe!	Donaciano Rodríguez	Donaciano Rodríguez
¡Ay de aquel!	Francisco Toledo	Francisco Toledo
¡Ay qué chispo!	Aurelio Robles Castillo	Aurelio Robles Castillo
¡Ay mis cuates!	Ernesto Cortázar	Chucho Monge
El azotón	Ernesto Cortázar	Manuel Esperón
Bajo el sol de Jalisco	Ernesto Cortázar	Manuel Esperón
La barca de Guaymas (2 versiones)	Dominio Público	Dominio Público
La barca de oro	Dominio Público	Dominio Público
Belén	Eliseo Grenet	Eliseo Grenet

CANCIÓN	AUTOR	COMPOSITOR
Bendita palabra	Agustín Lara	Agustín Lara
Bésame en la boca	Joaquín Pardavé	Joaquín Pardavé
Bésame morenita	Álvaro Dalmar	Álvaro Dalmar
Bésame mucho (2 versiones)	Consuelo Velázquez	Consuelo Velázquez
Bombón I	Francisco Gabilondo Soler	Francisco Gabilondo Soler
La borrachita	Ignacio Fernández Esperón	Ignacio Fernández Esperón
Brasil	Ary Barroso	Joao Gilberto
La burrita	Ventura Romero	Ventura Romero
Caballo blanco	Ernesto Cortázar	Raúl Lavista
Café con piquete	Rubén Méndez	Rubén Méndez
La calandria	Manuel Hernández	Manuel Hernández
La cama de piedra	Cuco Sánchez	Cuco Sánchez
Camino de espinas	Ignacio Jaime	Ignacio Jaime
Camino de Guanajuato	José Alfredo Jiménez	José Alfredo Jiménez
Canción mexicana	Ernesto Cortázar	Manuel Esperón
Canto del brasero	Rubén Méndez	Rubén Méndez
El capiro	Servio Velázquez	Servio Velázquez
Cariño	Cuco Sánchez	Cuco Sánchez
Carmen	Juventino Rosas	Juventino Rosas
Carla a Eufemia	Rubén Méndez	Rubén Fuentes
Cartas marcadas	Chucho Monge	Chucho Monge
Las cartas no mienten	Ernesto Cortázar	Manuel Esperón
La casita (2 versiones)	Manuel José Othón	Felipe Llera
Cha cha Chabela	Luis Demetrio	Luis Demetrio
La chorriada	José A. Michel	José A. Michel
El charro	Cuco Sánchez	Cuco Sánchez
Cielito lindo (2 versiones)	Quirino Mendoza	Quirino Mendoza
Cien años	Alberto Cervantes	Rubén Fuentes
Club verde	Rodolfo Campodónico, Champ	Rodolfo Campodónico, Champ
El cobarde	José Alfredo Jiménez	José Alfredo Jiménez
El cocinero	Ernesto Cortázar	Manuel Esperón
La comezón del amor	Chucho Monge	Chucho Monge
Cómo me has dejado	Ismael Torres Romo	Ismael Torres Romo
Compadrito corazón	Fernando Olivera	Fernando Olivera
Con el tiempo y un ganchito	Genaro Nuñez	Genaro Nuñez
Con quién palabras	Rubén Méndez	Rubén Fuentes
Con un polvo y otro polvo	Rubén Méndez	Rubén Fuentes
Conejo Blas	Francisco Gabilondo Soler	Francisco Gabilondo Soler
Consejo de amigos	Raúl Dugar	Raúl Dugar
Contigo en la distancia	César Portillo de la Luz	César Portillo de la Luz
Copa tras copa	Rubén Méndez	Rubén Fuentes
El copetín	Federico Curiel	Federico Curiel
Coplas (con Jorge Negrete)	Pedro de Urdimalas	Manuel Esperón
Coplas (con Sofía Álvarez)	Ernesto Cortázar	Manuel Esperón

CANCIÓN	AUTOR	COMPOSITOR
Coplas del Rancho Grande	Lorenzo Barcelata	Lorenzo Barcelata
Corazoncito	Pedro de Urdimalas	Manuel Esperón
Corazoncito tirano	Cuco Sánchez	Cuco Sánchez
Corazón	Consuelo Velázquez	Consuelo Velázquez
Corazón apasionado	Cuco Sánchez	Cuco Sánchez
Corazón, corazón	José Alfredo Jiménez	José Alfredo Jiménez
Corrido de Monterrey	Severiano Briseño	Severiano Briseño
Corrido de Chabela Vargas	Ernesto Cortázar	Manuel Esperón
Corrido de Rancho Grande	Lorenzo Barcelata	Lorenzo Barcelata
Criolla	Victoria Eugenia	Victoria Eugenia
Cuando el destino	José Alfredo Jiménez	José Alfredo Jiménez
Cuando juegue al albur	José Alfredo Jiménez	José Alfredo Jiménez
Cuando lloran los valientes	Ernesto Cortázar	Raúl Lavista
Cuando quiere un mexicano	Ernesto Cortázar	Manuel Esperón
Cuando sale la luna	José Alfredo Jiménez	José Alfredo Jiménez
Cuánto amor	Manuel Pomián	Manuel Pomián
Cuatro caminos	José Alfredo Jiménez	José Alfredo Jiménez
Cuatro vidas	Justo Carreras	Justo Carreras
Cucurrucucú paloma	Tomás Méndez Sosa	Tomás Méndez Sosa
La cumbancha	Agustín Lara	Agustín Lara
Danza sagrada	Ignacio Cabrera	Ignacio Cabrera
De pies a cabeza	Rafael Ramírez	Rafael Ramírez
De tanto amar	José Alfredo Jiménez	José Alfredo Jiménez
Debías de volver	Miguel Ángel Pazos	Miguel Ángel Pazos
Deja	Victoria Eugenia	Victoria Eugenia
Derecho a la vida	Cuco Sánchez	Cuco Sánchez
La desentendida	Cuco Sánchez	Cuco Sánchez
El desinfle	Felipe Bermejo	Manuel Esperón
Despierta	Gabriel Luna de Fuente	Gabriel Ruiz
Di que no	Alberto Cervantes	Rubén Fuentes
Dicen que soy mujeriego (3 versiones)	Pedro de Urdimalas	Manuel Esperón
Dios nunca muere	Macedonio Alcalá	Macedonio Alcalá
Dios sí existe	Enrique Crespo	Enrique Crespo
Divino tormento	Alberto Cervantes	Rubén Fuentes
Dolores	Juventino Rosas	Juventino Rosas
Dos arbolitos	Chucho Martínez Gil	Chucho Martínez Gil
La dos caras	Venus Rey	Venus Rey
Doscientas horas de vuelo	Carlos Aguilar	Carlos Aguilar
Duerme	Gabriel Luna de Fuente	Miguel Prado
Dulce patria	Ernesto Cortázar	Manuel Esperón
El durazno	Dominio Público	Dominio Público
Échenme la tierra encima	Rodolfo de la Garza	Rodolfo de la Garza
El que no ha tenido	Felipe Bermejo	Manuel Esperón

CANCIÓN	AUTOR	COMPOSITOR
Ella	José Alfredo Jiménez	José Alfredo Jiménez
En tu día	Carlos Ramírez R.	Carlos Ramírez R.
Enamorada	Consuelo Velázquez	Consuelo Velázquez
Entre copa y copa	Felipe Valdés Leal	Felipe Valdés Leal
Esta noche	José Alfredo Jiménez	José Alfredo Jiménez
Fallaste corazón	Cuco Sánchez	Cuco Sánchez
Farolito	Agustín Lara	Agustín Lara
La feria de las flores	Chucho Monge	Chucho Monge
Fiesta mexicana	Ernesto Cortázar	Manuel Esperón
Flor de espino	Rafael Cárdenas	Rubén Fuentes
Flor sin retoño	Rubén Fuentes Gassón	Rubén Fuentes Gassón
El fronterizo	Francisco, Charro, Avitia	Miguel Ángel y José Ángel
La gallina ponedora	Ernesto Cortázar	Chucho Monge
El gavilán pollero	Ventura Romero	Ventura Romero
El general	Cuco Sánchez	Cuco Sánchez
Gente trabajadora	Pedro de Urdimalas	Miguel Ángel y José Ángel
La gloria eres tú	José Antonio Méndez	José Antonio Méndez
Golondrina de ojos negros	Víctor Cordero	Víctor Cordero
Las golondrinas	Francisco Martínez de la Rosa	Narciso Serradel
El gorgorello	Eulalio González, Piporro	Eulalio González, Piporro
Gorrioncillo pecho amarillo	Tomás Méndez Sosa	Tomás Méndez Sosa
Grito prisionero	Gabriel Luna de la Fuente	Gabriel Ruiz
Guadalajara	Pepe Guízar	Pepe Guízar
Guajirita	Bernando Sancristobal	Mario Ruiz Suárez
Guitarras, lloren guitarras	Cuco Sánchez	Cuco Sánchez
Hace siete noches	Abelardo Franco Cervera	Abelardo Franco Cervera
Hasta en los postes te miro	Ismael Torres Romo	Ismael Torres Romo
El hijo del pueblo	José Alfredo Jiménez	José Alfredo Jiménez
Himno guadalupano	Carlos González Dueñas	Raúl Lavista
Historia de un amor	Carlos Eleta Almarán	Carlos Eleta Almarán
Ifigeño el sombrerudo	Severo Mirón	Severo Mirón
Ilusión ranchera	José Alcalde	María Antonieta Murillo
Ingrata pérfida	Salvador, Chava, Flores	Salvador, Chava, Flores
Las Isabeles	Luis Pérez Meza	Luis Pérez Meza
Islas Marías	José Alfredo Jiménez	José Alfredo Jiménez
Jamás, jamás	Ismael Torres Romo	Ismael Torres Romo
El jardinero	Manuel, Wello, Rivas	Manuel, Wello, Rivas
El jazmín deshojado	Rubén Fuentes Gassón	Rubén Fuentes Gassón
Jorge Negrete	Enrique Crespo	Enrique Crespo
Juegos infantiles	Dominio Público	Dominio Público

CANCIÓN	AUTOR	COMPOSITOR
La del rebozo blanco	Rafael Cárdenas	Rubén Fuentes
La dos caras	Venus Rey	Venus Rey
La que se fue	José Alfredo Jiménez	José Alfredo Jiménez
Lamento borincano	Rafael Hernández	Rafael Hernández
Lamento de las campanas	Mario Molina	Rubén Fuentes
Lamento jarocho	Agustín Lara	Agustín Lara
El lavadero	Tony García	Tony García
Linda bella	Jack Farb-Carlos González Dueñas	Raúl Lavista
Llegaste tarde	Alberto Cervantes	Rubén Fuentes
Lo que pudo ser	Pedro de Urdimalas	Miguel Ángel y José Ángel
Los dos perdimos	José Alfredo Jiménez	José Alfredo Jiménez
Los gavilanes	José Alfredo Jiménez	Rubén Fuentes
Luna de octubre	José Antonio Michel	José Antonio Michel
Mal correspondido	Alberto Cervantes	Rubén Fuentes
El mala estrella	José Alfredo Jiménez	José Alfredo Jiménez
Mala suerte	Cuco Sánchez	Cuco Sánchez
Maldita sea mi suerte	Pedro de Urdimalas	Manuel Esperón
Maldito abismo	José Alfredo Jiménez	José Alfredo Jiménez
El manicero	Moisés Simons	Moisés Simons
Mañana	Catalina D'Erzell	Victoria Eugenia
Las mañanitas	Dominio Público	Alfonso Esparza Oteo
Mañanitas tapatías	Dominio Público	Dominio Público
Marchita el alma	Alfredo Tamayo	Manuel Esperón
María, María	Juan José Espinosa	Juan José Espinosa
La más consentida	Ernesto Cortázar	Manuel Esperón
Me dices que te vas	Miguel Prado	Miguel Prado
Me voy por a'i	Ernesto Cortázar	Manuel Esperón
Mexicano hasta las cachas	Ernesto Cortázar	Manuel Esperón
Mi adoración	Cuco Sánchez	Cuco Sánchez
Mi amigo el mar	Alberto Cervantes	Rubén Fuentes
Mi aventura	José Alfredo Jiménez	José Alfredo Jiménez
Mi cariñito	Pedro de Urdimalas	Manuel Esperón
Mi chorriada	José Antonio Michel	José Antonio Michel
Mi chorro de voz	Salvador, Chava, Flores	Salvador, Chava, Flores
Mi consentida	Pedro de Urdimalas	Manuel Esperón
Mi despedida	José Alfredo Jiménez	José Alfredo Jiménez
Mi lindo Monterrey	Ernesto Cortázar	Raúl Lavista
Mi nave	Pedro Rigual	Manuel Álvarez, Maciste
Mi patria es lo primero	Lino Carrillo	Lino Carrillo
Mi preferida	Pedro Galindo	Pedro Galindo
Mi primer amor	Chucho Monge	Chucho Monge
Mi suerte es chaparra	Pedro de Urdimalas	Manuel Esperón
Mi Tenampa	José Alfredo Jiménez	José Alfredo Jiménez
Mi tragedia	Bobby Collazo	Bebo Gottardi

CANCIÓN	AUTOR	COMPOSITOR
Mi último fracaso	Alberto, el Güero, Gil	Alberto, el Güero, Gil
Mía	Felipe Bermejo	Manuel Esperón
Mi changuita	Victoria Eugenia	Victoria Eugenia
El mil amores	Cuco Sánchez	Cuco Sánchez
Mira nada más	Alberto Cervantes	Rubén Fuentes
Mirando las golondrinas	Ernesto Cortázar	Manuel Esperón
Morena linda	Gonzalo Curiel	Gonzalo Curiel
Morir soñando	Manuel Pelayo Díaz	Manuel Pelayo Díaz
La motivosa	Ernesto Cortázar	Manuel Esperón
El muchacho alegre	Domingo Velarde	Domingo Velarde
Mujer	Agustín Lara	Agustín Lara
El mundo	Mario Molina Montes	Enrique Fabragat
El muñeco de cuerda	Mario Molina Montes	Rubén Fuentes
Muy despacito	José Alfredo Jiménez	José Alfredo Jiménez
Nacho Bernal	Luis M. Moreno	Luis M. Moreno
Nana Pancha	Estela de José y Estenoz	Estela de José y Estenoz
Necesito dinero	Ernesto Cortázar	Manuel Esperón
La negra noche	Emilio D. Uranga	Emilio D. Uranga
Ni el dinero ni nada	José Alfredo Jiménez	José Alfredo Jiménez
¡Ni hablar mujer! (2 versiones)	Pedro de Urdimalas	Manuel Esperón
Ni por favor	Alberto Cervantes	Rubén Fuentes
Ni que hablar mujer	Donaciano Rodríguez	Donaciano Rodríguez
Las ninfas del bosque	Felipe Bermejo	Manuel Esperón
No me platiques	Vicente Garrido	Vicente Garrido
No podrás comprender	Elisco Grenet	Eliseo Grenet
No puedo más	José Antonio Zorrilla, Monis	Gabriel Ruiz
No volveré	Ernesto Cortázar	Manuel Esperón
No, tú no	Ignacio Fernández Esperón	Ignacio Fernández Esperón
Noche plateada	Ernesto Cortázar	Manuel Esperón
Nochecitas mexicanas	Rubén Méndez	Rubén Méndez
Noches negras	José Alfredo Jiménez	Rubén Méndez
Noches tenebrosas	Domingo Velarde	Domingo Velarde
Nocturnal	José Mojica	José Sabre Marroquín
Nube gris	Eduardo Márquez Talledo	Eduardo Márquez Talledo
Nuestro amor	Alberto Cervantes	Rubén Fuentes
¡Oh! qué amor	Chucho Monge	Chucho Monge
Óigame compadre	Cuco Sánchez	Cuco Sánchez
Ojitos morenos	Ernesto Cortázar	Manuel Esperón
Ojos tapatíos	José F. Elizondo	Fernando Méndez Velázquez
Orgullo ranchero	Pedro M. Colmenero	Pedro M. Colmenero
Orgullosa y bonita	Consuelo Velázquez	Consuelo Velázquez
Osito carpintero	Felipe Bermejo	Manuel Esperón
Otra copa compadre	Felipe, Charro, Gil	Felipe, Charro, Gil
Las otras mañanitas	Salvador Flores Rivera	Salvador Flores Rivera

CANCIÓN	AUTOR	COMPOSITOR
Oye la marimba	Agustín Lara	Agustín Lara
Oye vale	Pepe Guizar	Pepe Guízar
Oyes Lupita	Silvestre Vargas	Rubén Fuentes
Pa'que sienta lo que siento	Marcelo Salazar	Marcelo Salazar
Palabritas de amor	Ernesto Cortázar	Chucho Monge
Paloma querida	José Alfredo Jiménez	José Alfredo Jiménez
Paloma, déjame ir	Tomás Méndez Sosa	Tomás Méndez Sosa
El papalote	Rubén Méndez	Rubén Fuentes
El papelerito	Mario Molina Montes	Rubén Fuentes
Parece que va a llover	Antonio Mato	Antonio Mato
Pasión eterna	Mario Cisneros	Mario Cisneros
Pénjamo	Rubén Méndez	Rubén Méndez
Perdón no pido	Pedro de Urdimalas	Manuel Esperón
Pescando	Rubén Méndez	Rubén Méndez
Peso sobre peso	Salvador, Chava, Flores	Salvador, Chava, Flores
Piel canela	Bobby Capó	Bobby Capó
El piojo y la pulga	Felipe, Charro, Gil	Felipe, Charro, Gil
Pisa pétalos	Severo Mirón	Severo Mirón
El plebeyo	Felipe Pinglo Alva	Felipe Pinglo Alva
Pobre corazón	Chucho Monge	Chucho Monge
Pocito de Nacagüina	Chucho Martínez Gil	Chucho Martínez Gil
Por a'í, por a'í	Cuco Sánchez	Cuco Sánchez
¿Por qué sufrir tanto?	Margarita de Garza	Margarita de Garza
¿Por qué volviste?	José Alfredo Jiménez	José Alfredo Jiménez
Por si me olvidas	José Alfredo Jiménez	José Alfredo Jiménez
Por última vez	Salvador Rangel	Salvador Rangel
Por un amor	Gilberto Parra	Gilberto Parra
Pos cuícuiri	Rubén Méndez	Rubén Méndez
Presentimiento	Alberto Cervantes	Rubén Fuentes
Prisionero del recuerdo	Mariano Peña	Mariano Peña
Prohibido	Carlos Bahr	Manuel Sucher
Puerta falsa	Tomás Méndez Sosa	Tomás Méndez Sosa
Punto cubano	Eliseo Grenet	Eliseo Grenet
Puro amor	Cuco Sánchez	Cuco Sánchez
Qué bonito es estar enamorado	Ernesto Cortázar	Manuel Esperón
¡Qué gusto da!	Ernesto Cortázar	Manuel Esperón
Qué haré con esos ojitos	Donaciano Rodríguez	Donaciano Rodríguez
Qué lindo es Michoacán	Alfredo Bolaños	Alfredo Bolaños
Qué manera de perder	Cuco Sánchez	Cuco Sánchez
Que me toquen las golondrinas	Tomás Méndez Sosa	Tomás Méndez Sosa
Que murmuren	Rafael Cárdenas	Rubén Fuentes
Qué pasa compadre	Emilio de Nicolás	Emilio de Nicolás
Qué pasa mi cuate	José Antonio Zorrilla, Mois	Javier Ruiz Rueda
Que seas feliz	Consuelo Velázquez	Consuelo Velázquez

CANCIÓN	AUTOR	COMPOSITOR
Qué será lo que tengo	Lino Carrillo	Lino Carrillo
Que siga la bola	Cuco Sánchez	Cuco Sánchez
Qué suerte la mía	José Alfredo Jiménez	José Alfredo Jiménez
Qué tanto es tantito	Enrique Fabregat	Enrique Fabregat
Qué te cuesta	Ernesto Cortázar	Manuel Esperón
Qué te falta	Genaro Nuñez	Genaro Nuñez
Qué te ha dado esa mujer	Gilberto Parra	Gilberto Parra
Que te haga buen provecho	José Alfredo Jiménez	José Alfredo Jiménez
Qué te pasa corazón	Alberto Cervantes	Rubén Fuentes
Qué vulgares somos	Rubén Fuentes	Rubén Fuentes
Querido capitán	Pedro de Urdimalas	Miguel Ángel y José Ángel
Quién será	Pablo Beltrán Ruiz	Pablo Beltrán Ruiz
Quince de septiembre	José Alfredo Jiménez	José Alfredo Jiménez
La Rafailita	Miguel Martínez	Francisco, Charro, Avitia
Ramito de azahar	Ernesto Cortázar	Raúl Lavista
El ranchero	Cuco Sánchez	Cuco Sánchez
Ranchito de mis amores	Nicolás García Curiel	Nicolás García Curiel
El rebelde	Manuel Pomián	Manuel Pomián
El rebozo	Luz María Quintero	Luz María Quintero
Recuerdo	Alberto Alvarado	Alberto Alvarado
El renegado	Guillermo Domínguez	Guillermo Domínguez
El resbalón	Ernesto Cortázar	Manuel Esperón
Rosa María	José Alfredo Jiménez	Rubén Fuentes
Rosa, Rosita	Silvestre Vargas	Rubén Méndez
Rosalía	Catalina D' Erzell	Rafael García
Rosita de olivo	Luis Pérez Meza	Luis Peréz Meza
Ruega por nosotros	Alberto Cervantes	Rubén Fuentes
Sahuayo	Rubén Méndez	Rubén Méndez
Sé que te quiero	David Arceo	David Arceo
Senderito de amor	Ventura Romero	Ventura Romero
Será por nueva	Nicolás García Curiel	Nicolás García Curiel
Serenata sin luna	José Alfredo Jiménez	José Alfredo Jiménez
Serenata	Mario Cisneros Rivera	Mario Cisneros Rivera
Serenata de amor	Luz María Quintero	Luz María Quintero
Serenata en la noche	Juan S. Garrido	Juan S. Garrido
Serenata huasteca	José Alfredo Jiménez	José Alfredo Jiménez
Serenata tapatía	Ernesto Cortázar	Manuel Esperón
Si dice sí	Chucho Monge	Chucho Monge
Si me han de quitar el sol	Ernesto Cortázar	Manuel Esperón
Si tú me quisieras	Alberto Cervantes	Rubén Fuentes
Si tú también te vas	José Alfredo Jiménez	José Alfredo Jiménez
Siempre borracho	Chucho Palacios	Chucho Palacios
Siempre, siempre	Rubén Méndez	Rubén Fuentes
Siete Leguas	Graciela Olmos, la Bandida	Graciela Olmos, la Bandida

CANCIÓN	AUTOR	COMPOSITOR
Sin futuro	José Alfredo Jiménez	José Alfredo Jiménez
Sincero corazón	Miguel Martínez	Miguel Martínez
Sobre las olas	Juventino Rosas	Juventino Rosas
Soldado raso	Felipe Valdés Leal	Felipe Valdés Leal
Soy feliz	Ventura Romero	Ventura Romero
Soy muy hombre	Gabriel Ruiz	Gabriel Ruiz
El sueño	Ernesto Cortázar	Manuel Esperón
Suertes malditas	Ismael Torres Romo	Ismael Torres Romo
Sus ojitos	Chucho Monge	Chucho Monge
Tal vez me pueda matar	Ernesto Cortázar	Raúl Lavista
Te amaré vida mía	Cuco Sánchez	Cuco Sánchez
Te equivocaste	Xavier Gálvez	Rubén Fuentes
Te estoy queriendo	Ricardo López Méndez	Mario Ruiz Suárez
Te he de querer	Ricardo López Méndez	Mario Ruiz Suárez
Te quiero así	Miguel Prado	Bernando Sancristobal
Te quiero más que a mis ojos	Pedro de Urdimalas	Raúl Lavista
Te vengo a buscar	Alberto Cervantes	Rubén Fuentes
Tengo un amigo	José Alfredo Jiménez	José Alfredo Jiménez
Tercias de ases	José Alfredo Jiménez	José Alfredo Jiménez
La tertulia	Salvador, Chava, Flores	Salvador, Chava, Flores Rivera
Tienes que pagar	Alberto Cervantes	Rubén Fuentes
Toda una eternidad	Miguel Martínez	Miguel Martínez
Todos metemos la pata	Felipe, Charro, Gil	Felipe, Charro, Gil
Todos lloramos	F. Fernández	M. Piña
La traidora	José Alfredo Jiménez	José Alfredo Jiménez
El tren sin pasajeros	Tomás Méndez Sosa	Tomás Méndez Sosa
Las tres botellas	Rubén Méndez	Rubén Fuentes
Tres consejos	Alberto Cervantes	Rubén Fuentes
Las tres cosas	Carmelo Larrea	Carmelo Larrea
Tres días	Tomás Méndez Sosa	Tomás Méndez Sosa
Las tres hermanas	Ramiro Hernández	Ramiro Hernández
Tu amor y mi amor	Alberto Cervantes	Rubén Fuentes
Tu castigo	Ventura Romero	Ventura Romero
Tu enamorado	José Alfredo Jiménez	José Alfredo Jiménez
Tu felicidad	René Touzet	René Touzet
Tu lugar vacío	Rubén Fuentes	Rubén Fuentes
Tu mentira	Beatriz A. de Esperón	Beatriz A. de Esperón
Tú qué más quieres	Claudio Estrada	Claudio Estrada
Tu recuerdo y yo	José Alfredo Jiménez	José Alfredo Jiménez
Tu vida y mi vida	Alberto Cervantes	Rubén Fuentes
Tú y las nubes	José Alfredo Jiménez	José Alfredo Jiménez
Tú, sólo tú	Felipe Valdés Leal	Felipe Valdés Leal
La última vez	Hermanos Samperio	Hermanos Samperio
El último aviso	Rafael Cárdenas	Rubén Fuentes Gassón

CANCIÓN	AUTOR	COMPOSITOR
Último deseo	Roberto y Antonio Cantoral	Roberto y Antonio Cantoral
Un día nublado	José Alfredo Jiménez	José Alfredo Jiménez
Un mundo raro	José Alfredo Jiménez	José Alfredo Jiménez
Una noche de julio	José Alfredo Jiménez	José Alfredo Jiménez
La vaca lechera	Pedro de Urdimalas	Fernando García Morcillo
El vacilón	Fidel A. Vista	José Pastor
Vamos a echarnos otra	Rubén Fuentes	Rubén Fuentes
Vaya con Dios	Rusell	James, Pepper, A. Gamboa
Veleidosa	Ismael Torres Romo	Ismael Torres Romo
Ven junto a mí	Miguel Prado	Miguel Prado
Ventana de oro	Ernesto Cortázar	Manuel Esperón
Vete de mí	Chucho Rodríguez	Chucho Rodríguez
La verdolaga	Alberto Cervantes	Rubén Fuentes
La vida es un sueño	José Alfredo Jiménez	José Alfredo Jiménez
Vieja chismosa	Miguel Ángel y José Ángel	Miguel Ángel y José Ángel
Viejos amigos	José Alfredo Jiménez	José Alfredo Jiménez
Viva mi desgracia	Francisco Cárdenas	Francisco Cárdenas
El volador	Rubén Méndez	Rubén Méndez
Vuela, vuela pajarillo	Manuel A. Catalán	Manuel A. Catalán
Ya agarraron al ladrón	Ignacio Jaime	Ignacio Jaime
Ya no te quiero	Noé Bahena	Noé Bahena
Yo	José Alfredo Jiménez	José Alfredo Jiménez
Yo he nacido mexicano	Gabriel Luna de la Fuente	Gabriel Ruiz
Yo maté a Juan Charrasqueado	Cuco Sánchez	Cuco Sánchez
Yo no fui	Consuelo Velázquez	Consuelo Velázquez
Yo soy fronterizo	Ernesto Cortázar	Manuel Esperón
Yo soy quien soy	Felipe Bermejo	Manuel Esperón
Yo te quise	Claudio Estrada	Claudio Estrada
Yo vengo del norte	Donaciano Rodríguez	Donaciano Rodríguez

También los temas que han sido compuestos en su memoria merecen ser mencionados:

CANCIÓN	AUTOR	COMPOSITOR
Adiós a Pedro Infante	Felipe Valdés Leal	Felipe Valdés Leal
Corrido a Pedro Infante	Rafael Ramírez	Rafael Ramírez
Homenaje a Pedro Infante	Mario Molina	Rubén Fuentes
Pedro en las alturas	Teodoro Pinzón	Teodoro Pinzón
Tres recuerdos	Alberto Cervantes	Rubén Fuentes

FILMOGRAFÍA, 1939-1956

De 1939 a 1956 Pedro filmó 61 películas. En 55 de ellas desempeñó un papel estelar. Su primera intervención ocurrió en 1939, en la cinta *En un burro tres baturros*, dirigida por José Benavides, Jr., en la que aparece cantando, en una breve secuencia; en 1940 apareció en un cortometraje titulado *Puedes irte de mí*, título de una canción de Agustín Lara. En esa ocasión fue dirigido por un prestigiado cineasta de la época, Luis Manríquez. En esa cinta aparece al frente de su orquesta Roof Garden, en el centro nocturno Los Cocoteros, que, en aquellos años, se ubicaba en la calle de Oaxaca, a unos metros del cruce con Insurgentes. También actuó en el cortometraje *El organillero*, donde aparece tocando la guitarra y cantando. Años después, en 1952, interviene como artista invitado en dos simpáticas comedias, *Había una vez un marido* y *Sí... mi vida*, con sus queridos compañeros, Lilia Michel y Rafael Baledón. Ese mismo año aparece unos minutos con su hermano Ángel en la película *Por ellas aunque mal paguen*.

Según lo referido, podemos afirmar que lo más consistente de su historia fílmica comienza el 24 de junio de 1942, cuando a lado de Antonio Badú y Fernando Fernández, ambos entrañables amigos, filma *La feria de las flores*. A partir de ese momento su carrera cinematográfica se caracteriza por el éxito constante. Algunas cintas resaltan por su efecto arrollador en todo el país y el extranjero, como *Nosotros los pobres*, *Ustedes los ricos*, *Pepe el Toro*, *Los tres García*, *Vuelven los García*, *Cuando lloran los valientes*, *Los tres huastecos*, *Escuela de vagabundos*, *La oveja negra*, *Dos tipos de cuidado*, *El inocente* y *Tizoc*, entre otras. En la actualidad, el mito alrededor de estas cintas es sostenido por la televisión, medio que las sigue transmitiendo con frecuencia por ser garantía de un elevado rating.

La feria de las flores

PRODUCCIÓN (1942): Ixtla Films, Jorge Vélez.

DIRECCIÓN: José Benavides, Jr.

ARGUMENTO: Rafael M. Saavedra; adaptación: José Benavides, Jr. y Rafael M. Saavedra; diálogos: Neftalí Beltrán y Rafael M. Saavedra.

FOTOGRAFÍA: Jack Draper.

MÚSICA: Manuel Esperón; canciones: Manuel Esperón-Chucho Monge ("La feria de las flores")

SONIDO: B. J. Kroger.

ESCENOGRAFÍA: José Rodríguez Granada.

EDICIÓN: José W. Bustos.

INTÉRPRETES: Antonio Badú (Valentín Mancera), María Luisa Zea (Sanjuana González), Stella Inda (Virginia), Fernando Fernández (Cipriano), Luis G. Barreiro (doctor Ponzoña), Víctor Junco (comandante), Pedro Infante (segundo amigo), Tito Junco (Pablo), Ángel T. Sala (don Dionisio Catalán), Salvador Quiroz (don Ausencio), Raúl Guerrero (Gil), Jorge Arriaga, Arturo Soto Rangel, Trío Calaveras, Manuel Dondé y, entre otros, Roberto Cañedo (extra).

Filmada a partir del 24 de junio de 1942 en los estudios Azteca. Estrenada el 16 de enero de 1943 en el cine Palacio Chino.

Jesusita en Chihuahua

PRODUCCIÓN (1942): Ixtla Films, Jorge Vélez.

DIRECCIÓN: René Cardona.

ARGUMENTO: Ernesto Cortázar y Rene Cardona.

FOTOGRAFÍA: Víctor Herrera.

MÚSICA: Manuel Esperón; canciones: Manuel Esperón-Ernesto Cortázar ("Águila o sol", "Ay Chihuahua", "El fronterizo", "Coplas de los rivales") y otros ("Corrido de Rosita Alvírez", "Club Verde", "Corrido de Rivera", "Jesusita en Chihuahua").

SONIDO: Eduardo Fernández.

ESCENOGRAFÍA: Luis Moya.

EDICIÓN: Mario del Río.

INTÉRPRETES: Susana Guízar (Jesusita), Pedro Infante (Valentín Terrazas), René Cardona (Felipe González), Susana Cora (Teresa Marroquín), Agustín Isunza (Macario, borrachín), Emma Roldán (doña Tula), Manuel Noriega (Zenaido), Arturo Manrique, Panseco (barbón de la cantina), Rosalinda Rubio (mujer de la cantina), Jorge Treviño (compañero del barbón), David Valle González (pistolero de la cantina), Salvador Quiroz (corredor de contribuciones), Ignacio Peón (médico), Julio Ahuet, Las Tres Morenas y Los Plateados.

Filmada a partir del 26 de julio de 1942 en los estudios Azteca. Estrenada el 8 de octubre de 1942 en el cine Magerit.

La razón de la culpa

PRODUCCIÓN (1942): Cinematográfica Mexicana, Juan J. Ortega.

DIRECCIÓN: Juan J. Ortega.

ARGUMENTO Y ADAPTACIÓN: Catalina D'Erzell; guión: Ramón Pérez Peláez y Jaime L. Contreras.

FOTOGRAFÍA: Jack Draper.

MÚSICA: Manuel Esperón; canciones: Rafael García ("Rosalía"), Agustín Lara ("Bendita palabra").

SONIDO: B. J. Kroger.

ESCENOGRAFÍA: Ramón Rodríguez Granada.

EDICIÓN: Rafael Ceballos y Charles L. Kimball.

INTÉRPRETES: Blanca de Castejón (María de la Paz), Andrés Soler (Andrés), María Elena Marqués (Blanca), Pedro Infante (Roberto), Mimí Derba (Felisa, hermana de Andrés), Carolina Barret (Estela), Jesús Graña (coronel), Conchita Sáenz (Sofía), Ricardo Montalbán (anunciador), Araceli Fernández, Hermanos Kenny.

Filmada a partir del 4 de noviembre de 1942 en los estudios Azteca. Estrenada el 2 de abril de 1943 en el cine Palacio Chino.

Arriba las mujeres

PRODUCCIÓN (1943): Rodríguez Hermanos.

DIRECCIÓN: Carlos Orellana.

ARGUMENTO: Carlos Orellana y Joselito Rodríguez; adaptación: Carlos Orellana.

FOTOGRAFÍA: José Ortiz Ramos.

MÚSICA: Raúl Lavista.

SONIDO: Enrique Rodríguez.

ESCENOGRAFÍA: José Rodríguez Granada.

EDICIÓN: Rafael Ceballos.

INTÉRPRETES: Carlos Orellana (Laureano), Consuelo Guerrero de Luna (Felicidad), Manuel Noriega (Próspero), Virginia Zurí (Amalia), Amparo Mo-

PEDRO, BLANCA DE CASTEJÓN Y MARÍA ELENA MARQUÉS EN *LA RAZÓN DE LA CULPA*, 1942.

rillo (Luz Tenue), Pedro Infante (Chuy), Antonio Badú (Zaid Bazur), Carolina Barret (Tacha), Margarita Cortés (Chole), Víctor Urruchúa (Enrique), Arturo Soto Rangel (juez Leobardo).

Filmada a partir del 19 de febrero de 1943 en los estudios México Films. Estrenada el 9 de julio de 1943 en el cine Insurgentes.

Cuando habla el corazón

PRODUCCIÓN (1943): Rosas Priego y Fallon.

DIRECCIÓN: Juan José Segura.

ARGUMENTO: Ernesto Cortázar; adaptación: Roberto O'Quigley y Roberto Gavaldón; diálogos: Ramón Pérez Peláez.

FOTOGRAFÍA: Agustín Jiménez.

MÚSICA: Manuel Esperón; canciones: Manuel Esperón-Ernesto Cortázar ("Corrido de Chihuahua", "Corrido del insulto", "El azotón", "La pobre flor", "El hombre es un animal"), Pepe Guízar ("Corrido del norte").

SONIDO: Rodolfo Solís.

ESCENOGRAFÍA: Ramón Rodríguez Granada.

EDICIÓN: Rafael Ceballos.

INTÉRPRETES: Pedro Infante (Miguel del Campo), María Luisa Zea (Cecilia), Víctor Manuel Mendoza (Cruz Morales), José Eduardo Pérez (Marco), Susana Cora (Ana María), Arturo Soto Rangel (don Rafael), Fanny Schiller (doña Rosa), Narciso Busquets (Miguel, niño), Elías Haber (Cruz, niño), Alfonso Bedoya (el yaqui), Julio Ahuet (Cleofas), Chel López (el Chueco), David Valle González (don Miguel), José del Río (Marco adolescente), Humberto Rodríguez (padre de dos chismosas) Camilo Farjat, Matilde Sánchez, La Torcacita.

Filmada a partir del 17 de marzo de 1943 en los estudios Azteca. Estrenada el 21 de octubre de 1943 en el cine Iris.

El Ametralladora

PRODUCCIÓN (1943): Jalisco Films, Aurelio Robles Castillo.

DIRECCIÓN: Aurelio Robles Castillo.

ARGUMENTO: Aurelio Robles Castillo; adaptación: Jaime L. Contreras.

FOTOGRAFÍA: Jack Draper.

MÚSICA: Armando Rosales; canciones: Aurelio Robles Castillo ("¡Ay, qué chispo!", "Ruégale a Dios"), Aurelio Robles Castillo y Nicandro Castillo ("Corrido del Chaflán"), Chucho Monge ("Arrullo de quimera").

SONIDO: B. J. Kroger y Rodolfo Solís.

ESCENOGRAFÍA: Ramón Rodríguez Granada.

EDICIÓN: Mario del Río.

INTÉRPRETES: Pedro Infante (Salvador Pérez Gómez, el Ametralladora), Margarita Mora (Carmen Salas), Ángel Garasa (Malasuerte), Víctor Manuel Mendoza (Felipe Carvajal), Arturo Soto Rangel (Salas), Alfredo Varela, Jr. (Pascual), Antonio Bravo (Radilla), Manuel Arvide (cura), Eugenia Galindo (Celestina), Noemí Beltrán (Chachita), Manuel Noriega (inspector), José Torvay (gallero), Francisco Pando (tendero español), Roberto Cañedo, Los Plateados, Mariachi Vargas, Las Tres Morenas.

Filmada a partir del 12 de abril de 1943 en los estudios Azteca. Estrenada el 28 de septiembre de 1943 en el cine Teresa.

Mexicanos al grito de guerra

PRODUCCIÓN (1943): Rodríguez Hermanos.

DIRECCIÓN: Álvaro Gálvez y Fuentes; codirección: Ismael Rodríguez.

ARGUMENTO: Álvaro Gálvez y Fuentes; adaptación: Joselito Rodríguez y Elvira de la Mora.

FOTOGRAFÍA: Ezequiel Carrasco.

MÚSICA: Raúl Lavista.

SONIDO: Enrique Rodríguez.

ESCENOGRAFÍA: Carlos Toussaint.

INTÉRPRETES: Pedro Infante (Luis Sandoval), Lina Montes (Ester Dubois), Miguel Inclán (Benito Juárez), Miguel Arenas (conde Dubois), Miguel Ángel Ferriz (general Ignacio Zaragoza), Carlos Riquelme (Francisco González Bocanegra), Salvador Carrasco (Jaime Nunó), Margarita Cortés (Lupe), Salvador Quiroz (Santa Anna), Armando Soto la Marina, el Chicote (pastelero), Arturo Soto Rangel (padre Sandoval), Ricardo Carti (general Alponte), Ramón G. Larrea (general Jurien), Pedro Elviro, Pitouto (Lombardini), Francisco Jambrina (general Prim), José Goula (mister Wyckie), Manuel Arvide (general Lorencez), Guillermo Núñez Keith (Alberto), Ángel T. Sala (Napoleón III), Ignacio Peón (cochero), Eduardo Arozamena (conservador), Max Langler (conservador), Manuel Noriega (mendigo ciego), Chel López (empleado postal estadunidense), Roberto Corell, Dolores Camarillo, Guillermo Zetina.

Filmada a partir del 14 de julio de 1943 en los estudios México Films. Estrenada el 21 de octubre de 1943 en el cine Alameda.

¡Viva mi desgracia!

PRODUCCIÓN (1943): Rodríguez Hermanos.

DIRECCIÓN: Roberto Rodríguez.

ARGUMENTO: Chano Urueta y Roberto Rodríguez; adaptación: Ramón Peón, Elvira de la Mora, Roberto Rodríguez, A. Sotelo Inclán y Paulino Masip.

FOTOGRAFÍA: Ezequiel Carrasco.

MÚSICA: Manuel Esperón; canciones: Federico A. Cárdenas ("Viva mi desgracia"), Manuel Esperón-Ernesto Cortázar ("Amorcito de mi vida").

SONIDO: Enrique Rodríguez.

ESCENOGRAFÍA: Carlos Toussaint.

EDICIÓN: Fernando Martínez.

INTÉRPRETES: Pedro Infante (Ramón Pineda), María Antonieta Pons (Carolina Montero), Dolores Camarillo (Cleta), Florencio Castelló (Malasombra), Eduardo Arozamena (don Doroteo), Arturo Soto Rangel (tío Marcial), Alfredo Varela, Jr. (Pipo Ramírez), Carolina Barret (Gracia), Paco Astol (Ruperto), Salvador Quiroz (director de la banda), Roberto Corell (don Leandro), Emilia Guiú (carcelera de la feria), Eufrosina García, la Flaca (juez de la feria), David Valle González (carcelero), Manuel Arvide, Aurora Cortés, Chel López, Manolita Arriola, Trío Calaveras, Trío Janitzio.

Filmada a partir del 22 de septiembre de 1943 en los estudios México Films. Estrenada el 12 de febrero de 1944 en el cine Palacio Chino.

Escándalo de estrellas

PRODUCCIÓN (1944): Rodríguez Hermanos.

DIRECCIÓN: Ismael Rodríguez.

ARGUMENTO: Ramiro Gómez Kemp, Ismael Rodríguez, Pepe Peña y Arturo Manrique, Panseco; adaptación: Ramiro Gómez Kemp.

FOTOGRAFÍA: Ross Fisher.

MÚSICA: Manuel Esperón; canciones: Manuel Esperón-Ernesto Cortázar ("Mexicano hasta las cachas").

SONIDO: Enrique Rodríguez.

ESCENOGRAFÍA: Carlos Toussaint.

EDICIÓN: Fernando Martínez.

INTÉRPRETES: Pedro Infante (Ricardo del Valle y Rosales), Blanquita Amaro (Elena Silveira), Florencio Castelló (Manolete, director), Jorge Reyes (Alberto, argumentista), Carolina Barret (Lolita Gutiérrez, secretaria), Eduardo Casado (Ricardo del Valle, padre), Sergio Orta (Joselito, sonidista y bailarín), Alfonso Ruiz Gómez (Emilio Granados), Roberto Corell (juez), Pepe Peña (fiscal), Arturo Manrique, Panseco (Sánchez Bello, fiscal), Fanny Schiller (Paloma), Chel López (técnico), Edmundo Espino (jefe de policía), Trío Janitzio, Son Clave de Oro.

Filmada a partir del 8 de mayo de 1944 en los estudios CLASA. Estrenada el 2 de diciembre de 1944 en el cine Palacio.

Cuando lloran los valientes

PRODUCCIÓN (1945): Rodríguez Hermanos S. de R. L.

DIRECCIÓN: Ismael Rodríguez.

ARGUMENTO: Rogelio A. González, Ismael Rodríguez, Arturo Manrique, Panseco, y Luis Carmona Valiño, sobre un cuento radiofónico de Pepe Peña; adaptación: Ismael Rodríguez.

FOTOGRAFÍA: Jorge Stahl, Jr.

MÚSICA: Raúl Lavista y Ernesto Cortázar; canciones: Raúl Lavista-Ernesto Cortázar ("Ramito de azahar", "Tal vez me puedan matar", "Cuando lloran los valientes", "Caballo blanco").

SONIDO: Enrique Rodríguez.

ESCENOGRAFÍA: Carlos Toussaint.

EDICIÓN: Fernando Martínez.

INTÉRPRETES: Pedro Infante (Agapito Treviño, Caballo Blanco), Virginia Serret (Chabela), Blanca Estela Pavón (Cristina), Víctor Manuel Mendoza (coronel José Luis Archete), Ramón Vallarino (Edmundo), Armando Soto la Marina, el Chicote (Cleofas), Agustín Izunza (don Laureano), Eduardo Casado (general Manuel Archete), Antonio R. Frausto (don Isauro), Joaquín Roche, Jr. (Pinolillo), Mimí Derba (madre de Cristina), Manuel Dondé (soldado federal), Salvador Quiroz (general Ampudia), Jorge Arriaga (capitán federal), Rogelio A. González, Pepe Nava (Largo), Ramón Peón (fusilado), Paco Astol, Leopoldo Ávila, Rafael Plaza, Irma Torres, Trío Tamaulipeco, Los Vaqueros.

Filmada a partir del 11 de enero de 1945 en los estudios México Films. Estrenada el 8 de enero de 1947 en el cine Colonial.

Si me han de matar mañana

PRODUCCIÓN (1946): Producciones Dyana, Jesús Grovas.

DIRECCIÓN: Miguel Zacarías.

ARGUMENTO: Miguel Zacarías.

FOTOGRAFÍA: Víctor Herrera.

MÚSICA y canciones: Manuel Esperón-Ernesto Cortázar ("Serenata", "Ojitos morenos", "Guadalajara, pues", "El rebozo mexicano", "Bajo el sol de Jalisco", "Coplas de retache").

SONIDO: Rafael Peón.

PEDRO Y SOFÍA ÁLVAREZ EN *SI ME HAN DE MATAR MAÑANA*, 1946.

ESCENOGRAFÍA: Vicente Petit.

EDICIÓN: Jorge Bustos.

INTÉRPRETES: Pedro Infante (Ramiro), Sofía Álvarez (Lupe, la Serrana), René Cardona (Genovevo), Nelly Montiel (Fanny), Armando Soto la Marina, el Chicote (ídem), Miguel Arenas (don Servando), Alfonso Bedoya (el Nagual), Miguel Inclán (Sebastián), Gilberto Gonzalez (el Zopilote), José Torvay, José Elías Moreno, Julio Ahuet, Paco Martínez, Lupe Inclán, Jorge Sarelli, Ceferino Silva, Fernando Casanova, José Escanero.

Filmada a partir del 17 de septiembre de 1946 en los estudios Churubusco. Estrenada el 23 de mayo de 1947 en el cine Palacio Chino.

Los tres García

PRODUCCIÓN (1946): Rodríguez Hermanos.

DIRECCIÓN: Ismael Rodríguez.

ARGUMENTO: Ismael Rodríguez, Carlos Orellana y Fernando Méndez; adaptación: Rogelio A. González, Pedro de Urdimalas, Elvira de la Mora e Ismael Rodríguez.

FOTOGRAFÍA: Ross Fisher.

MÚSICA Y CANCIONES: Manuel Esperón-Jesús Camacho (Pedro de Urdimalas) ("Dicen que soy mujeriego", "Consentida", "Mi cariñito"), Dominio Público ("Cielito lindo"), Gounod ("Ave María").

SONIDO: Manuel Topete.

ESCENOGRAFÍA: Carlos Toussaint.

EDICIÓN: Rafael Portillo.

INTÉRPRETES: Pedro Infante (Luis Antonio García), Sara García (doña Luisa García viuda de García), Abel Salazar (José Luis García), Víctor Manuel Mendoza (Luis Manuel García), Marga López (Lupita), Carlos Orellana (cura), Clifford Carr (John Smith), Fernando Soto, Mantequilla (Tranquilino), Antonio R. Frausto (don Cosme, presidente municipal), Manuel Arvide (juez calificador), Luis Enrique Cubillán, Pajarote, José Muñoz y Manuel Roche (los López), Paco Martínez (juez de distrito), Josefina Burgos (Chabela), José Escanero (Chema), José Pardavé (Chencho), Leopoldo Ávila (Margarito), Ernesto Tanus (gendarme), Hernán Vera (cantinero), Manuel Pozos (viejo asesinado), Chel López, Ramón Sánchez, Ignacio Peón, Cecilia Leger, Sara Montes, y los novilleros Jesús Belmonte, Santiago Vera, José Juárez, Gitanillo, y Pedro Peña.

Filmada a partir del 21 de octubre de 1946 en los estudios México Films. Estrenada el 15 de agosto de 1947 en el cine Colonial.

Vuelven los García

PRODUCCIÓN (1946): Rodríguez Hermanos.

DIRECCIÓN: Ismael Rodríguez.

ARGUMENTO: Rogelio A. González; adaptación: Ismael Rodríguez, Carlos Orellana, Pedro de Urdimalas y Carlos González.

FOTOGRAFÍA: Ross Fisher.

MÚSICA: Rosalío Ramírez; canciones Manuel Esperón-Pedro de Urdimalas ("Mi cariñito", "Maldita sea mi suerte"), Franz Schubert ("Ave María").

SONIDO: Manuel Topete.

ESCENOGRAFÍA: Carlos Toussaint.

EDICIÓN: Rafael Portillo.

INTÉRPRETES: Pedro Infante (Luis Antonio García), Sara García (doña Luisa García viuda de García), Abel Salazar (José Luis García), Víctor Manuel Mendoza (Luis Manuel García), Marga López (Lupita Smith García), Blanca Estela Pavón (Juan Simón López), Carlos Orellana (cura), Rogelio A. González (León López), Clifford Carr (John Smith), Fernando Soto, Mantequilla (Tranquilino), Antonio R. Frausto (don Cosme), Manuel Arvide (juez calificador), Humberto Rodríguez (notario), Hernán Vera (cantinero), Ernesto Tanus (gendarme), Ignacio Peón.

Filmada a partir del 21 de octubre de 1946 en los estudios México Films. Estrenada el 17 de noviembre de 1947 en el cine Colonial.

La barca de oro

PRODUCCIÓN (1947): Filmex, Óscar J. Brooks.

DIRECCIÓN: Joaquín Pardavé.

ARGUMENTO: Ernesto Cortázar; adaptación: Tito Davison, Jorge Ferretis, Carlos Orellana y Leopoldo Baeza y Aceves.

FOTOGRAFÍA: Jorge Stahl, Jr.

MÚSICA y canciones: Manuel Esperón-Ernesto Cortázar ("La barca de oro").

SONIDO: B. J. Kroger, Rodolfo Benítez y Enrique Rodríguez.

ESCENOGRAFÍA: Edward Fitzgerald.

EDICIÓN: Mario González.

INTÉRPRETES: Pedro Infante (Lorenzo), Sofía Álvarez (Chabela Vargas), Carlos Orellana (tío Laureano), René Cardona (ingeniero Carlos Millán), Fernando Soto, Mantequilla (Celedonio), Nelly Montiel (Graciela), Jorge Treviño (Chon), Guillermo Montero (Primitivo), Jorge Ancira (Luis), Jesús Graña (don Braulio), Pedro Elviro, Pitouto (don Ciriaco), Alma Delia Fuentes (hija de Chabela), Lilia Prado.

Filmada a partir del 13 de enero de 1947 en los estudios Azteca. Estrenada el 13 de agosto de 1947 en el cine Teresa.

Soy charro de Rancho Grande

PRODUCCIÓN (1947): Filmex, Óscar J. Brooks.
DIRECCIÓN: Joaquín Pardavé.
ARGUMENTO: Guz Águila; adaptación: Tito Davison y Leopoldo Baeza y Aceves.
FOTOGRAFÍA: Jorge Stahl, Jr.
MÚSICA y canciones: Manuel Esperón-Ernesto Cortázar ("La motivosa", "Me voy por ahí").
SONIDO: B. J. Kroger, Rodolfo Benítez y Enrique Rodríguez.
ESCENOGRAFÍA: Edward Fitzgerald.
EDICIÓN: Mario González.
INTÉRPRETES: Pedro Infante (Paco Aldama), Sofía Álvarez (Cristina), René Cardona (don Florencio), Fernando Soto, Mantequilla (el Olote), Conchita Carracedo (Esmeralda), Joan Page (Kitty), Dolores Camarillo (doña Martinita), Jorge Ancira (Renato Flores), Guillermo Zetina, Lilia Prado.

Filmada a partir del 13 de enero de 1947 en los estudios Azteca. Estrenada el 6 de noviembre de 1947 en los cines Palacio e Insurgentes.

Nosotros los pobres

PRODUCCIÓN (1947): Rodríguez Hermanos.
DIRECCIÓN: Ismael Rodríguez.
ARGUMENTO: Ismael Rodríguez y Pedro de Urdimalas, con la colaboración de Carlos González Dueñas; adaptación: Pedro de Urdimalas.
FOTOGRAFÍA: José Ortiz Ramos.
MÚSICA: Manuel Esperón-Pedro de Urdimalas ("Amorcito corazón", "Ni hablar mujer").
SONIDO: Manuel Topete y Jesús González Gancy.
ESCENOGRAFÍA: Carlos Toussaint.
EDICIÓN: Fernando Martínez.
INTÉRPRETES: Pedro Infante (Pepe el Toro), Blanca Estela Pavón (Celia, la Chorreada), Evita Muñoz (Chachita), Carmen Montejo (Yolanda, la tísica), Miguel Inclán (don Pilar), Katy Jurado (la que se levanta tarde), Rafael Alcayde (licenciado Montes), Delia Magaña (la Tostada), Amelia Wilhelmy (Malena, la Guayaba), Pedro de Aguillón (Topillos), Pedro de Urdimalas (Planillas), Lidia Franco (doña Merenciana, portera), María Gentil Arcos (la paralítica), Abel Cureño, el Naranjero (Pinocho), Jorge Arriaga (asesino), Víctor Torres (Antonio Morales), Conchita Gentil Arcos (la usurera), Julio Ahuet (preso), Salvador Quiroz (cura), Jesús García (el Camello), niño Jaime Jiménez Pons (el Güijolo), Roberto Corell (juez), Guillermo Bravo Sosa (gendarme), Rogelio Fernández (preso), Carlos Rincón Gallardo, Hilda Vera, niña Silvia Castro, Trío Cantarrecio.

Filmada a partir del 20 de octubre de 1947 en los estudios México Films. Estrenada el 25 de marzo de 1948 en el cine Colonial.

Cartas marcadas

PRODUCCIÓN (1947): Alameda Films, Alfredo Ripstein.

DIRECCIÓN: René Cardona.

ARGUMENTO: Ernesto Cortázar; adaptación: Ramón Pérez Peláez.

FOTOGRAFÍA: Jack Draper.

MÚSICA: Federico Ruiz y Rosalío Ramírez; canciones: Chucho Monge ("Cartas marcadas", "Oh qué amor"), Chucho Monge-Ernesto Cortázar ("Ay mis cuates", "La gallinita ponedora", "Serenata", "Palabritas de amor").

SONIDO: B. J. Kroger, Luis Fernández y Enrique Rodríguez.

ESCENOGRAFÍA: Luis Moya.

EDICIÓN: Carlos Savage.

INTÉRPRETES: Pedro Infante (Manuel), Marga López (Victoria), René Cardona (don Manuel), Armando Soto la Marina, el Chicote (Bartolomé Tepalcate), Alejandro Ciangherotti (doctor Ernesto Panseco), Francisco Reiguera (notario Aquilino Miravete y Alatriste), Beatriz Ramos y Alberto Sacramento (campesinos, clientes de Ernesto), niño René Cardona, Jr. (papelero), Hermanas Julián: Araceli, Elena y Rosalía (amigas de Victoria), Humberto Rodríguez (Pompeyo Pasalagua y Chinchurreta), Cecilia Leger (sirvienta de Victoria), Ignacio Peón y José Escanero (vecinos), Trío Janitzio.

Filmada a partir del 24 de noviembre de 1947 en los estudios Azteca. Estrenada el 25 de marzo de 1948 en el cine Palacio.

Los tres huastecos

PRODUCCIÓN (1948): Películas Rodríguez.

DIRECCIÓN: Ismael Rodríguez.

ARGUMENTO y adaptación: Ismael Rodríguez y Rogelio A. González.

FOTOGRAFÍA: Jorge Stahl, Jr.

MÚSICA Y ARREGLOS: Raúl Lavista y Nacho García; canciones: Cuates Castilla-Pedro de Urdimalas ("Atardecer huasteco"), Ventura Romero ("La burrita"), Gabilondo Soler, Cri Cri ("Conejo Blas").

SONIDO: Jesús González Gancy.

ESCENOGRAFÍA: Carlos Toussaint.

EDICIÓN: Fernando Martínez.

INTÉRPRETES: Pedro Infante (Lorenzo Andrade/ capitán Víctor Andrade/ padre Juan de Dios Andrade), Blanca Estela Pavón (Mari Toña), Fernando Soto, Mantequilla (Cuco, sacristán), niña María Eugenia Llamas (la Tucita), Alejandro Ciangherotti (Alejandro), Guillermo Calles (Bronco), Roberto Corell (cura), Paz Villegas (doña Cándida de Murguía), Conchita Gentil Arcos (Concha, viuda de Hipólito), Antonio R. Frausto (don Damián Murguía), Hernán Vera (cantinero), Salvador Quiroz (coronel), Julio Ahuet (capitán), Guillermo Bravo Sosa (borracho), Chel López (soldado), Humberto Rodríguez (viejo pueblerino), Irma Dorantes (adolescente potosina), Jaime Jiménez Pons y José Luis Moreno (niños potosinos), José G. Cruz, Andrés Huesca y sus Costeños, Conjunto Elpidio Ramírez, Conjunto Rivera, Trío Cantarrecio.

Filmada a partir del 26 de febrero de 1948 en los estudios Tepeyac. Estrenada el 5 de agosto de 1948 en el cine Palacio Chino.

Angelitos negros

PRODUCCIÓN (1948): Rodríguez Hermanos.

DIRECCIÓN: Joselito Rodríguez.

ARGUMENTO: Joselito Rodríguez; adaptación y diálogos: Rogelio A. González.

FOTOGRAFÍA: José Ortiz Ramos.

MÚSICA: Raúl Lavista y Nacho García; canciones: Manuel Álvarez, Maciste-Andrés Eloy Blanco ("Angelitos negros"), Eliseo Grenet ("Belén"), Chucho Monge ("Mi primer amor", "Tus ojitos").

SONIDO: Luis Fernández y Jesús González Gancy.

ESCENOGRAFÍA: Carlos Toussaint.

EDICIÓN: Fernando Martínez.

INTÉRPRETES: Pedro Infante (José Carlos Ruiz), Emilia Guiú (Ana Luisa de la Fuente), Rita Montaner (Mercé), Titina Romay (Belén), Chela Castro (Isabel), Nicolás Rodríguez (padre Francisco), María Douglas (Malú del Rey), Antonio R. Frausto (Laureano), Juan Pulido (Ildefonso Sánchez), Ramiro Gamboa (locutor), Óscar Pulido (Barud), Chimi Monterrey (Fernando Valdés), patinadores Sidney Flyers, pareja de baile Meriche y Pastor, niña María Victoria Llamas, Pita Martínez (cantante), Ramón Peón (presentador), Cuarteto América, Marta Prado, Lupe Carriles, Joselito Rodríguez.

Filmada a partir del 31 de mayo de 1948 en los estudios Tepeyac. Estenada el 19 de noviembre de 1948 en el cine Colonial.

Ustedes los ricos

PRODUCCIÓN (1948): Rodríguez Hermanos.

DIRECCIÓN: Ismael Rodríguez.

ARGUMENTO: Pedro de Urdimalas, Rogelio A. González, Ismael Rodríguez y Carlos González Dueñas; adaptación: Ismael Rodríguez y Rogelio A. González.

FOTOGRAFÍA: José Ortiz Ramos.

MÚSICA: Manuel Esperón; canciones: Manuel Esperón-Pedro de Urdimalas ("Amorcito corazón", "Suerte chaparra").

SONIDO: Manuel Topete y Jesús González Gancy.

ESCENOGRAFÍA: Carlos Toussaint.

EDICIÓN: Fernando Martínez.

INTÉRPRETES: Pedro Infante (Pepe el Toro), Blanca Estela Pavón (Celia, la Chorreada), Evita Muñoz (Chachita), Fernando Soto, Mantequilla (Antonio Feliciano de la Rosa), Miguel Manzano (Manuel de la Colina y Bárcena), Juan Pulido (Archibaldo), Nelly Montiel (Andrea), Mimí Derba (doña Charito), Freddy Fernández (el Atarantado), Delia Magaña (la Tostada), Amelia Wilhelmy (la Guayaba), Pedro de Aguillón

(Topillos), Pedro de Urdimalas (Planillas), Jorge Arriaga (el Tuerto), José Muñoz (Chepo, hermano del Tuerto), Humberto Rodríguez (Germán, mayordomo), Ángel Infante (tipo que pelea con Pepe en el Nereidas), Abel Cureño, José Pardavé (chofer), Hernán Vera (anunciador), niño Emilio Girón (Torito), Jesús García, María Valdealde, Gilda Selva, Trío Calaveras.

Filmada a partir del 29 de julio de 1948 en los estudios Tepeyac. Estrenada el 31 de diciembre de 1948 en el cine Palacio Chino.

Dicen que soy mujeriego

PRODUCCIÓN (1948): Rodríguez Hermanos.
DIRECCIÓN: Roberto Rodríguez.
ARGUMENTO y adaptación: Roberto Rodríguez, Carlos González Dueñas y Pedro de Urdimalas; diálogos: Carlos González Dueñas.
FOTOGRAFÍA: Jack Draper.
MÚSICA: Manuel Esperón; canciones: Manuel Esperón-Pedro de Urdimalas ("El enamorado", "Serenata a una flor", "Cariñito", "Adiós mis chorreadas"), Gilberto Parra-Pedro de Urdimalas-Pedro Amézquita ("La vaca lechera").
SONIDO: Francisco Alcayde y Jesús González Gancy.
ESCENOGRAFÍA: Carlos Toussaint.
EDICIÓN: Fernando Martínez.
INTÉRPRETES: Pedro Infante (Pedro Dosamantes), Sara García (doña Rosa), Silvia Derbez (Flor), Rodolfo Landa (Pablo Valadés), Fernando Soto, Mantequilla (Bartolo), María Eugenia Llamas (la Tucita), Amalia Aguilar (la Luciérnaga), Arturo Soto Rangel (cura), Juan Pulido (don Maximino), Salvador Quiroz (doctor), Hernán Vera (cantinero), Héctor Mateos (don Francisco), Ángel Infante (esbirro de Pablo), Ernesto Tanco, Rosa María Montes, Virginia Retana, Trío Hermanos Samperio, Cuarteto América.

Filmada a partir del 30 de septiembre de 1948 en los estudios Tepeyac, en el rancho La Presa y en el lienzo charro La Tapatía. Estrenada el 14 de abril de 1949 en el cine Ópera.

El seminarista

PRODUCCIÓN (1949): Rodríguez Hermanos.
DIRECCIÓN: Roberto Rodríguez.
ARGUMENTO Y ADAPTACIÓN: Paulino Masip; diálogos: Carlos González Dueñas.
FOTOGRAFÍA: Jack Draper.
MÚSICA: Raúl Lavista.
SONIDO: Francisco Alcayde y Jesús González Gancy.
ESCENOGRAFÍA: Carlos Toussaint.
EDICIÓN: Fernando Martínez.
INTÉRPRETES: Pedro Infante (Miguel Morales), Silvia Derbez (Mercedes Orozco), Fernando Soto, Mantequilla (Toño), Arturo Soto Rangel (don Pancho), María Eugenia Llamas (la Tucita), Katy Jurado (Chayito), Delia Magaña (Pita), José del Río (Norberto), Nicolás Rodríguez (cura), Mimí Derba (madre superiora), Joaquín Roche, Rosa María Montes, Zoila Esperanza Rojas, Anita Sánchez.

Filmada a partir del 17 de marzo de 1949 en los estudios Tepeyac. Estrenada el 2 de noviembre de 1949 en el cine Nacional.

La mujer que yo perdí

PRODUCCIÓN (1949): Rodríguez Hermanos.
DIRECCIÓN: Roberto Rodríguez.
ARGUMENTO: Manuel R. Ojeda; adaptación: Manuel R. Ojeda y Carlos González Dueñas.
FOTOGRAFÍA: Jack Draper.
MÚSICA: Raúl Lavista.
SONIDO: Francisco Alcayde y Jesús González Gancy.
ESCENOGRAFÍA: Carlos Toussaint.
EDICIÓN: Fernando Martínez.
INTÉRPRETES: Pedro Infante (Pedro Montaño), Blanca Estela Pavón (María), Manuel R. Ojeda (don Joaquín), Eduardo Arozamena (el abuelo), Silvia Pinal (Laura), José Luis Jiménez (José Marcos), Aurora Walker (madrina de Pedro), Guillermo Bravo Sosa (Fidel), Guillermo Calles (Macedonio), Antonio R. Frausto (jefe político), Salvador Quiroz (alcalde), Conchita Gentil Arcos y Joaquín Roche (padres de Laura), Ángel Infante (Marcial), Jesús García (raptor), Humberto Rodríguez, Héctor Mateos.

Amelia Wilhelmy (nana Agustina), Antonio R. Frausto (Nicho), Francisco Jambrina (Sotero), José Muñoz (Chucho), Guillermo Bravo Sosa (Jacinto), José Pardavé (José), Salvador Quiroz (doctor), Wolf Ruvinskis (el Campeón Asesino), Hernán Vera (Chema), Armando Velasco.

Filmada a partir del 25 de julio de 1949 en los estudios Tepeyac. Estrenada el 23 de diciembre de 1949 en el cine Orfeón.

No desearás la mujer de tu hijo

PRODUCCIÓN (1949): Rodríguez Hermanos.
DIRECCIÓN: Ismael Rodríguez.
ARGUMENTO y adaptación: Ismael Rodríguez y Rogelio A. González.
FOTOGRAFÍA: Jack Draper.
MÚSICA: Manuel Esperón.
SONIDO: Francisco Alcayde y Jesús Gonzáles Gancy.
ESCENOGRAFÍA: Carlos Toussaint.
EDICIÓN: Fernando Martínez.
INTÉRPRETES: Pedro Infante (Silvano), Fernando Soler (Cruz Treviño Martínez de la Garza), Andrés Soler (Laureano), Carmen Molina (Josefa), Amanda del Llano (Marielba), Irma Dorantes (Polita), Amelia Wilhelmy (nana Agustina), Alejandro Ciangherotti (Régulo González Galindo), Hernán Vera (Chema), Óscar Pulido, Salvador Quiroz, José Muñoz, Guillermo Bravo Sosa, Mariachi Vargas.

Filmada a partir del 25 de julio en los estudios Tepeyac. Estrenada el 18 de mayo de 1950 en el cine Orfeón.

Filmada a partir del 28 de abril de 1949 en los estudios Tepeyac. Estrenada el 20 de octubre de 1949 en el cine Ópera.

La oveja negra

PRODUCCIÓN (1949): Rodríguez Hermanos.
DIRECCIÓN: Ismael Rodríguez.
ARGUMENTO y adaptación: Ismael Rodríguez y Rogelio A. González.
FOTOGRAFÍA: Jack Draper.
MÚSICA: Raúl Lavista; canciones: Genaro Núñez ("Con el tiempo y un ganchito"), Gilberto Parra ("Amor de los dos").
SONIDO: Francisco Alcayde y Jesús Gonzáles Gancy.
ESCENOGRAFÍA: Carlos Toussaint.
EDICIÓN: Fernando Martínez.
INTÉRPRETES: Pedro Infante (Silvano), Fernando Soler (Cruz Treviño Martínez de la Garza), Amanda del Llano (Marielba), Andrés Soler (Laureano), Dalia Íñiguez (Bibiana), Virginia Serret (Justina),

AMELIA WILHELMY, FERNANDO SOLER Y PEDRO, 1949.

Sobre las olas

PRODUCCIÓN (1950): Rodríguez Hermanos.

DIRECCIÓN: Ismael Rodríguez.

ARGUMENTO y adaptación: Ismael Rodríguez y Rogelio A. Gonzalez, con la colaboración de Pedro de Urdimalas.

FOTOGRAFÍA: Jack Draper.

MÚSICA: Raúl Lavista; valses: Juventino Rosas ("Sobre las olas", "Dolores", "Carmen") y un aire de la ópera *Norma*, de Vicente Bellini.

SONIDO: Manuel Topete.

ESCENOGRAFÍA: Francisco Chillet.

EDICIÓN: Fernando Martínez.

INTÉRPRETES: Pedro Infante (Juventino Rosas), Alicia Neira (Dolores), José Luis Jiménez (Pepe Reina), Prudencia Grifell (doña Calixta Gutiérrez de Alfaro), Beatriz Aguirre (Lolita), Andrés Soler (don Marcial Morales), Antonio R. Frausto (Porfirio Díaz), Miguel Manzano (Juan de Dios), Salvador Quiroz (teniente), Humberto Rodríguez (edecán), Emilio Brillas (anunciador), Roberto Corell (Mayer), Pedro Elviro, Pitouto (Levy), Berta Lomelí (Ángela Peralta), Norma Ancira, Héctor Mateos, Edmundo Espino, Pastor Torres, Mario García, Harapos.

Filmada a partir del 23 de febrero de 1950 en los estudios Churubusco. Estrenada el 13 de septiembre de 1950 en el cine Roble.

También de dolor se canta

PRODUCCIÓN (1950): Producciones Mier y Brooks, Felipe Mier y Óscar J. Brooks.

DIRECCIÓN: René Cardona.

ARGUMENTO: Álvaro Custodio; adaptación: Pedro de Urdimalas.

FOTOGRAFÍA: Víctor Herrera.

MÚSICA: Luis Hernández Bretón; canciones: Alfredo Bolaños ("Qué lindo es Michoacán"), Emilio D. Uranga ("La negra noche"), Luz María Quintero ("El rebozo"), Dominio Público ("Cielito lindo").

SONIDO: Rodolfo Solís y Jesús González Gancy.

ESCENOGRAFÍA: Edward Fitzgerald.

EDICIÓN: José W. Bustos.

INTÉRPRETES: Pedro Infante (Braulio Peláez), Guillermina Grin (Elisa Miranda), Óscar Pulido (doctor Facundo Peláez), Irma Dorantes (Luisa), Rafael Alcayde (Alfonso del Madrazo), Famie Kaufman, Vitola (Daniela), Florencio Castelló (productor de cine), Alejandro Ciangherotti (Borcelini Rodríguez, director de cine), Armando Velasco (adaptador), Alfredo Varela, Jr. (novio de Luisa), Luis Mussot (director de la escuela), Francisco Pando (argumentista), Hernán Vera (policía), Pedro Elviro, Pitouto (Goliat), niño René Cardona, Jr., niño Jaime Calpe, José Muñoz, Héctor Pérez Verduzco, Consuelo García; actuaciones especiales de Germán Valdés, Tin Tan, Antonio Badú, Leticia Palma, Miguel Morayta, Luis Hernández Bretón y Pedro Vargas.

Filmada a partir del 24 de abril de 1950 en los estudios Tepeyac. Estrenada el primero de septiembre de 1950 en el cine Palacio Chino.

Islas Marías

PRODUCCIÓN (1950): Rodríguez Hermanos.

DIRECCIÓN: Emilio Fernández.

ARGUMENTO Y ADAPTACIÓN: Mauricio Magdaleno y Emilio Fernández.

FOTOGRAFÍA: Gabriel Figueroa.

MÚSICA: Antonio Díaz Conde; canción: José Alfredo Jiménez ("El cobarde").

SONIDO: James L. Fields, José B. Carles y Galdino Samperio.

ESCENOGRAFÍA: Manuel Fontanals.

EDICIÓN: Gloria Schoemann.

INTÉRPRETES: Pedro Infante (Felipe), Rosaura Revueltas (doña Rosa Suárez viuda de Ortiz), Rocío Sagaón (María), Jaime Fernández (Ricardo), Tito Junco (gobernador del penal), Ester Luquín (Alejandra), Rodolfo Acosta (el Silencio), Julio Villarreal (director del Colegio Militar), Arturo Soto Rangel (Miguel), Hernán Vera (don Venancio), Jorge Treviño (don Jorge), Humberto Rodríguez (actuario), Salvador Quiroz (coronel), Luis

Romero ("El gavilán pollero"), Dominio Público ("Acuérdate).

SONIDO: José B. Carles y Jesús González Gancy.

ESCENOGRAFÍA: Ramón Rodríguez Granada.

EDICIÓN: José W. Bustos.

INTÉRPRETES: Pedro Infante (José Inocencio Meléndez, el Gavilán), Antonio Badú (Luis Lepe), Lilia Prado (Antonia, la Gelatina), Armando Arriola (don Próspero), José Muñoz (cantinero), Ana María Villaseñor (Lucha), Gregorio Acosta, Fernando Tourné, Antonio Reyna, Facundo Rivero y su conjunto.

Filmada a partir del 23 de octubre de 1950 en los estudios Tepeyac. Estrenada el 26 de enero de 1951 en el cine Palacio Chino.

Las mujeres de mi general

PRODUCCIÓN (1950): Rodríguez Hermanos.

DIRECCIÓN: Ismael Rodríguez.

ARGUMENTO: Celestino Gorostiza y Joselito Rodríguez; adaptación: Ismael Rodríguez y Pedro de Urdimalas.

FOTOGRAFÍA: José Ortiz Ramos.

MÚSICA: Raúl Lavista; canciones: Manuel M. Ponce ("Alevántate"), Chucho Monge ("La comezón del amor").

SONIDO: Manuel Topete y Jesús González Gancy.

ESCENOGRAFÍA: José Rodríguez Granada.

EDICIÓN: Fernando Martínez.

INTÉRPRETES: Pedro Infante (general Juan Zepeda), Lilia Prado (Lupe), Chula Prieto (Carlota), Mi-

Aceves Castañeda (policía), Julio Ahuet (taxista), Gilberto González (militar), Rogelio Fernández (guardia), Manuel Vergara, Manver (borracho).

Filmada a partir del 6 de septiembre de 1950 en los estudios Churubusco. Estrenada el 10 de agosto de 1951 en el cine Orfeón.

El gavilán pollero

PRODUCCIÓN (1950): Producciones Mier y Brooks, Felipe Mier y Óscar J. Brooks.

DIRECCIÓN: Rogelio A. González.

ARGUMENTO Y ADAPTACIÓN: Rogelio A. González.

FOTOGRAFÍA: Gabriel Figueroa.

MÚSICA: Manuel Esperón; canciones: José Alfredo Jiménez ("Ella", "Cuatro caminos"), Ventura

PEDRO INFANTE Y ANTONIO BADÚ FUERON GRANDES AMIGOS DENTRO Y FUERA DEL ESCENARIO.

guel Manzano (coronel Domingo Vargas), Miguel Inclán (Blas), Lupe Inclán (Tacha), Alberto Catalá (Marco Polo), Miguel Ángel López (Romulito Mendoza), Ángel Infante (Sarmiento), Jorge Mondragón (Fermín Mendoza), Rogelio Fernández (revolucionario), Chel López (oficial federal), Guillermo Bravo Sosa, Francisco Pando, Héctor Mateos, Pedro Elviro, Pitouto (ricos), Arturo Soto Rangel (don Felipe), Pedro de Urdimalas.

Filmada a partir del 7 de diciembre de 1950 en los estudios Tepeyac. Estrenada el 13 de julio de 1951 en el cine Orfeón.

Necesito dinero

PRODUCCIÓN (1951): Producciones Zacarías, Miguel Zacarías.
DIRECCIÓN: Miguel Zacarías.
ARGUMENTO: Miguel Zacarías y Edmundo Báez; adaptación: Miguel Zacarías.
FOTOGRAFÍA: Jorge Stahl, Jr.
MÚSICA: Manuel Esperón; canciones: Manuel Esperón-Ernesto Cortázar ("Necesito dinero"), Gonzalo Curiel ("Anoche"), José Alfredo Jiménez ("Qué suerte la mía"), Carmelo Larrea ("Las tres cosas"), Dámaso Pérez Prado ("Silbando mambo"), Hermanos Samperio ("Amor escondido").
SONIDO: Javier Mateos y Jesús González Gancy.
ESCENOGRAFÍA: Javier Torres Torija.
EDICIÓN: José W. Bustos.
INTÉRPRETES: Pedro Infante (Manuel Murillo), Sara Montiel (María Teresa), Irma Dorantes (Luci), Gustavo Rivero (José Antonio), Armando Sáenz (el California), Elda Peralta (Emma), Guillermo

Samperio, Milmodos (el Yuca), Gloria Morel (Geneviève), María España Vidal (Rosario, hija), Armando Velasco (don Servando), Luis Mussot (don Alejandro), Maruja Grifell (doña Rosario), Ángel Infante (Roberto), Kika Meyer (Cristina), José Ruiz Vélez (anunciador), Manuel Sánchez Navarro (don Eliodoro), Francisco Ledesma (maître), Eulalio González, Piporro (Bob), Luis Mussot, Jr. (mesero), Juan Pulido, Carlos Bravo y Fernández, Ivonne Adorée.

Filmada a partir del 18 de enero de 1951 en los estudios Tepeyac. Estrenada el primero de enero de 1952 en el cine Orfeón.

ATM (A toda máquina)

PRODUCCIÓN (1951): Películas Rodríguez.
DIRECCIÓN: Ismael Rodríguez.
ARGUMENTO Y ADAPTACIÓN: Ismael Rodríguez y Pedro de Urdimalas.
FOTOGRAFÍA: Jack Draper.
MÚSICA: Raúl Lavista y Sergio Guerrero; canciones: Gabriel Ruiz-Gabriel Luna ("Despierta"), Consuelo Velázquez ("Yo no fui", "Bésame mucho").
SONIDO: Manuel Topete.
ESCENOGRAFÍA: José Rodríguez Granada.
EDICIÓN: Fernando Martínez.
INTÉRPRETES: Pedro Infante (Pedro Chávez), Luis Aguilar (Luis Macías), Aurora Segura (Guillermina), Alma Delia Fuentes (Anita), Carlos Valadez (Tarciso), Salvador Quiroz (general), Amelia Wilhelmy (automovilista), Pedro Elviro, Pitouto (pedigüeño), Hilda Vera, Carlos Rincón Gallardo, Bruno Márquez, Héctor Mateos.

Filmada a partir del 15 de marzo de 1951 en los estudios Churubusco. Estrenada el 13 de septiembre de 1951 en el cine Alameda.

¿Qué te ha dado esa mujer?

PRODUCCIÓN (1951): Películas Rodríguez.

DIRECCIÓN: Ismael Rodríguez.

ARGUMENTO Y ADAPTACIÓN: Ismael Rodríguez y Pedro de Urdimalas.

FOTOGRAFÍA: Jack Draper.

MÚSICA: Raúl Lavista y Sergio Guerrero; canciones: Gilberto Parra ("¿Qué te ha dado esa mujer?"), Alfonso Esparza Oteo ("Te he de querer"), Gabriel Ruiz- Gabriel Luna ("Despierta").

SONIDO: Manuel Topete.

ESCENOGRAFÍA: José Rodríguez Granada.

EDICIÓN: Fernando Martínez.

INTÉRPRETES: Pedro Infante (Pedro Chávez), Luis Aguilar (Luis Macías), Carmen Montejo (Yolanda), Rosita Arenas (Marianela), Gloria Menge (Ruth), Manuel Arvide (don Antonio), Manuel Noriega (cura), Jorge Casanova (necio), Manuel Dondé (doctor), Hilda Vera, Carlos Rincón Gallardo, Emma Rodríguez.

Filmada a partir del 15 de marzo de 1951 en los estudios Churubusco. Estrenada el 20 de diciembre de 1951 en el cine Chapultepec.

Ahí viene Martín Corona

PRODUCCIÓN (1951): Producciones Zacarías, Miguel Zacarías.

DIRECCIÓN: Miguel Zacarías.

ARGUMENTO: Álvaro Gálvez y Fuentes y Paulino Masip, sobre una serie radiofónica del primero; adaptación: Paulino Masip.

FOTOGRAFÍA: Gabriel Figueroa.

MÚSICA: Manuel Esperón; canciones: José Alfredo Jiménez ("Del mero norte", "Paloma querida"), Rubén Fuentes-Rubén Méndez ("Copa tras copa", "Carta a Eufemia", "Siempre, siempre"), Manuel Quiroga-Antonio de León ("Para el carro", "Canción del ole"), Manuel Esperón-Ernesto Cortázar ("Amorcito de mi vida").

SONIDO: James L. Fields, José B. Carles y Galdino Samperio.

ESCENOGRAFÍA: Luis Moya.

EDICIÓN: José W. Bustos.

INTÉRPRETES: Pedro Infante (Martín Corona), Sara Montiel (Rosario Medina), Eulalio González, Piporro (ídem), Armando Silvestre (Emeterio), Ángel Infante (Nacho), Florencio Castelló (Serafín Pérez), Armando Sáenz (Tomás Urrutia), José Pulido (don Diego), Armando Velasco (empleado del hotel), José Torvay (Mangas), Blanca Marroquín (sirvienta), Miguel Peña y Antonio Manuel Arjona (bailaores gitanos), Julio Ahuet (Espacioso), Emilio Garibay (esbirro de don Diego), Guillermo Calles (Cuervo), José Alfredo Jiménez (cantante), Acela Vidaurri.

Filmada a partir del 29 de octubre de 1951 en los estudios Azteca. Estrenada el 23 de mayo de 1952 en el cine Palacio Chino.

El enamorado

PRODUCCIÓN (1951): Producciones Zacarías, Miguel Zacarías.

DIRECCIÓN: Miguel Zacarías.

ARGUMENTO: Álvaro Gálvez y Fuentes y Paulino Masip, sobre una serie radiofónica del primero; adaptación: Paulino Masip.

FOTOGRAFÍA: Gabriel Figueroa.

MÚSICA: Manuel Esperón; canciones: José Alfredo Jiménez ("Un día nublado", "Viejos amigos"), Rubén Fuentes y Rubén Méndez ("Siempre, siempre"), Manuel Esperón-Ernesto Cortázar ("Ahí vienen los mariachis").

SONIDO: James L. Fields.

ESCENOGRAFÍA: Luis Moya.

EDICIÓN: José W. Bustos.

INTÉRPRETES: Pedro Infante (Martín Corona), Sara Montiel (Rosario Medina), Eulalio González, Piporro (ídem), Armando Silvestre (Emeterio), Florencio Castelló (Serafín Pérez), José Pulido

(don Diego), Irma Dorantes (Gloria Urrutia), Armando Sáenz (Tomás Urrutia), Ángel Infante (Nacho), Guillermo Calles (Cuervo), Fanny Schiller (señora de la fiesta), Salvador Quiroz (don León), Blanca Marroquín (Fidencia), Antonio R. Frausto (médico), Julio Ahuet (Espacioso), Emilio Garibay y José Trovay (esbirros), niña Marcela Zacarías (Martincío), niña Elisa Zacarías (Rosariyo), José Alfredo Jiménez, Silvestre Vargas, Hermanos Samperio.

Filmada a partir del 29 de octubre de 1951 en los estudios Azteca. Estrenada el 5 de septiembre de 1952 en el cine Palacio Chino.

Un rincón cerca del cielo

PRODUCCIÓN (1952): Filmex, Gregorio Walerstein y Antonio Matouk.

DIRECCIÓN: Rogelio A. González.

ARGUMENTO: Rogelio A. González y Gregorio Walerstein; adaptación: Rogelio A. González.

FOTOGRAFÍA: Agustín Martínez Solares.

MÚSICA: Manuel Esperón.

SONIDO: Rodolfo Benítez y Jesús González Gancy.

ESCENOGRAFÍA: Jorge Fernández.

EDICIÓN: Rafael Ceballos.

INTÉRPRETES: Pedro Infante (Pedro González), Marga López (Margarita), Silvia Pinal (Sonia Ilina), Andrés Soler (Chema Pérez), Antonio Aguilar (Tony), Luis Aceves Castañeda (Martín), Juan Orraca (don Antonio), Arturo Martínez y Julio Ahuet (policías), Jorge Treviño (tendero), Hernán Vera (tortero), Luis Mussot, Jr. (espectador), María Gentil Arcos (empleada), Diana Ochoa, Peque Navarro.

Filmada a partir del 11 de febrero de 1952 en los estudios San Ángel. Estrenada el 22 de agosto de 1952 en el cine Orfeón.

Ahora soy rico

PRODUCCIÓN (1952): Filmex, Gregorio Walerstein y Antonio Matouk.

DIRECCIÓN: Rogelio A. González.

ARGUMENTO: Rogelio A. González y Gregorio Walerstein; adaptación: Rogelio A. González.

FOTOGRAFÍA: Agustín Martínez Solares.

MÚSICA: Manuel Esperón.

SONIDO: Rodolfo Benítez y Jesús González Gancy.

ESCENOGRAFÍA: Jorge Fernández.

EDICIÓN: Rafael Ceballos.

INTÉRPRETES: Pedro Infante (Pedro González), Marga López (Margarita), Antonio Aguilar (ingeniero), Irma Dorantes (nieta de Tachito), Eduardo Alcaraz (doctor Velasco), Arturo Soto Rangel (zapatero), Gilberto González (Damián), Gloria Mestre (Salomé), Antonio R. Frausto (Tachito), Jorge Martínez de Hoyos (vendedor), Pepe Martínez (el mudo), Paco Martínez, Guillermo Bravo Sosa.

Filmada a partir del 11 de febrero de 1952 en los estudios San Ángel. Estrenada el 20 de noviembre de 1952 en el cine Orfeón.

IZQUIERDA: IRMA DORANTES. DERECHA: CON VERÓNICA LOYO EN *LOS HIJOS DE MARÍA MORALES*, 1952.

Por ellas aunque mal paguen

PRODUCCIÓN (1952): Cinematográfica Grovas, Jesús Grovas.

DIRECCIÓN: Juan Bustillo Oro.

ARGUMENTO: Augusto Martínez Olmedilla; adaptación: Juan Bustillo Oro.

FOTOGRAFÍA: Raúl Martínez Solares.

MÚSICA: Manuel Esperón; canciones: Manuel Esperón-Ernesto Cortázar ("Por ellas aunque mal paguen", "La del estribo", "Cómo estoy enamorado"), Alfonso Esparza Oteo ("Te he de querer").

SONIDO: Bernardo Cabrera y Galdino Samperio.

ESCENOGRAFÍA: Javier Torres Torija.

EDICIÓN: Gloria Schoemann.

INTÉRPRETES: Fernando Soler (Anastasio Adolfo Armijo de Arpegio), Ángel Infante (José Manuel Campos), Pedro Infante (ídem), Silvia Pinal (Isabel), Irma Dorantes (Mariana), Alfonso Bedoya (Lupe), Tito Gómez (César), Fanny Schiller (doña Victoria), Miguel Ángel López (Antonio Recio), Nicolás Rodríguez (maître), Manuel Dondé (Cacomixtle), Conchita Gentil Arcos (madame Florita), Armando Velasco (don Francisco), Julio Daneri, Mariachi Vargas.

Filmada a partir del 14 de abril de 1952 en los estudios Churubusco. Estrenada el 15 de agosto de 1952 en el cine Palacio Chino.

Los hijos de María Morales

PRODUCCIÓN (1952): Dyana Films, Fernando de Fuentes.

DIRECCIÓN: Fernando de Fuentes.

ARGUMENTO: Fernando Méndez; adaptación: Ernesto Cortázar y Paulino Masip.

FOTOGRAFÍA: Ignacio Torres.

MÚSICA: Manuel Esperón; canciones: Rubén Fuentes-Rubén Méndez ("El papalote"), Luis Pérez Meza ("Rosita de olivo").

SONIDO: Jesús González Gancy y Eduardo Arjona.

ESCENOGRAFÍA: Javier Torres Torija.

EDICIÓN: José W. Bustos.

INTÉRPRETES: Pedro Infante (Pepe Morales), Antonio Badú (Luis Morales), Carmen González (Gloria Magaña), Irma Dorantes (María), Andrés Soler (don Carlos Salvatierra), Emma Roldán (María Morales), Verónica Loyo (Lola Gómez, la Torcaza), Tito Novaro (Tomás Gutiérrez), Lupe Carriles (Martina), Josefina Leiner (Lupe), Rafael Estrada (tahúr), José Muñoz (tahúr), Hernán Vera (bolero), Carlos Bravo y Fernández, Carl-Hillos (mesero), Salvador Quiroz (don Tacho), Humberto Rodríguez (don Serapio Rea), Lupe Inclán (Chencha), Pepe Nava.

Filmada a partir del 2 de junio de 1952 en los estudios Tepeyac. Estrenada el 14 de agosto de 1952 en el cine Mariscala.

Dos tipos de cuidado

PRODUCCIÓN (1952): Tele Voz, Miguel Alemán Velasco.

DIRECCIÓN: Ismael Rodríguez.

ARGUMENTO y adaptación: Ismael Rodríguez y Carlos Orellana.

FOTOGRAFÍA: Gabriel Figueroa.

MÚSICA: Manuel Esperón; canciones: Salvador Flores ("La tertulia"), Manuel Esperón-Felipe Bermejo ("Mía"), José Antonio Méndez ("La gloria eres tú").

SONIDO: José B. Carles.

ESCENOGRAFÍA: José Rodríguez Granada.

EDICIÓN: Gloria Schoemann.

INTÉRPRETES: Pedro Infante (Pedro Malo), Jorge Negrete (Jorge Bueno), José Elías Moreno (general), Carmen González (Rosario), Yolanda Varela (María), Mimí Derba (Josefa), Carlos Orellana (don Elías), Queta Lavat (Genoveva), Arturo Soto Rangel (doctor), niño José Luis Moreno.

Filmada a partir del 4 de agosto de 1952 en los estudios Churubusco. Estrenada el 5 de noviembre de 1953 en los cines México y Mariscala.

Ansiedad

PRODUCCIÓN (1952): Producciones Zacarías, Miguel Zacarías.

DIRECCIÓN: Miguel Zacarías.

ARGUMENTO: Miguel Zacarías y Edmundo Báez, basado en el cuento "El patrañuelo" de Juan de Timoneda; adaptación Miguel Zacarías.

FOTOGRAFÍA: Gabriel Figueroa.

MÚSICA: Manuel Esperón; canciones: Agustín Lara ("Amor de mis amores", "Noche criolla", "Marimba", "Farolito", "Mujer"), José Alfredo Jiménez ("Tu recuerdo y yo") y Salvador Flores ("Ingrata pérfida"), Felipe Coronel Rueda ("Estrellita del sur"), Cuco Sánchez ("Ando muy borracho").

SONIDO: Javier Mateos y Galdino Samperio.

ESCENOGRAFÍA: Javier Torres Torija.

EDICIÓN: José W. Bustos.

INTÉRPRETES: Pedro Infante (Rafael Lara/ Rafael hijo/ Gabriel Iturbe y Valdivia), Libertad Lamarque (María), Irma Dorantes (Chabela Iturbide), Arturo Soto Rangel (don Lorenzo García), Felipe Montoya (Jesús Maldonado), Salvador Quiroz (doctor Luis Islas Hernández), Guillermo Samperio (policía), Miguel Funes, Jr. (los mellizos de ocho años), Hernán Vera (don Venancio), José Pidal (funcionario de televisión), Marión de Lagos (enfermera), José Muñoz (el asesino), Humberto Rodríguez (traspunte), Chel López (taxista), Jorge Sareli.

Filmada a partir del 20 de octubre de 1952 en los estudios Churubusco. Estrenada el primero de octubre de 1953 en los cines Chapultepec y Mariscala.

EN 1952 COMPARTIÓ ESTELARES CON LIBERTAD LAMARQUE EN *ANSIEDAD*.

Pepe el Toro

PRODUCCIÓN (1952): Películas Rodríguez.

DIRECCIÓN: Ismael Rodríguez.

ARGUMENTO Y ADAPTACIÓN: Ismael Rodríguez y Carlos Orellana.

FOTOGRAFÍA: Ignacio Torres.

MÚSICA: Manuel Esperón; canciones: Felipe Bermejo-Manuel Esperón ("Osito carpintero").

SONIDO: Francisco Alcayde.

ESCENOGRAFÍA: José Rodríguez Granada.

EDICIÓN: Fernando Martínez.

INTÉRPRETES: Pedro Infante (Pepe el Toro), Evita Muñoz (Chachita), Joaquín Cordero (Lalo Gallardo), Irma Dorantes (Lucha), Amanda del Llano (Amalia), Freddy Fernández (el Atarantado), Fernando Soto, Mantequilla (Antonio Feliciano de la Rosa), Armando Velasco (licenciado), Felipe Montoya (delegado), Pedro Elviro, Pitouto (actuario), Juan Orraca (Pancho), Wolf Ruvinskis (Bobby Galeana), Guillermo Hernández, Lobo Negro (second), Elodia Hernández, Pepe Nava, Trío Cantarrecio.

Filmada a partir del 3 de diciembre de 1952 en los estudios Churubusco. Estrenada el 21 de agosto de 1953 en el cine Orfeón.

Había una vez un marido

PRODUCCIÓN (1952): Filmex, Gregorio Walerstein y Rafael Baledón.

DIRECCIÓN: Fernando Méndez.

ARGUMENTO Y ADAPTACIÓN: Ramón Obón y Rafael Baledón.

FOTOGRAFÍA: Carlos Carbajal.

MÚSICA: Rosalío Ramírez y Federico Ruiz.

SONIDO: Guillermo Mateos.

EDICIÓN: Juan José Marino.

INTÉRPRETES: Lilia Michel (Lilia), Rafael Baledón (doctor Rafael Cabezón), María Victoria (cantante), José Pulido (Antonio Estébanez), Carlota Solares (Alegría, criada), Juan Orraca (detective), Jorge Treviño (boxeador), Humberto Rodríguez (comisario), Consuelo Monteagudo, Aurora Segura; intervenciones especiales: Pedro Infante, Yolanda Montes, Tongolele, Antonio Aguilar, Los Churumbeles de España, Pedro Vargas.

Filmada a partir del 2 de abril de 1952 en los estudios San Ángel. Estrenada el 5 de marzo de 1953 en el cine Orfeón.

Sí... mi vida

PRODUCCIÓN (1952): Filmex, Gregorio Walerstein y Rafael Baledón.

DIRECCIÓN: Fernando Méndez.

ARGUMENTO Y ADAPTACIÓN: Ramón Obón y Rafael Baledón.

FOTOGRAFÍA: Carlos Carbajal.

MÚSICA: Rosalío Ramírez y Federico Ruiz; canciones: Herminio Kenny ("La bizcochona", "La pípila"), Rubén Méndez-Rubén Fuentes ("Carta a Eufemia"), Gabriel Ruiz ("Hablemos claro"), Gabriel Luna de la Fuente ("Ay mi vida").

SONIDO: Javier Mateos.

EDICIÓN: Juan José Marino.

INTÉRPRETES: Lilia Michel (Lilia), Rafael Baledón (doctor Rafael Cabezón), Silvia Pinal, Carlos Martínez Baena, Ernesto Finance, Agustín Fernández, Guillermo Cramer; intervenciones especiales: Pedro Infante, María Victoria, Pedro Vargas, Yolanda Montes, Tongolele, Los Churumbeles de España, Eulalio González, Piporro.

Filmada a partir del 2 de abril de 1952 en los estudios San Ángel. Estrenada el 14 de mayo de 1953 en el cine Palacio Chino.

Reportaje

PRODUCCIÓN (1953): Televoz, Miguel Alemán Velasco, Pecime y la ANDA.

DIRECCIÓN: Emilio Fernández.

ARGUMENTO Y ADAPTACIÓN: Emilio Fernández, Mauricio Magdaleno y, para el episodio con María Félix y Jorge Negrete, Julio Alejandro.

FOTOGRAFÍA: Alex Phillips.

MÚSICA: Antonio Díaz Conde; canciones: Emilio D. Uranga ("La negra noche"), Gonzalo Roig ("Quiéreme mucho"), José Alfredo Jiménez ("Tu recuerdo y yo") y piezas andaluzas interpretadas por Carmen Sevilla y Lola Flores.

SONIDO: José B. Carles.

ESCENOGRAFÍA: Salvador Lozano Mena.

EDICIÓN: Gloria Schoemann.

INTÉRPRETES: Arturo de Córdova (Bernardo), Roberto Cañedo (Humberto), María Elena Marqués (Gabriela), Carmen Montejo, Miroslava y Esther Fernández (enfermeras), Columba Domínguez (Petra), Amanda del Llano (sirvienta), Carmen González (sirvienta de Edmundo), Irma Torres (sirvienta del anillo robado), Domingo Soler (padre Márquez), Pedro Infante (Edmundo Bernal), Carmen Sevilla (María Eugenia), Carlos López Moctezuma (agente del ministerio público), Antonio Espino, Clavillazo (Damián García), Mercedes Barba (patrona), Germán Valdés, Tin Tan (pachuco), Lola Flores (bailaora), Libertad Lamarque y Pedro Vargas (cantantes), Fernando Soler (Ernesto del Valle), Luis Procuna (torero), Pedro López Lagar (ladrón anticapitalista), Joaquín Pardavé (ladrón), Dolores del Río (María Enriqueta), María Félix y Jorge Negrete (actores), Miguel Ángel Ferriz (Riviera, director del diario), Luis Aldás (Gerardo Muñoz), Manolo Fábregas (Rafael Galindo), Víctor Parra (Garibay), Rafael Banquells, Beatriz Ramos y Tito Novaro (reporteros), Rodolfo Landa (reportero que acompaña a los actores), Víctor Manuel Mendoza (García, jefe de talleres), Miguel Torruco (taxista), José Elías Moreno (mariachi), Julio Villarreal (cirujano), Eduardo Noriega, Ernesto Alonso, César del Campo y Fernando Casanova (médicos), Crox Alvarado y José Ángel Espinosa, Ferrusquilla (practicantes), Agustín Fernández (camillero), Luis Aceves Castañeda (Aurelio), Carlos Riquelme (sacristán), Miguel Arenas (Carlos Bernal), Lily Aclemar (invitada), Armando Silvestre (Armando), Arturo Soto Rangel (dibujante), Manuel Noriega (secretario), Wolf Ruvinskis, Gilberto González y Carlos Orellana (policías), Marcelo Chávez (acompañante del pachuco), Andrés Soler, Rebeca Iturbe, Enrique Díaz Indiano, Maruja Grifell y Fanny Schiller (acompañantes de Ernesto), Jorge Casanova (camarero).

Filmada a partir del 2 de marzo de 1953 en los estudios Azteca. Estrenada el 12 de noviembre de 1953 en el cine Chapultepec.

Gitana tenías que ser

PRODUCCIÓN (1953): Filmex, Antonio Matouk (México)/ Suevia Films, Cesáreo González (España).

DIRECCIÓN: Rafael Baledón.

ARGUMENTO: Janet Alcoriza y Luis Alcoriza; adaptación: Fernando Galiana y Ramón Obón.

FOTOGRAFÍA: Raúl Martínez Solares.

MÚSICA: Manuel Esperón; canciones: Tomás Méndez ("Que me toquen Las golondrinas"), Manuel Esperón ("Mosaico plaza de Garibaldi" y "La despreciativa"), Antonio Quintero-Rafael de León-Manuel L. Quiroga ("La flor de tomillo"), Bobby Capó ("Piel canela"), Pepe Guízar ("Guadalajara"), Elpidio Ramírez ("Cielito lindo" huasteco), Quirino Mendoza ("Cielito lindo").

SONIDO: Enrique Rodríguez.

ESCENOGRAFÍA: Jorge Fernández.

EDICIÓN: Alfredo Rosas Priego.

INTÉRPRETES: Pedro Infante (Pablo Mendoza), Carmen Sevilla (Pastora de los Reyes), Estrellita Castro (Paca), Ángel Garasa (marido de Paca), Pedro de Aguillón (Chalío), José Jasso (Tito del Valle, director de cine), Florencio Castelló (Tumbita), Carlos Múzquiz (productor), Chula Prieto (Marta Avilés), Armando Calvo (él mismo), José Pidal (ingeniero de sonido), Hernán Vera (posadero), Jorge Vidal (él mismo), Ernesto Velázquez, José Slim Karam, José Pardavé, Eulalio González, Piporro, Roberto G. Rivera.

Filmada a partir del 13 de abril de 1953 en los estudios San Ángel. Estrenada el 19 de noviembre de 1953 en el cine Orfeón.

Cuidado con el amor

PRODUCCIÓN (1954): Producciones Zacarías, Miguel Zacarías.

DIRECCIÓN: Miguel Zacarías.

ARGUMENTO: Miguel Zacarías.

FOTOGRAFÍA: Raúl Martínez Solares.

MÚSICA: Manuel Esperón; canciones: Rubén Fuentes ("Cien años"), Alberto Cervantes ("Si tú me quisieras"), José Alfredo Jiménez ("Serenata huasteca"), Severo Mirón ("Ifigeño el sombrerudo"), Dominio Público ("Corrido de Agustín Jaime") y Manuel Esperón-Ernesto Cortázar ("Cocula", "¡Ay, Jalisco no te rajes").

SONIDO: Eduardo Arjona y Galindo Samperio.

ESCENOGRAFÍA: Javier Torres Torija.

EDICIÓN: José W. Bustos.

INTÉRPRETES: Pedro Infante (Salvador Allende), Elsa Aguirre (Ana María), Óscar Pulido (Felipe Ochoa), Eulalio González, Piporro (Serafín Estrada), Arturo Soto Rangel (don Hilario), Emma Roldán (Chona), Fanny Schiller (doña Isabel Hurtado), Maruja Grifell (doña Rosalía), Ivonne Adorée (Carolina Sandoval), Miguel Suárez (Es-

PEDRO CON ELSA AGUIRRE EN UNA ESCENA DE *CUIDADO CON EL AMOR*, 1954.

teban), Matilde Sánchez, la Torcasita (cantante), Luis Mussot (doctor Sandoval), Carlos Bravo y Fernández, Carl-Hillos (don Nicasio), Francisco Pando (cantinero), José Muñoz (Melchor), Trío Hermanos Samperio.

Filmada a partir del 8 de marzo de 1954 en los estudios Azteca. Estrenada el 8 de diciembre de 1954 en el cine Olimpia.

El mil amores

PRODUCCIÓN (1954): Filmex, Antonio Matouk.

DIRECCIÓN: Rogelio A. González.

ARGUMENTO: Gabriel Peñafiel; adaptación: Rogelio A. González y Gregorio Walerstein.

FOTOGRAFÍA: Rosalío Solano.

MÚSICA: Manuel Esperón; canciones: César Portillo de la Luz ("Contigo en la distancia"), Manuel Esperón ("Canción de año nuevo", "Bienvenida al capitán"), Cuco Sánchez ("El mil amores").

SONIDO: Rodolfo Benítez y Enrique Rodríguez.

ESCENOGRAFÍA: Jorge Fernández.

EDICIÓN: Rafael Ceballos.

INTÉRPRETES: Pedro Infante (Bibiano Villarreal), Rosita Quintana (Carmen Zamudio), Joaquín Pardavé (Chabelo), Liliana Durán (Marilú), Anita Blanch (directora), María Alicia Rivas (Patricia), Fernando Luján (Ricardo Rodríguez), Emma Roldán (Gertrudis), Conchita Gentil Arcos (maestra), Roberto G. Rivera (Roque).

Filmada a partir del 19 de abril de 1954 en los estudios San Ángel. Estrenada el 19 de noviembre de 1954 en el cine Orfeón.

Escuela de vagabundos

PRODUCCIÓN (1954): Dyana Films, Fernando de Fuentes.

DIRECCIÓN: Rogelio A. González.

ARGUMENTO: John Jevne; adaptación: Paulino Masip y Fernando de Fuentes.

FOTOGRAFÍA: Rosalío Solano.

MÚSICA: Manuel Esperón; canciones: Tomás Méndez ("Cucurrucucú paloma"), Pablo Beltrán Ruiz ("Quién será"), Gabriel Luna de la Fuente ("Grito prisionero"), Estela de José y Estenoz ("Nana Pancha"), Fernando Estenoz-Miguel Medina ("Adiós Lucrecia").

SONIDO: José de Pérez y Rafael Ruiz Esparza.

ESCENOGRAFÍA: Javier Torres Torija.

EDICIÓN: José W. Bustos.

INTÉRPRETES: Pedro Infante (José Alberto Medina), Miroslava (Susana o Susi), Blanca de Castejón (Emilia), Óscar Pulido (Miguel Valverde), Annabelle Gutiérrez (Laura o Lala), Fernando Casanova (Mauricio Jiménez), Liliana Durán (Patricia Vértiz), Eduardo Alcaráz (Audifaz), Dolores Camarillo (Pancha), Óscar Ortiz de Pinedo (Vértiz), Aurora Walker (señora Vértiz), Carlos Bravo y Fernández, Carl-Hillos (sirvien-

PEDRO Y MIROSLAVA STERN.

te), Rogelio Fernández (taxista), Carlos Robles Gil (invitado), José Muñoz.

Filmada a partir del 7 de junio de 1954 en los estudios CLASA. Estrenada el 27 de enero de 1955 en el cine México.

La vida no vale nada

PRODUCCIÓN (1954): Producciones Tepeyac, Óscar Dancingers, Antonio Matouk.

DIRECCIÓN: Rogelio A. González.

ARGUMENTO: sobre los cuentos "Malva" y "Los amansadores" de Máximo Gorki; adaptación: Janet Alcoriza y Luis Alcoriza.

FOTOGRAFÍA: José Ortiz Ramos.

MÚSICA: Manuel Esperón; canciones: Sergio Velázquez ("El capiro"), Tomás Méndez ("Tren sin pasajeros"), Chucho Monge ("Alma"), Cucho Sánchez ("Fallaste corazón") y José Alfredo Jiménez ("Camino de Guanajuato").

SONIDO: José de Pérez y Enrique Rodríguez.

ESCENOGRAFÍA: Edward Fitzgerald.

EDICIÓN: Carlos Savage.

INTÉRPRETES: Pedro Infante (Pablo Galván), Rosario Granados (Cruz), Lilia Prado (Marta), Domingo Soler (Leandro), Magda Guzmán (Silvia), Wolf Ruvinskis (el Caimán), Hortensia Santoveña (madre de Pablo), Manuel Dondé (Carmelo), Aurora Ruiz (Teo), Nacho Contla (dueño de la panadería), Dolores Tinoco (Mamá Irene), Ramón Valdés (chofer del camión), José Muñoz (policía), Ignacio Peón (cura), Mario Humberto Jiménez Pons (Goyo), Jaime Jiménez Pons (Fito), José Pardavé (panadero), Leonor Gómez (frutera), Ana María Villaseñor (cliente), Alfonso Cartí (policía), Pedro Padilla (cantinero), Guillermo Ramírez, Jaime González Quiñones, Rafael Torres.

Filmada a partir del 16 de agosto de 1954 en los estudios CLASA y en locaciones del estado de Guerrero y del D. F. Estrenada el 5 de mayo de 1955 en el cine Metropolitan.

Pueblo, canto y esperanza

PRODUCCIÓN (1954): Alianza Cinematográfica, Alfonso Patiño Gómez.

DIRECCIÓN: Julián Soler (cuento cubano), Alfredo B. Crevenna (cuento colombiano), Rogelio A. González (cuento mexicano).

ARGUMENTO: cuentos "San Abul", del cubano Félix Pita Rodríguez, "El machete", del colombiano Julio Posada, y "Tierra de plata y oro", del mexi-

cano Ladislao López Negrete; adaptación: Gabriel Ramírez Osante, Leonel Guillermoprieto, Alfonso Patiño Gómez, Ladislao López Negrete, José Arenas Aguilar, Pepe Grillo y Rogelio A. González.

FOTOGRAFÍA: Gabriel Figueroa, cuento cubano; Agustín Jiménez, cuento colombiano; Raúl Martínez Solares, cuento mexicano.

MÚSICA: Manuel Esperón; canciones: Manuel M. Ponce ("Marchita el alma"), José Alfredo Jiménez ("Cuando sale la luna").

SONIDO: Rodolfo Benítez.

ESCENOGRAFÍA: Jesús Bracho.

EDICIÓN: José W. Bustos.

INTÉRPRETES: del cuento cubano, Joaquín Pardavé (padre Acisclo), Carlos Pous (Abul), Juan José Laboriel (padre de Abul), Humberto Rodríguez (sacristán); del cuento colombiano, Roberto Cañedo (Rodrigo Torres), Columba Domínguez (Panchita Suárez), Víctor Manuel Mendoza (el Negro), Héctor Mateos (don Félix), Augusto Lavalle; del cuento mexicano, Pedro Infante (Lencho Jiménez), Rita Macedo (Lucina Flores), Charles Rooner (el Mister), Armando Velasco (cantinero), José Muñoz, Julio Ahuet, Chel López.

Filmada a partir del 30 de agosto de 1954 en los estudios San Ángel. Estrenada el 17 de mayo de 1956 en el cine Palacio Chino.

Los gavilanes

PRODUCCIÓN (1954): Matouk Films, Antonio Matouk.

DIRECCIÓN: Vicente Oroná.

ARGUMENTO: Aurora Brillas del Moral; adaptación: Vicente Oroná.

FOTOGRAFÍA: Agustín Jiménez.

MÚSICA: Manuel Esperón; canciones: José Alfredo Jiménez-Rubén Fuentes ("Los gavilanes", "Rosa María"), José Alfredo Jiménez ("Cuando sale la luna"), José Alfredo Jiménez-Rubén Méndez ("Noches negras"), Alberto Cervantes-Rubén Fuentes ("Ruega por nosotros").

SONIDO: Rodolfo Solís y Jesús González Gancy.

ESCENOGRAFÍA: Luis Moya.

EDICIÓN: Charles L. Kimball.

INTÉRPRETES: Pedro Infante (Juan Menchaca), Lilia Prado (Rosaura), Angélica María (Florecita), Ana Berta Lepe (Rosa María), Ángel Infante (Roberto), José Elías Moreno (Gorila), Hortensia Santoveña (Marina), José Baviera (don Ber-

PEDRO CON UNA FUTURA ESTRELLA: ANGÉLICA MARÍA, EN *LOS GAVILANES*, 1954.

nardo), Federico Curiel, Pichirilo (Perico), José Eduardo Pérez (capitán), Pascual García Peña (Pancho), José Chávez Trowe (José María), Eulalio González, Piporro, Wolf Ruvinskis, Yolanda Ortiz, Manuel Dondé, Magda Donato, Victorio Blanco, Guillermo Álvarez Bianchi, Manuel Vergara, Manver.

Filmada a partir del 8 de noviembre de 1954 en los estudios Tepeyac. Estrenada el 9 de febrero de 1956 en el cine México.

Escuela de música

PRODUCCIÓN (1955): Producciones Zacarías, Miguel Zacarías.
DIRECCIÓN: Miguel Zacarías.
ARGUMENTO: Edmundo Báez; adaptación: Miguel Zacarías.
FOTOGRAFÍA: José Ortiz Ramos.
MÚSICA: Manuel Esperón; canciones: Agustín Lara ("Lamento jarocho", "La cumbancha"), Manuel M. Ponce ("Estrellita"), Pepe Guízar ("Guadalajara"), José Alfredo Jiménez ("Ella"), Severiano Briseño ("Corrido de Monterrey"), José Sabre Marroquín ("Nocturnal"), Ary Barroso ("Brasil"), Luis Demetrio ("Cha Cha Chabela"), Rafael Hernández ("Lamento borincano"), Pedro Elías Gutiérrez-F. Abreu ("El manicero", "Alma llanera").
SONIDO: Eduardo Arjona y Galdino Samperio.
ESCENOGRAFÍA: Javier Torres Torija.
EDICIÓN: José W. Bustos.
INTÉRPRETES: Pedro Infante (Javier Prado), Libertad Lamarque (Laura Galván), Luis Aldás (Pablo), Georgina Barragán (Ana María), María Chacón (Frida Schwitzer), Eulalio González, Piporro (Laureano Garza), Humberto Rodríguez.

Filmada a partir del 20 de enero de 1955 en los estudios Churubusco. Estrenada el 12 de octubre de 1955 en el cine Palacio Chino.

La tercera palabra

PRODUCCIÓN (1955): Filmex, Gregorio Walerstein y Antonio Matouk.
DIRECCIÓN: Julián Soler.
ARGUMENTO: sobre una pieza de Alejandro Casona; adaptación: Luis Alcoriza.
FOTOGRAFÍA: José Ortiz Ramos.
MÚSICA: Gustavo César Carrión; canciones: Rubén Fuentes y Alberto Cervantes ("La verdolaga"), Manuel Esperón-Felipe Bermejo ("Yo soy quien soy", "Arrejúntate prietita")
SONIDO: Enrique Rodríguez y Rodolfo Solís.
ESCENOGRAFÍA: Jorge Fernández.
EDICIÓN: Rafael Ceballos.
INTÉRPRETES: Pedro Infante (Pablo Saldaña), Marga López (Margarita Luján), Sara García (Matilde), Prudencia Grifell (Angelina), Rodolfo Landa (Julio), Miguel Ángel Ferriz (doctor Romero), Emma Roldán (criada), Eduardo Alcaraz (Roldán), Manuel Tamez, Régulo (Margarito), Antonio Bravo (tío Alfonso), José Pidal (pariente), Diana Ochoa (pariente), Pepe Nava.

Filmada a partir del primero de abril de 1955 en los estudios San Ángel. Estrenada el 4 de julio de 1956 en el cine Variedades.

El inocente

PRODUCCIÓN (1955): Matouk Films, Antonio Matouk.
DIRECCIÓN: Rogelio A. González.
ARGUMENTO: Janet Alcoriza y Luis Alcoriza.
FOTOGRAFÍA: José Ortiz Ramos.
MÚSICA: Manuel Esperón; canciones: Alfredo Gil ("Mi último fracaso"), Trío Avileño ("Juegos infantiles"), Rubén Fuentes-Alberto Cervantes ("La verdolaga"), Manuel Esperón-Ernesto Cortázar ("No volveré").
SONIDO: Rodolfo Solís y Enrique Rodríguez.
ESCENOGRAFÍA: Edward Fitzgerald.
EDICIÓN: Charles L. Kimball.
INTÉRPRETES: Pedro Infante (Cutberto Gaudázar, Cruci), Silvia Pinal (Mané), Sara García (madre de Mané), Armando Sáenz (Alberto), Félix González (Raúl), Maruja Grifell (madre de Alberto),

SILVIA PINAL Y PEDRO INFANTE EN UNA ESCENA DE *EL INOCENTE*, 1955.

ESCENA DE *PABLO Y CAROLINA*, 1955.

Pedro de Aguillón (mecánico), Antonio Bravo (invitado), Lupe Andrade, Trío Samperio.

Filmada a partir del 8 de junio de 1955 en los estudios San Ángel. Estrenada el 20 de septiembre de 1956 en el cine México.

Pablo y Carolina

PRODUCCIÓN (1955): Matouk Films, Antonio Matouk.

DIRECCIÓN: Mauricio de la Serna.

ARGUMENTO: Dino Maiuri; adaptación: Mauricio de la Serna y Dino Maiuri.

FOTOGRAFÍA: Carlos Carbajal.

MÚSICA: Manuel Esperón; canciones: Cuco Sánchez ("Te amaré, vida mía"), Ramiro Hernández ("Las tres hermanas"), Manuel Esperón-Felipe Bermejo ("A la orilla del mar"), Dominio Público ("El muchacho alegre"), Severiano Briseño ("Corrido de Monterrey").

SONIDO: Rodolfo Solís.

ESCENOGRAFÍA: Manuel Fontanals.

EDICIÓN: Carlos Savage.

INTÉRPRETES: Pedro Infante (Pablo Garza), Irasema Dillián (Carolina Sirol), Alejandro Ciangherotti (Enrique), Eduardo Alcaraz (Guillermo), Miguel Ángel Ferriz (señor Sirol), Lorenzo de Rodas (Carlos), Enrique Zambrano (Alfredo), Elena Julián (Luisa Morán), Arturo Soto Rangel (señor Garza, abuelo), Fanny Schiller (señora Sirol), Nicolás Rodríguez (doctor Julio Rodríguez), Kika Meyer, Yolanda Ortiz, Constancia Hool, Salvador Quiroz, Alicia Missioner, Alicia del Lago,

Chela Nájera, Josefina Leiner, Federico Curiel, Marta Patricia.

Filmada a partir del 9 de diciembre de 1955 en los estudios CLASA. Estrenada el 25 de abril de 1957 en el cine Alameda.

Tizoc

PRODUCCIÓN (1956): Matouk Films, Antonio Matouk.

DIRECCIÓN: Ismael Rodríguez.

ARGUMENTO: Ismael Rodríguez, Manuel R. Ojeda y Ricardo Parada León; adaptación: Ismael Rodríguez y Carlos Orellana.

FOTOGRAFÍA: Alex Phillips.

MÚSICA: Raúl Lavista; canciones: Raúl Lavista-Pedro de Urdimalas ("Ave María", "Te quiero más que a mis ojos") y Chucho Martínez Gil ("Pocito de Nacagüina").

SONIDO: Ernesto Caballero y Enrique Rodríguez.

ESCENOGRAFÍA: Jorge Fernández.

EDICIÓN: Fernando Martínez.

INTÉRPRETES: Pedro Infante (Tizoc), María Félix (María), Eduardo Fajardo (Arturo), Julio Aldama (Nicuil), Alicia del Lago (Machinza), Andrés Soler (fray Bernardo), Carlos Orellana (Pancho García), Miguel Arenas (don Enrique del Olmo), Manuel Arvide (Cosijope), Guillermo Bravo Sosa (brujo), Paco Crow (catrín), Polo Ramos.

Filmada a partir de mayo de 1956 en los estudios CLASA y en el estado de Oaxaca. Estrenada el 23 de octubre de 1957, en los cines Alameda, Las Américas, Mariscala y Polanco.

227

PEDRO INFANTE Y MARÍA
FÉLIX, 1956.

Escuela de rateros

PRODUCCIÓN (1956): Filmex, Antonio Matouk.

DIRECCIÓN: Rogelio A. González.

ARGUMENTO: sobre una pieza teatral de Carlos Llopis; adaptación: Luis Alcoriza.

FOTOGRAFÍA: Alex Phillips.

MÚSICA: Sergio Guerrero; Miguel Prado-Bernardo San Cristóbal ("Te quiero así"), Ignacio Jaime ("Agarraron al ladrón"), Andrés Echeverría ("El jamaiquino"), Rubén Méndez ("El volador"), Luis Méndez ("Rapsodia para piano").

SONIDO: Luis Fernández.

ESCENOGRAFÍA: Jorge Fernández.

EDICIÓN: Rafael Ceballos.

INTÉRPRETES: Pedro Infante (Víctor Valdés/Raúl Cuesta Hernández), Yolanda Varela (amante de Víctor), Rosita Arenas (Rosaura Villarreal), Rosa Elena Durgel (Margarita Angulo), Eduardo Fajardo (Eduardo), Raúl Ramírez (abogado), Bárbara Gil (Alicia), Eduardo Alcaraz (Toño), Carlos Múzquiz (Beltrán López, comandante), Luis Aragón (López, teniente), Luis Manuel Pelayo (Félix), José Jasso (Martínez), Roberto G. Rivera y René Barrera (policías), Mario García, Harapos (barman), Arturo, Bigotón, Castro (diputado), Arturo Soto Rangel (gerente de banco), Carlos Bravo y Fernández, Carl-Hillos (sirviente), Lonka Becker (señora Roberts), Fellove (cantante).

Filmada a partir de agosto de 1956 en los estudios San Ángel y en el D.F. Estrenada el 9 de mayo de 1958 en los cines Roble, Orfeón y Ariel.

Inventario fílmico

Grandes figuras femeninas que participaron en sus películas:

Amalia Aguilar	*Dicen que soy mujeriego*	1949
Beatriz Aguirre	*Sobre las olas*	1950
Elsa Aguirre	*Cuidado con el amor*	1954
Sofía Álvarez	*Si me han de matar mañana*	1946
	La barca de oro	1947
	Soy charro de Rancho Grande	1947
Rosita Arenas	*¿Qué te ha dado esa mujer?*	1951
	Escuela de rateros	1956
Blanca de Castejón	*La razón de la culpa*	1942
	Escuela de vagabundos	1954
Silvia Derbez	*Dicen que soy mujeriego*	1949
	El seminarista	1949
Irasema Dillián	*Pablo y Carolina*	1955
Irma Dorantes	*Los tres huastecos*	1948
	No desearás la mujer de tu hijo	1949
	También de dolor se canta	1950
	Necesito dinero	1951
	El enamorado	1951
	Ahora soy rico	1952
	Por ellas aunque mal paguen	1952
	Los hijos de María Morales	1952
	Ansiedad	1952
	Pepe el Toro	1952
María Félix	*Reportaje*	1953
	Tizoc	1956
Carmen González	*Los hijos de María Morales*	1952
	Dos tipos de cuidado	1952
	Reportaje	1953
Rosario Granados	*La vida no vale nada*	1954
Guillermina Grin	*También de dolor se canta*	1950
Emilia Guiú	*¡Viva mi desgracia!*	1943
	Angelitos negros	1948
Susana Guizar	*Jesusita en Chihuahua*	1942
Magda Guzmán	*La vida no vale nada*	1954
Katy Jurado	*Nosotros los pobres*	1947
	El seminarista	1949
Libertad Lamarque	*Ansiedad*	1952
	Reportaje	1953
	Escuela de música	1955
Ana Berta Lepe	*Los gavilanes*	1954
Amanda del Llano	*La oveja negra*	1949
	No desearás la mujer de tu hijo	1949
	Pepe el Toro	1952
	Reportaje	1953
Verónica Loyo	*Los hijos de María Morales*	1952
Rita Macedo	*Pueblo, canto y esperanza*	1954

EMMA ROLDÁN Y PEDRO INFANTE, 1952.

María Elena Marqués	*La razón de la culpa*	1942
	Reportaje	1953
Miroslava	*Reportaje*	1953
	Escuela de vagabundos	1954
Carmen Molina	*No desearás la mujer de tu hijo*	1949
Carmen Montejo	*Nosotros los pobres*	1947
	¿Qué te ha dado esa mujer?	1951
	Reportaje	1953
Nelly Montiel	*Si me han de matar mañana*	1946
	La barca de oro	1947
	Ustedes los ricos	1948
Sara Montiel	*Necesito dinero*	1951
	Ahí viene Martín Corona	1951
	El enamorado	1951
Blanca Estela Pavón	*Cuando lloran los valientes*	1945
	Vuelven los García	1946
	Nosotros los pobres	1947
	Ustedes los ricos	1948
	Los tres huastecos	1948
	La mujer que yo perdí	1949
Silvia Pinal	*La mujer que yo perdí*	1949
	Un rincón cerca del cielo	1951
	Por ellas aunque mal paguen	1952
	Ahora soy rico	1952
	El inocente	1955
María Antonieta Pons	*¡Viva mi desgracia!*	1943
Lilia Prado	*La barca de oro*	1947

	Soy charro de Rancho Grande	1947
	El gavilán pollero	1950
	Las mujeres de mi general	1950
	La vida no vale nada	1954
	Los gavilanes	1954
Chula Prieto	Las mujeres de mi general	1950
	Gitana tenías que ser	1953
Rosita Quintana	El mil amores	1954
Carmen Sevilla	Reportaje	1953
	Gitana tenías que ser	1953
Yolanda Varela	Dos tipos de cuidado	1952
	Escuela de rateros	1956
María Luisa Zea	La feria de las flores	1942
	Cuando habla el corazón	1943

Comediantes que más participaron en sus películas:

ACTOR	PELÍCULA	AÑO	PERSONAJE
Eulalio González, Piporro*	Necesito dinero	1951	mesero
	Ahí viene Martín Corona	1951	Piporro
	El enamorado	1951	Piporro
	Gitana tenías que ser	1953	reparto
	Cuidado con el amor	1954	Serafín Estrada
	Los gavilanes	1954	Andrés
	Escuela de música	1955	Laureano Garza
Armando Soto Lamarina, el Chicote	Mexicanos al grito de guerra	1943	pastelero
	Cuando lloran los valientes	1945	Cleofas
	Si me han de matar mañana	1946	El Zopilote
	Cartas marcadas	1947	Tepalcate
Fernando Soto, Mantequilla	Los tres García	1946	Tranquilino
	Vuelven los García	1946	Tranquilino
	La barca de oro	1947	Celedonio
	Soy charro de Rancho Grande	1947	El Olote
	Los tres huastecos	1948	Cuco
	Ustedes los ricos	1948	Antonio Feliciano de la Rosa
	Dicen que soy mujeriego	1949	Bartolo
	El seminarista	1949	Toño
	Pepe el Toro	1952	Antonio Feliciano de la Rosa

* Se dice que Pedro Infante bautizó a don Eulalio como "Piporro" pero en realidad fue Álvaro Gálvez y Fuentes, el Bachiller.

Arturo Soto Rangel, el actor que más participó en sus películas:

PELÍCULA	AÑO	PERSONAJE
La feria de las flores	1942	reparto
Arriba las mujeres	1943	Juez Leobardo
Cuando habla el corazón	1943	Don Rafael
El Ametralladora	1943	Señor Salas
Mexicanos al grito de guerra	1943	Padre Sandoval
¡Viva mi desgracia!	1943	Tío Manuel
Dicen que soy mujeriego	1949	cura
El seminarista	1949	Don Pancho
Islas Marías	1950	Miguel
Las mujeres de mi general	1950	Don Felipe
Ahora soy rico	1952	zapatero
Dos tipos de cuidado	1952	doctor
Ansiedad	1952	Don Lorenzo
Reportaje	1953	dibujante
Cuidado con el amor	1954	Don Hilario
Pablo y Carolina	1955	Garza, abuelo
Escuela de rateros	1956	gerente de banco

Niños actores que participaron en sus películas:

ACTOR/ACTRIZ	PELÍCULA	AÑO	PERSONAJE
Angélica María	Los gavilanes	1954	Florecita
Dora Luisa Infante León	Angelitos negros	1948	bebé
Emilio Girón	Ustedes los ricos	1948	El Torito
Jaime Jiménez Pons	Nosotros los pobres	1947	El Güijolo
	La vida no vale nada	1954	Fito
Mario Humberto Jiménez Pons	La vida no vale nada	1954	Goyo
Joaquín Roche, Jr.	Cuando lloran los valientes	1945	Pepe el Pinolillo
	El seminarista	1949	niño
Marcela Zacarías	El enamorado	1951	Martincío
Elisa Zacarías			Rosariyo
María Alicia Rivas	El mil amores	1954	Patricia
María Eugenia Llamas	Los tres huastecos	1948	La Tucita
	Dicen que soy mujeriego	1949	La Tucita
	El seminarista	1949	La Tucita
Narciso Busquets	Cuando habla el corazón	1943	Miguel
Noemí Beltrán	El Ametralladora	1943	Chachita
René Cardona, Jr.*	Cartas marcadas	1947	El papelerito
	También de dolor se canta	1950	reparto
Titina Romay	Angelitos negros	1948	Belén

* Ahijado de Pedro en la vida real.

CARTAS A SUS HIJOS

Con profundo afecto agradezco a mis primos Lupita y Pedro Infante Torrentera el haberme facilitado este valioso material inédito.

Las fechas de estas misivas harán evidente para el lector que fueron escritas cuando Lupita Torrentera ya tenía otra relación de pareja. No olvidemos que, en enero de 1955, se había casado con el destacado conductor de radio y televisión León Michel. Esto muestra el cordial acuerdo existente entre Pedro y Lupita para poder convivir con sus hijos. A través de estos documentos aparece el lado humano del artista y queda claro el amor incondicional de un padre siempre atento al bienestar de sus pequeños.

(NOTA: Las versiones facsimilares se acomodan en la parte superior de cada transcripción de texto)

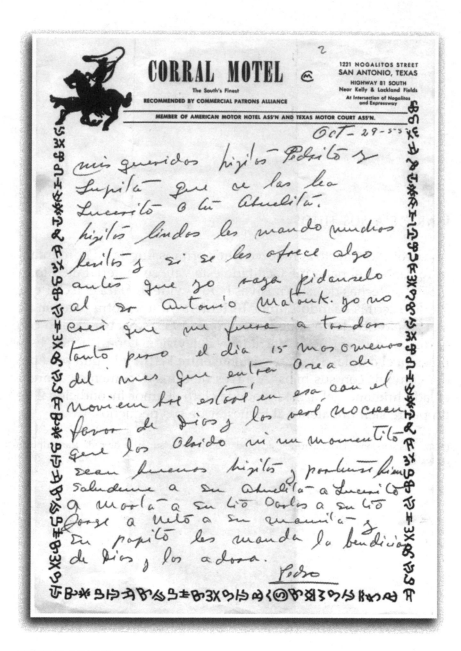

CORRAL MOTEL
SAN ANTONIO, TEXAS
Octubre 29 de 1955

Mis queridos hijitos Pedrito y Lupita que se las lea Lucerito o tu abuelita.
Hijitos lindos les mando muchos besitos y si se les ofrece algo antes que yo vaya pídanselo al Sr. Antonio Matouk, yo no creí que me fuera a tardar tanto pero el día 15 más o menos del mes que entra o sea de noviembre, estaré en ésa con el favor de Dios y los veré no crean que los olvido ni un momentito sean buenos hijitos y pórtense bien, salúdenme a su abuelita a Lucerito a Marta a su tío Carlos a su tío Jorge a Neto a su mamita y su papito les manda la bendición de Dios y los adora.

Pedro

1

Marzo 19-5-6

mis hijitos lindos
pidanle a su mamita
quiero decir a su abuelita
que les lea esta cartita para
que oigan que su papito
los quiere mucho y no los
olvida ni un ratito. Ahora
hay tiempo para que mi
hijito me diga que quiere
el dia de su cumpleaños
y entonces su papito se
lo dara.
En este momento voy a
hablar con el sr Matouk
para ver porque no esta
pagado su colegiatura.
y lo haga inmediatamente.
Bueno mis hijitos
portense bien con su

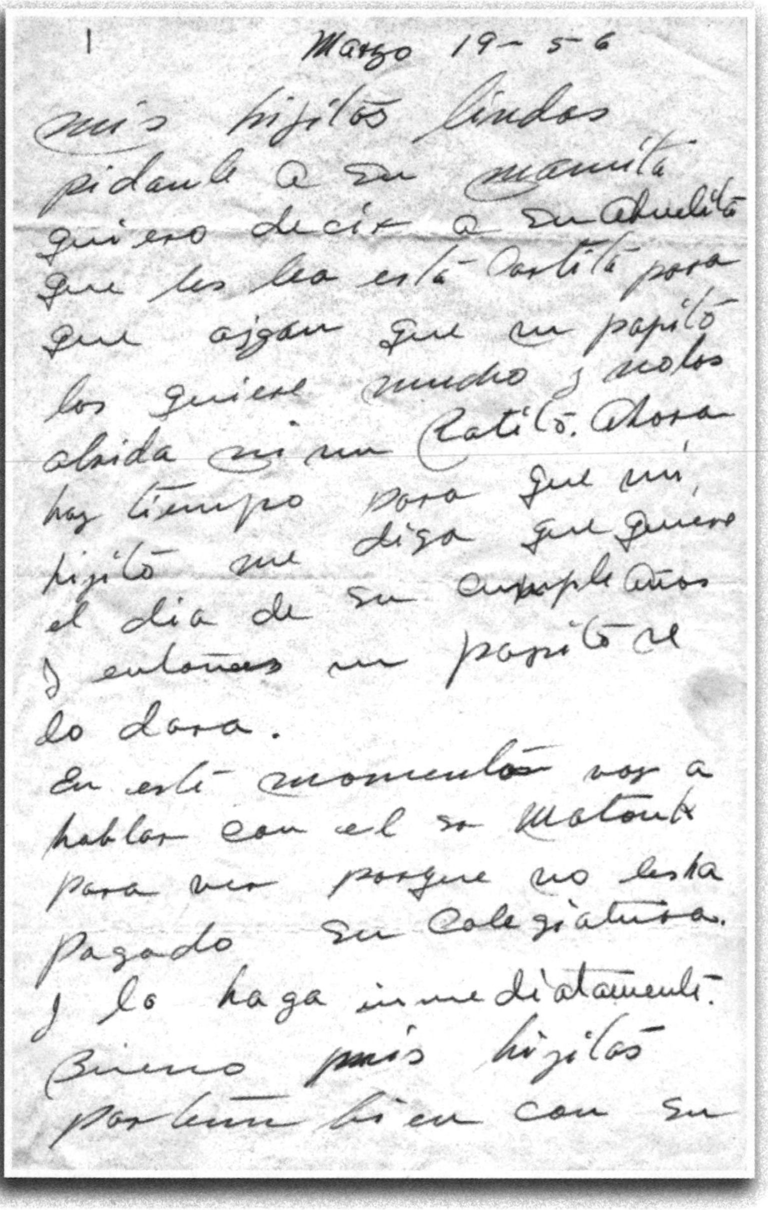

Marzo 19 de 1956

Mis hijitos lindos

Pídanle a su mamita, quiero decir a su abuelita que les lea esta cartita para que oigan que su papito los quiere mucho y no los olvida ni un ratito. Ahora hay tiempo para que mi hijito me diga que quiere el día de su cumpleaños y entonces su papito se lo dará.

En este momento voy a hablar con el Sr. Matouk para ver por qué no está pagada su colegiatura y lo haga inmediatamente.

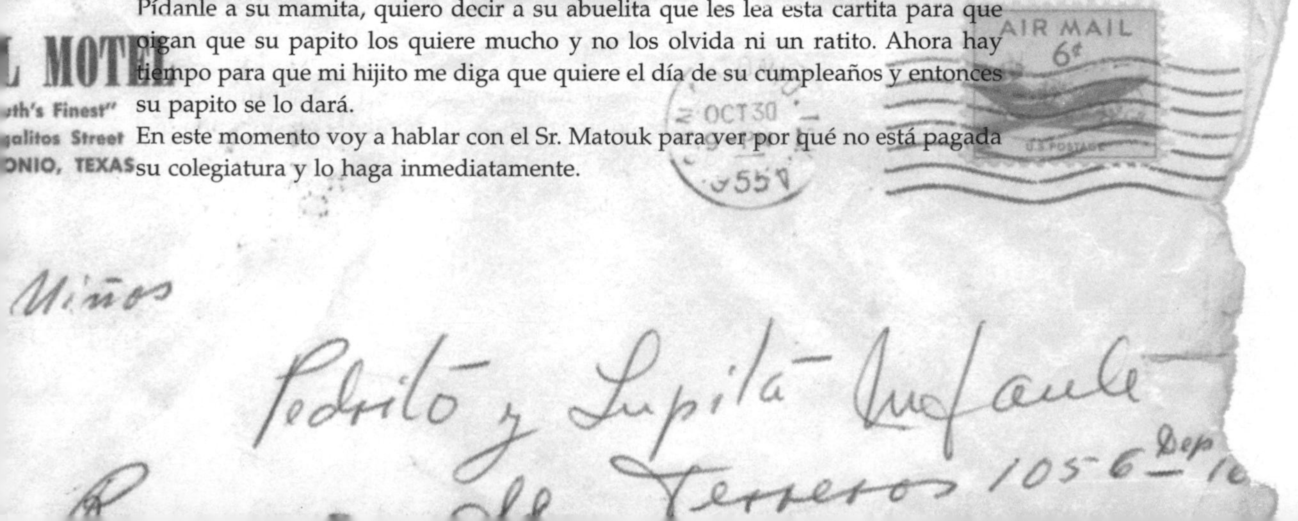

Bueno mis hijitos pórtense bien con su mamita, con sus tías y tíos y sobre todo con su abuelita. Saludos a todos sus tíos a Marta, Carlos, Jorge, Lucerito grande y chiquita sean buenos hijitos para que Diosito los bendiga siempre hasta pronto mis muchachitos lindos su papi que los adora.

Pedro

P.D. Díganle a su mamita que cuando tengan vacaciones los deje venir con su papito a Mérida he? Para que estén unos días aquí conmigo con su papito que los adora ojalá y sea pronto antes que me vaya.

HOTEL TAMANACO, Caracas, Venezuela
Diciembre 12 de 1956

Mis adorados hijitos
Mi Lupita linda que en tu día seas la niña más feliz del mundo, sobre todo buena muchachita y buena hija con tu mamita que la vida te sonría siempre.
Hijito a ti también te digo lo mismo que siempre seas buen hijo con tu madre a ver si a esta dirección me manda una fotito de cada uno, las que tenía me las robaron, qué tal estuvo la fiestesita a mi hijita ¿bonita? Sí, que bueno saludos a su abuelita a todos sus tíos y a mamita también no dejen de mandarme las fotitos.

Su papito los adora.
Pedro

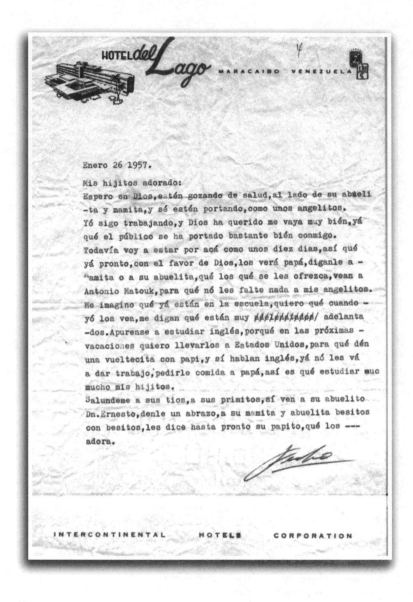

HOTEL DEL LAGO
Maracaibo, Venezuela
Enero 26 de 1957

Mis hijitos adorados:
Espero en Dios, estén gozando de salud, al lado de su abuelita y mamita, y se estén portando, como unos angelitos. Yo sigo trabajando, y Dios ha querido me vaya muy bien, ya que el público se ha portado bastante bien conmigo. Todavía voy a estar por acá como unos diez días, así que ya pronto, con el favor de Dios, los verá papá, díganle a mamita o a su abuelita, que lo que se les ofrezca, vean a Antonio Matouk, para que no les falte nada a mis angelitos. Me imagino que ya están en la escuela, quiero que cuando yo los vea, me digan que están muy adelantados. Apúrense a estudiar inglés, porque en las próximas vacaciones quiero llevarlos a Estados Unidos, para que den una vueltecita con papi, y si hablan inglés, ya no les va a dar trabajo pedirle comida a papá, así es que estudiar mucho mis hijitos.
Salúdenme a sus tíos, a sus primitos, si ven a su abuelito don Ernesto, denle un abrazo, a su mamita y abuelita besitos, besitos, les dice hasta pronto su papito, que los adora.

Pedro

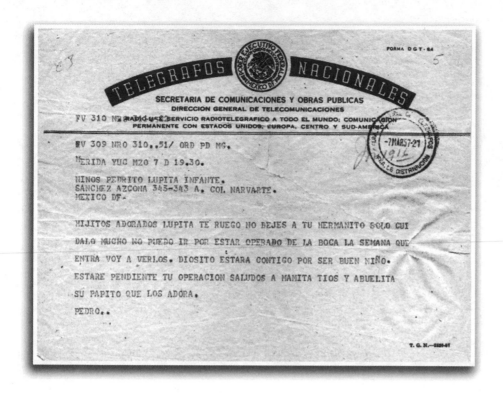

Telegrama del 7 de marzo de 1957.

MÉRIDA YUC MZO 7 D 19.30
NIÑOS PEDRITO LUPITA INFANTE.
SÁNCHEZ AZCONA 343-343 A. COL. NARVARTE.
MÉXICO DF

HIJOS ADORADOS LUPITA TE RUEGO NO DEJES A TU HERMANITO SOLO
CUÍDALO MUCHO NO PUEDO IR POR ESTAR OPERADO DE LA BOCA LA
SEMANA QUE ENTRA VOY A VERLOS DIOSITO ESTARÁ CONTIGO POR SER
BUEN NIÑO
ESTARÉ PENDIENTE TU OPERACIÓN SALUDOS A MAMITA TÍOS Y ABUE-
LITA
SU PAPITO QUE LOS ADORA
PEDRO

Telegrama del 22 de Marzo de 1957.

MÉRIDA YUC MZO 22 D 13.05
NIÑOS PEDRITO LUPITA INFANTE.
SÁNCHEZ AZCONA 343-A. (343 A)
COL. NARVARTE.
MÉXICO DF URGENTE

ADORADOS HIJITOS RECIBÍ CARTA DE PEDRITO PUNTO DÍGANME QUÉ
TELEFONO PUEDO HABLARLES PUNTO BESITOS MAMITA Y ABUELITA
PUNTO LOS ADORA SU PAPITO

PEDRO

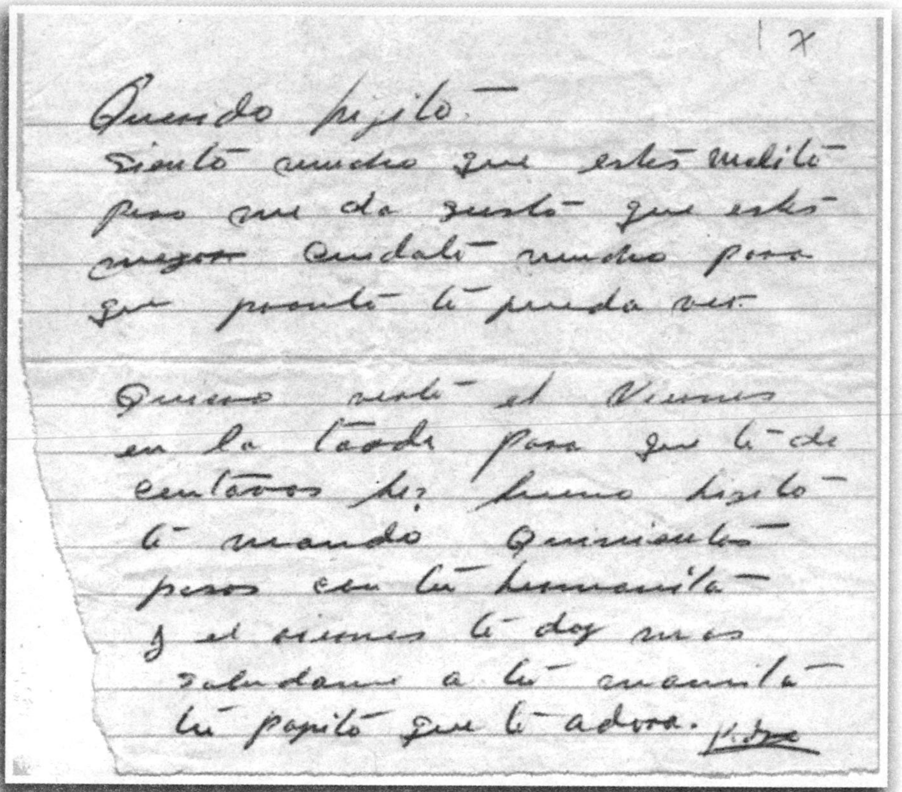
1 X

Querido hijito.
Siento mucho que estés malito
pero me da gusto que estés
mejor cuídate mucho para
que pronto te pueda ver.

Quiero verte el viernes
en la tarde para que te de
centavos he? bueno hijito
te mando quinientos
pesos con tu hermanita
y el viernes te doy más
salúdame a tu mamita
tu papito que te adora. Pedro

1955

Querido hijito.

Siento mucho que estés malito pero me da gusto que estés mejor cuídate mucho para que pronto te pueda ver.
Quiero verte el viernes en la tarde para que te de centavos he? Bueno hijito te mando quinientos pesos con tu hermanita y el viernes te doy más salúdame a tu mamita.

Tu papito que te adora.
Pedro

FELICIDADES:

ESTIMADO ERNESTO:

HE LEÍDO CON AGRADO LA ÚLTIMA EDICIÓN DE TU MAGNÍFICO LIBRO, ACERCA DE LA VIDA DE MI PADRE, QUE A TODAS LUCES, HAS MEJORADO, PARA BENEPLÁCITO DE LOS MILES Y MILES DE INFANTISTAS, EN TODO EL MUNDO, QUE ESTOY SEGURA AL HACER LO PROPIO, LO DISFRUTARÁN, COMO YO LO HE HECHO, INCREMENTANDO CON TU NUEVO ESFUERZO, HISTÓRICO LITERARIO, NUESTRO ACERVO BIBLIOGRÁFICO.

RECIBE EN NOMBRE DE MIS HERMANOS IRMA Y PEDRO, Y EN EL MÍO PROPIO, NUESTRO AFECTO Y ESTIMACIÓN, ASÍ COMO LOS MEJORES DESEOS, DE QUE LOGRES CON ESTA ACTUALIZADA PUBLICACIÓN, RESPONDER AMPLIAMENTE A LAS EXPECTATIVAS QUE EL GRAN PÚBLICO RECLAMA, Y LA PLENA REALIZACIÓN DE LOS OBJETIVOS QUE CON ELLA TE PROPUSISTE.

CARIÑOSAMENTE

G. Infante T.

MARÍA GUADALUPE INFANTE TORRENTERA

www.pedroinfantevive.com RADIO www.pedroinfante.com.mx PORTAL

SEPTIEMBRE DE 2005.

EPÍLOGO

Gracias, Pedro, por confirmar tu relevante presencia en los inicios del siglo XXI; ha pasado ya medio siglo de tu partida y te agigantas como el gran ídolo de México. Tu música, tu imagen en tus películas, tu intensa vida personal, tu sencillez, el amor a tu pueblo reflejan la más auténtica mexicanidad que desborda enorme alegría y realidad de la vida cotidiana, dando reconocimiento a todos los valores humanos que te caracterizaron, con esa personalidad irrepetible que se difundía a todos los rincones y espacios de tu patria, a la que le guardaste un amor y lealtad sin precedente, especialmente a tu pueblo que te ha respondido con cariño sin igual.

Sin lugar a dudas pasará y pasará el tiempo y tú permanecerás en el sitio ideal, con esa eterna juventud, como el mexicano más querido y popular; te fuiste un día de abril, en plena primavera, estando en la cúspide y con los mejores proyectos por realizar, pero la obra alcanzada a tus 39 años dejó plasmada la consagración y mitificación de tu figura y esencia inigualable.

¡Hasta pronto, Pedro!

Salomón Tenía Razón   **DE LA TORRE**

EN EL KILÓMETRO 20 DE LA "LIBRE" A TOLUCA
SE ENCUENTRA UNA CASA ABANDONADA
QUE PERTENECIÓ NADA MENOS QUE AL ACTOR-
CANTANTE PEDRO INFANTE.

CADA ANIVERSARIO LLEGAN ALLÍ SUS "FANS"
CON OFRENDAS FLORALES Y VELADORAS.

LA PROPIEDAD ESTÁ EN LITIGIO INTERMINABLE.

¿NO SERÍA SALOMÓNICO CONVERTIRLA EN
CASA DEL PUEBLO O CASA DE LA CULTURA
DE CUAJIMALPA?

delatorre

NOTAS

1. Yo soy quien soy

[1] *TVyNovelas*, México, agosto 2002, p. 30.

2. Orgullo ranchero

[1] Dato proporcionado por el doctor Héctor Carreón, residente de dicha ciudad.

[2] Dato corroborado por Lupita Infante Torrentera, cuando fue invitada a participar en el carnaval de Mazatlán en febrero del 2002.

[3] León, María Luisa, *Pedro Infante en la intimidad conmigo*, Comaval, Estado de México, 1961, pp. 38-40.

[4] Hubbard, Carlos R., *Cuentos de mi Rosario* (mimeo), Rosario, Sinaloa, 1991, p. 115.

[5] López G. Melitón "Pedro Infante provino de una familia muy pobre", en *Cine Mundial*, México, abril de 1988, p. 2.

[6] Hubbard, Carlos R., *op. cit.*, pp. 115-132.

[7] En esa época, a fines de la década de los veinte, el plan de estudios básicos era hasta cuarto año en Sinaloa; o quizá por razones de otra índole, sólo se pudiese brindar educación hasta ese año. En la capital del país el plan de estudios sí era de seis.

[8] Hubbard, Carlos R., *op. cit.*, p. 115.

[9] López G. Melitón, *op. cit.*, p. 2

[10] Según información de don José Infante Cruz.

[11] Hubbard, Carlos R., *op. cit.*, p. 116

[12] Información proporcionada por Luis Infante López.

[13] López G. Melitón, "Como carpintero y peluquero se ganó la vida", en *TVyNovelas*, México, 1988, p. 4.

[14] Hubbard, Carlos R., *Cuentos de mi Rosario* (mimeo), Rosario, Sinaloa, 1991.

[15] León, María Luisa, *op. cit.*, p. 17.

[16] Información directa del INEGI, México, febrero de 1992.

[17] León, María Luisa, *op. cit.*, p. 31.

[18] Fuentes, Carlos, *La silla del águila*, Alfaguara, México, 2003, p. 42.

[19] Castañeda, Ricardo y Vela, José Luis, *Pedro Infante 1917–1957*, Fábrica de Discos Peerles, México, 1982, pp. 1-5.

[20] *Ídolos de siempre*, varios autores, "Pedro Infante el más grande ídolo", Publigraf, México, 1981, p. 12.

[21] Jiménez, Armando, "Música, mujeres y vino", *Reforma*, 27 de noviembre de 1993.

[22] Castañeda, Ricardo y Vela, José Luis, *op. cit.*, p. 5.

[23] Datos proporcionados por Silvia Armendáriz Jáuregui, Grupo Radiópolis, "Semblanza de la vida de Pedro Infante", México, 1991.

[24] Careaga, Gabriel, *Estrellas de cine: Los mitos del siglo XX*, Oceano, México, 1984, pp. 83-84.

[25] Monsiváis, Carlos, "Quién fuera Pedro Infante", en *Encuentro* (suplemento), México, 1986, p. 5.

3. EL MUCHACHO ALEGRE

[1] Salazar, Jaime Rico, *Cien años de bolero*, Centro de Estudios Musicales de Latinoamérica, Bogotá, noviembre 1988, p. 455.

[2] García Riera, Emilio, *Breve historia del cine mexicano, primer siglo: 1897-1997*, Conaculta, Imcine, Canal 22, MAPA, 1999, p. 129.

[3] *Ibíd.* p. 133.

[4] Datos proporcionados por Belinda Infante, a partir de una investigación directa respecto a la presencia de Pedro en Monterrey.

[5] Beltrán, Antonio, "La radio en México", en *Revista Mexicana de Aviación*, México, octubre de 1991, pp. 77-84.

[6] Meyer, Eugenia, entrevista a Ismael Rodríguez, *Testimonios para la historia del cine en México*, Cineteca Nacional, programa de historia oral, México, mayo de 1976, p. 129.

[7] Silvia Armendáriz Jáuregui, Grupo Radiópolis, "Semblanza de la vida de Pedro Infante", México, 1991.

[8] García Riera, Emilio, *op. cit.*, p. 150.

[9] Careaga, Gabriel, *Estrellas de cine: Los mitos del siglo* XX, Oceano, México, 1984, p. 87.

[10] Careaga, Gabriel, *op. cit.*, pp. 88 y 87; y Jorge Ayala Blanco, *La aventura del cine mexicano*, Era, México, 1969, p. 75.

[11] Torrentera, Guadalupe y Estela Ávila, *Un gran amor*, Diana, México, 1991.

[12] Carrasco Vázquez, Jorge, *Pedro Infante, un mito siempre joven*, Grupo Editorial Tomo, México, 2004, p. 65.

[13] Información proporcionada por Pepe Infante Cruz.

[14] Monsiváis, Carlos, "Notas sobre la cultura mexicana en el siglo XX", en *Historia general de México*, t. 2, El Colegio de México, México, 1981, pp. 1375-1548.

[15] Monsiváis, Carlos. "Ismael Rodríguez: del sentimentalismo como escuela de reciedumbre", en *Proceso*, México, 22 de agosto de 2004, p. 77.

[16] Loaeza Guadalupe, *Hombres ¿maravillosos?*, Oceano, México, 2003, p. 41.

[17] Careaga, Gabriel, *op. cit.*, pp. 87-88.

[18] *Ibíd.*, p. 87.

[19] Monsiváis, Carlos: "Ismael Rodríguez: del sentimentalismo como escuela de reciedumbre", *op. cit.*, p. 78.

[20] Meyer, Eugenia, *op. cit.*, p. 128.

[21] Armendáriz Jáuregui, Silvia, *op. cit.*

[22] Meyer, Eugenia, *op. cit.*, p. 130.

[23] Fernández, Claudia y Paxman, Andrew, *El Tigre Emilio Azcárraga y su imperio Televisa*, Grijalbo, 2000, México, p. 76.

[24] *TVyNovelas*, 5 de mayo de 2003, pp. 108-109.

[25] León, María Luisa, *Pedro Infante en la intimidad conmigo*, Comaval, Estado de México, 1961, p. 126.

[26] Periódicos *Excélsior*, *El Universal*, *La Prensa* y *El Nacional* del 23 de mayo de 1949, en los que describían las características y pormenores del accidente. Asimismo, los testimonios de los libros de María Luisa León y Guadalupe Torrentera ya citados.

[27] *Ibíd.*

[28] Ayala Blanco, Jorge, *op. cit.*, p. 100.

[29] Monsiváis, Carlos, "Ismael Rodríguez: del sentimentalismo como escuela de reciedumbre", *op. cit.*, p. 78.

[30] León, María Luisa, *op. cit.*, p. 142.

[31] Periódicos *La Prensa* y *Excélsior*, México, 27 de septiembre de 1949.

[32] *Ibíd.*

[33] Meyer, Eugenia, *op. cit.*, p. 129.

[34] Armendáriz Jáuregui, Silvia, *op. cit.*

[35] Aldeoca, Adela, "Pedro Infante fenómeno o ídolo", en *Reportaje*, México, abril de 1991.

4. DOSCIENTAS HORAS DE VUELO

[1] Carrasco Vázquez, Jorge, *Pedro Infante, un mito siempre joven*, Grupo Editorial Tomo, México, 2004, p. 102.

[2] García Riera, Emilio, *Breve historia del cine mexicano, primer siglo: 1897-1997*, Conaculta, Imcine, Canal 22, MAPA, 1999, p. 170.

[3] Careaga, Gabriel, *Estrellas de cine: Los mitos del siglo* XX, Oceano, México, 1984, p. 88.

[4] *Ídem.*

[5] García Riera, Emilio, *Historia del cine mexicano*, SEP, Foro 2000, México, 1986, p. 170.

[6] Careaga, Gabriel, *op. cit.*, p. 89.

[7] García Riera, Emilio, *op. cit.*, p. 202.

[8] Meyer, Eugenia, entrevista a Ismael Rodríguez, *Testimonios para la historia del cine en México*, Cineteca Nacional, programa de historia oral, México, mayo de 1976, p. 129.

[9] León, María Luisa, *Pedro Infante en la intimidad conmigo*, Comaval, Estado de México, 1961, pp. 150-152.

[10] *Ídem.*

[11] Meyer, Eugenia, *op. cit.*, p. 128.

[12] Periódico *La Prensa*, México, enero de 1952.

[13] "En un terreno de 10 hectáreas, situado en el kilómetro 17.5 de la carretera a Toluca, construyó lo que llamó la 'Ciudad Infante'. Era un verdadero pueblo; en su casa tenía gimnasio, peluquería y una carpintería, para practicar sus antiguos oficios. El conjunto incluía también una iglesia, una placita pueblerina y un cine", Morales, Salvador, en *Universo*, México, marzo 1981, p. 183.

[14] Investigación directa, datos obtenidos al entrevistar a lugareños y vecinos de Cuajimalpa.

[15] Careaga, Gabriel, *op. cit.*, p. 91

[16] Negrete, Diana, *Jorge Negrete, biografía autorizada*, Diana, México, 1989.

[17] *Ídem.*

[18] Careaga, Gabriel, *op. cit.*, p. 90.

[19] Meyer, Eugenia, *op. cit.*, p. 139.

[20] García, Gustavo, *No me parezco a nadie. La vida de Pedro Infante, vol. II*, Clío, México, 1994, p. 40.

[21] Información obtenida en el INEGI, México, febrero de 1992.

[22] Wornat, Olga, *La Jefa*, Grijalbo, México, 2003, p. 56.

[23] Periódico *Últimas Noticias* de *Excélsior*, México, 11 de abril de 1957.

[24] *Ídem.*

[25] León, María Luisa, *op. cit.*, p. 199; y Melitón G. López, "Pedro Infante provino de una familia muy pobre", en *Cine Mundial*, México, abril de 1988, p. 2.

[26] La prensa nacional dedicó mucho espacio y titulares a la muerte del Charro Cantor; fue muy notoria la fotografía en que Pedro consolaba a la madre de su amigo; véase González Márquez, Mario Luis, "Grandioso fue el sepelio de Negrete", en *Cine Mundial*, México, 9 de diciembre de 1953, portada y p. 3.

[27] Periódico *Últimas Noticias* de *Excélsior*, "Mudo desfile ante el ídolo", México, 16 de abril de 1957, p. 4.

[28] Revista *Proceso*, Columba Vertiz, 14 de abril de 2003, pp. 89-91.

[29] La prescripción médica era principalmente de no ingerir alimentos con altos niveles de azúcar, en virtud de que por estas fechas padecía diabetes, pero era tal su condición física que controlaba el padecimiento.

[30] Meyer, Eugenia, *op. cit.*, p. 130.

[31] Este reconocimiento fue recibido el 15 de junio de 1956, en el Salón Candiles del Hotel del Prado, por Ángel Infante y el periodista Jaime Valdez.

[32] Careaga, Gabriel, *op. cit.*, p. 92.

[33] Periódicos *Excélsior y El Universal*, México, 25 de octubre de 1954.

[34] *Ídem.*

[35] Periódico *El Universal*, México, 22 de marzo de 1955.

[36] Careaga, Gabriel, *op. cit.*, p. 193.

[37] *Ibíd.*, p. 93.

[38] Información proporcionada por Jorge Hadad.

[39] Periódicos *El Universal, Excélsior*, México, 16, 17 y 18 de abril de 1957.

[40] Meyer, Eugenia, *op. cit.*, p. 130.

[41] *Ídem.*

[42] Periódico *Excélsior*, folleto "Este discurso objeto del cine", México, marzo de 2003.

[43] Información proporcionada desde Monterrey por Belinda Infante, quien entrevistó en varias ocasiones a don Plinio Espinoza. Este conductor pionero de Monterrey y amigo íntimo de Pedro, ratificó la información,.

[44] Carrasco Vázquez, Jorge, *op. cit.*, pp. 73, 74.

[45] González de León, Carlos, *El Cancionero de Pedro*, PUBLIRAMA, 2003.

5. QUE ME TOQUEN "LAS GOLONDRINAS"

[1] Periódico *Excélsior* 4-B, México, 16 de abril de 1957.

[2] Ídem.

[3] Periódicos *La Prensa, Excélsior, El Universal, El Nacional, El Norte,* primeras planas, México, 16 y 17 de abril de 1957.

[4] Periódico *El Norte,* Monterrey, 16 de abril de 1957.

[5] Periódico *La Prensa,* México, 17 de abril de 1957.

[6] Ídem.

[7] Periódicos *Excélsior, Últimas Noticias,* México, 15 de abril de 1957.

[8] La noticia de su muerte causó una verdadera conmoción. Muchas mujeres de toda condición se vistieron de luto. Una muchacha de 14 años se suicidó en Monterrey y lo mismo una joven venezolana. Salvador Morales, *La música mexicana (Raíces, compositores e intérpretes),* en *Universo,* México, marzo 1981, p. 178, consigna: "En Caracas, una joven de 19 años se suicidó hoy al enterarse de la muerte del actor y cantante mexicano; Josefina Vaica fue la joven que tomó tan trágica determinación en la ciudad de Meno Grande, distrito Bolívar"; en *La Prensa,* 17 de abril de 1957, p. 3. "En Bogotá otras dos 'románticas' enamoradas de Pedro Infante intentaron hoy quitarse la vida, se trata de Teresa Tovar y Paulina Arias de 19 y 18 años de edad, respectivamente", en *La Prensa,* 23 de abril de 1957.

[9] Periódicos *El Universal, Excélsior, op. cit.,* primeras planas.

[10] Periódico *La Prensa,* México, 17 de abril de 1957.

[11] Periódico *Excélsior,* México, 18 de abril de 1957.

[12] García Riera, Emilio, *Breve historia del cine mexicano, primer siglo: 1897-1997,* Conaculta, Imcine, Canal 22, MAPA, 1999, p. 210.

[13] Ídem.

[14] García Riera, Emilio, *op. cit.,* p. 211.

6. TÚ SÓLO TÚ

[1] Agustín, José, *Tragicomedia mexicana I, La vida en México de 1940 a 1970,* Planeta, México, 1991, p. 96.

[2] Periódico *Últimas Noticias de Excélsior,* México, 15 de abril de 1958.

[3] Ídem.

[4] Ídem.

[5] Monsiváis, Carlos, "Quién fuera Pedro Infante", en *Encuentro* (suplemento), México, 1986, p. 5.

[6] Periódico *Excélsior,* sección Espectáculos, México, 19 de abril de 1992.

[7] Periódico *El Universal,* sección Espectáculos, México, 15 de abril de 1992.

[8] Periódico *El Universal,* sección Espectáculos, México, 15 de abril de 1993.

[9] Periódico *El Financiero,* sección Cultural, México, 28 y 29 de octubre de 1992, pp. 57 y 61.

[10] Revista *Época,* México, 12 de abril de 1992, pp. 62 y 63.

[11] Periódico *Reforma,* sección Gente, 19 de abril de 2003, p. E9.

[12] Ibíd.

[13] Periódico *La Jornada,* suplemento *La Jornada Semanal,* México, 20 de abril de 2003, p. 16.

[14] Periódico *Reforma,* sección Gente, México, 8 de agosto de 2004.

Pedro Infante, el ídolo inmortal,
escrito por José Ernesto Infante Quintanilla,
es la amable evocación de una
leyenda familiar, que terminó siendo
un icono imprescindible de la
cultura popular.
La edición de esta obra fue compuesta
en fuente palatino y formada en 11:13.
Fue impresa en este mes de mayo de 2006
en los talleres de Acabados Editoriales Incorporados, S.A. de C.V.,
que se localizan en la calle de Arroz 226,
colonia Santa Isabel Industrial, en la ciudad de México, D.F.
La encuadernación de los ejemplares se hizo
en los talleres de Dinámica de Acabado Editorial, S.A. de C.V.,
que se localizan en la calle de Centeno 4-B,
colonia Granjas Esmeralda, en la ciudad de México, D.F.

SP
791.43028 I43

Infante Quintanilla, Jose
Ernesto, 1950-
Pedro Infante : el idolo
inmortal
Walter ADU CIRC
12/06